Cómo entender
la mente de tu
PERRO

Cómo entender

la mente de tu
PERRO

María Sánchez Vadillo

LIBSA

Le dedico este libro a mi padre, Ramón, por tener la paciencia de leer y revisar los borradores, una ayuda inestimable; y a mi madre, Flor, por colaborar con sus exquisitos guisos.

Quiero dar las gracias a todos los perros que han formado parte de mi vida y me han ayudado a ser mejor persona, entre ellos Chico, Mori, Paquito y, sobre todo, Yelmo.

Gracias también a todos los humanos que, de una u otra manera, han hecho su aportación: Ana Puente, Tania Martínez, Benito Acevedo, Fran Pérez, Ana Bernal, Nardi López, Efican, Victoria Guerra, Patricia Cortijo, Goyo Alario, Alicia Fernández y Alberto Escalada (veterinario de la clínica Torrelodones).

Y a Julián, por haber acogido a Yelmo cuando él no quería tener un perro; ahora le adora.

© 2024, Editorial LIBSA
C/ Puerto de Navacerrada, 88
28935 Móstoles (Madrid)
Tel.: (34) 91 657 25 80
e-mail: libsa@libsa.es
www.libsa.es

Ilustración: Archivo LIBSA, Shutterstock images
Textos: María Sánchez Vadillo
Maquetación: Javier García Pastor

ISBN: 978-84-662-4253-0

DL: M-31788-2023

CONTENIDO

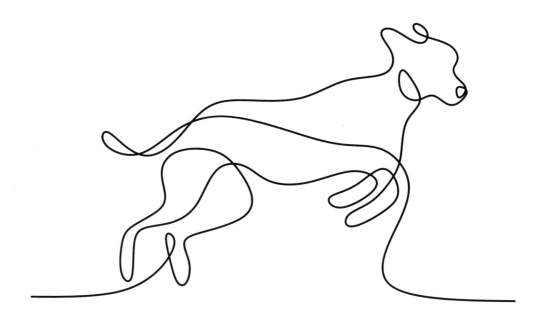

INTRODUCCIÓN

Vivimos unos tiempos complicados con respecto a las relaciones humanas. Las exigencias laborales, la vida en las ciudades, la tecnología, con el auge desmesurado de las redes sociales, y el paso del coronavirus han hecho disminuir el contacto interpersonal. Además, cada vez tenemos menos hijos y hay más personas que viven solas. Sin embargo, el número de perros en los hogares de todo el mundo aumenta sin parar. Durante el confinamiento fueron muchos los que optaron por comprar o adoptar uno, algunos como excusa para poder salir de casa o simplemente para combatir la soledad. También hubo gente que, aprovechando el teletrabajo, decidió mudarse a las afueras de las grandes ciudades o a segundas residencias, buscando el contacto con la naturaleza y, claro, esa nueva vida en el campo, con más tiempo para estar en casa, conllevó incluir en la familia un perro, cuando no dos. Pero este *boom* perruno no está asociado solo a la pandemia porque, si se analizan los datos de los últimos años, la curva al alza ya era patente.

Fueron los primeros animales en ser domesticados hace miles de años, y su historia está indisolublemente ligada a la nuestra. Perros y humanos gozamos de una relación interespecífica única en la que hemos establecido un profundo vínculo emocional. Se han convertido en nuestros fieles compañeros y cada vez más estudios científicos ponen de manifiesto cómo dichas interacciones afectan positivamente al bienestar físico, psicológico y social del ser humano. Mejoran la calidad de vida tanto en personas saludables como en aquellas que sufren distintas enfermedades. Entre otros muchos beneficios, ayudan a combatir la depresión y la soledad, debido a que su presencia estimula el contacto físico y la comunicación. Además, mejoran el estado de ánimo y la autoestima, a la vez que reducen el estrés. Suponen un incremento del bienestar emocional y, por lo tanto, de nuestro estado psicológico.

Pero no es oro todo lo que reluce. Cuidar de un perro requiere una serie de responsabilidades, por lo que es necesario que la persona sea consciente de los posibles inconvenientes y esté dispuesta a asumir las implicaciones de convivir con él. En caso contrario, pueden complicar nuestra existencia.

Además, hay que tener en cuenta siempre que no son personas, sino descendientes del lobo, y que su forma de percibir el mundo no es igual que la nuestra.

A través de estas páginas se pretende que el lector pueda comprender mejor el mundo canino, sus orígenes, instintos, inteligencia, con todo aquello que nos une y que nos diferencia, para que nuestras relaciones sean más sanas, felices y plenas, tanto para nosotros como para ellos.

A lo largo de este libro, hablaré de casos concretos de perros a los que conozco (Leo, Dora, Frida, Loba...) y muy especialmente, mi experiencia con mi perro Yelmo. Los párrafos que cuentan una **historia personal** se han diferenciado del resto del texto escribiéndolos en **cursiva** y colocando a su lado este **símbolo:** 🐾.

Por último, me gustaría aclarar que, cuando me refiero a «dueños», «propietarios» o «mi perro», lo hago en sentido convencional, no de posesión como si fueran un objeto, ya que no se trata de una relación unidireccional, sino que somos compañeros de viaje.

UN PERRO EN CASA

La cantidad de perros domésticos que hay en el mundo está creciendo sin freno. No es fácil estimar su número porque en algunos continentes, como Asia y África, no es obligatorio registrarlos y muchos de ellos vagan sin dueño. Pero, al parecer, la cifra supera los **600 millones** de canes censados. De ellos, aproximadamente unos 90 millones viven en Europa (con Rusia a la cabeza), 84 millones en Estados Unidos y unos 60 millones en América del Sur. En los dos últimos años, la cantidad total ha experimentado un incremento del 40 %. De hecho, algunas sociedades cuentan ya con más perros que niños. Y el número no parece que vaya a dejar de crecer, aunque tener un perro en casa, como veremos también en este capítulo, acarrea una serie de responsabilidades que no todo el mundo está dispuesto a asumir.

El *boom* perruno

Este *boom* tiene su origen en algunas razones sociales, pero también emocionales. Por un lado, la pandemia de coronavirus situó a los dueños de perros como privilegiados, ya que se les permitía salir a dar un pequeño paseo durante el confinamiento con el fin de que los animales pudieran hacer sus necesidades. En esos momentos, todo el mundo quería tener un can para poder salir de casa, incluso surgieron anuncios para alquilarlos ilegalmente con tal fin. Posteriormente, el teletrabajo ofreció la posibilidad de pasar más tiempo en el hogar y eso animó a muchas personas, para las que anteriormente era inconcebible por las largas jornadas laborales, a comprar o adoptar.

Sin embargo, esta tendencia no es exclusiva de los tiempos de la Covid, sino que viene de mucho antes. De igual manera tampoco lo es la soledad, buscada o no, ya que es un fenómeno observado desde hace décadas. Y es que el tipo de relaciones que mantenemos ha cambiado, en cuanto a cantidad y calidad, desde mediados del siglo pasado. La gente se ha vuelto más individualista y establece lazos menos sólidos y duraderos. Pero somos **seres sociales,** igual que los perros, y hemos encontrado en ellos el contacto que necesitamos. De la misma manera, para compensar la frialdad de las tecnologías, buscamos el calor animal.

También ha evolucionado el concepto tradicional de familia. Uno de los principales motivos es que los jóvenes tardan cada vez más en casarse y tener hijos. La generación conocida como *millennials* (nacidos entre 1981 y 1993) es el grupo de población con más animales de compañía, a la vez que poseen una de las tasas más bajas de natalidad en comparación con las anteriores. Y es que tener mascotas no es precisamente barato, pero cuesta menos que criar a un hijo, y tampoco implica un vínculo de por vida con la otra persona.

Los canes cumplen una función afectiva muy importante y generan un sentimiento de **protección y compañía.** Son la excusa perfecta para salir de casa, un apoyo afectivo infalible, fiel colega de juegos y paseos, y hasta confidente en momentos de crisis. No nos interrumpen ni nos juzgan y está demostrado que acariciarlos y observarlos ayuda a reducir la tensión arterial. Interactuar con ellos aporta beneficios en distintos ámbitos de los que hablaremos más adelante.

En este contexto nace el fenómeno de los «perrhijos», ligado a un nuevo modelo de familia «multiespecie». Esto supone un importante avance a la hora de tratar a los animales, pero se pueden producir casos extremos si se humaniza en exceso a nuestras mascotas. Hay que tener en cuenta que no son niños peludos que ladran. El perro es un miembro más de la familia, hay que quererle y dedicarle lo mejor, pero sin «perder la cabeza».

Esta nueva situación ha traído consigo que, actualmente, alrededor de los canes se mueva un **negocio millonario.** Aparte de los básicos como alimentación y cuidado veterinario, el mercado rebosa de servicios de lujo que ya no se ven como excentricidades y cuyo único tope se encuentra en la solvencia de sus propietarios. Peluquería, joyas, ropa y accesorios *fashion*, muebles adaptados a los animales como cunas, mesitas de noche o ventiladores, entrenadores personales, aplicaciones de citas con el fin de que encuentren la pareja adecuada, abogados exclusivos para ellos, celebraciones de cumpleaños con una fiesta por todo lo alto y tarta, o masajes e hidroterapias para reducir el estrés, son algunas de las variopintas ofertas de las que ya puede disfrutar el mejor amigo del hombre.

Sin embargo, si lo que queremos es tener un perro feliz y equilibrado, lo principal es entender que tiene sus propias pautas de comportamiento. No se va a quejar si lo paseamos en carrito o lo llevamos de tiendas en un bolso, ya que no puede, pero probablemente desarrollará problemas de conducta. Porque los perros necesitan otras cosas, como salir, correr, jugar, olfatear, socializar… tienen sus propias necesidades e instintos ya que, al fin y al cabo, proceden del lobo.

La responsabilidad de tener un perro

Tener un perro en casa significa asumir una serie de responsabilidades y, como todo en la vida, su presencia en las viviendas tiene muchos defensores y también detractores. Estos últimos defienden su postura alegando varios motivos objetivos. Para empezar, estos animales suponen un nada despreciable **gasto económico,** tanto en cuidado veterinario como en alimentación. Necesitan salir a pasear varias veces al día, haga frío o calor, llueva o nieve y, para colmo, hay que recoger sus deposiciones a mano (con una bolsita de plástico, eso sí). No son aptos para los devotos de la **limpieza:** ensucian la casa con sus patitas llenas de barro o arena, ya que la mayoría no sabe utilizar el felpudo, y sueltan pelo como para rellenar varios cojines; no se puede decir que huelan bien, especialmente cuando se mojan, dejan babas y pueden ser ocasionales portadores de parásitos como pulgas o garrapatas. Además, muchos de ellos tienen la costumbre, para nosotros incomprensible, de revolcarse en excrementos o restos animales. También, sus ladridos pueden ser muy molestos, tanto para los propietarios como para los vecinos.

De una manera sutil, representan una esclavitud. No es solo la obligación de **los paseos,** sino que son seres extremadamente sociales, por lo que no deben estar muchas horas solos, aunque tampoco se les puede llevar a todas partes, lo que acabaría resultando muy estresante, tanto para el amo como para el animal. En caso de que estén demasiado tiempo sin compañía, es posible que se conviertan en unas máquinas destructivas debido a la soledad y el aburrimiento, arañando puertas o paredes, mordisqueando las patas de sillas y mesas, o investigando en el cubo de la basura y desparramando su interior. También harán lo imposible por no permanecer encerrados, y sus técnicas de escape harían palidecer al mismísimo Houdini. Rompen alambradas para salir por el lugar más insospechado y saltan, trepan o se arrastran sorteando cualquier valla o muro.

Condicionan nuestras vidas a la hora de irnos de vacaciones, marcando cuánto tiempo y dónde podemos ir. Y si decidimos llevarlos de viaje en el coche, además de los ya mencionados pelos que esparcirán por doquier, es posible que se mareen e incluso vomiten. Para aquellos que gustan de levantarse tarde, tampoco hay buenas noticias, ya que es fácil que su perro decida a qué hora debe levantarse para dar el primer paseo del día.

Por si esto fuera poco, hay que añadir que son unos maestros del chantaje. ¿Quién no se ha ablandado, alguna vez en su vida, y ha accedido a dar un trozo de comida a un perrito que miraba con cara de infinita tristeza? Pues bien, esos ojitos tiernos son el resultado de un músculo que han ido desarrollando los perros a lo largo de la evolución y que los diferencian de los lobos. Saben que, cuando nos miran así, son irresistibles.

Pero eso no es todo. Son capaces de temblar, gemir e incluso fingir estar enfermos con tal de conseguir lo que quieren, normalmente atención. Si se acaricia a un perro cada vez que tose, lo aprenderá, y cuando necesite una caricia, toserá. Igual que si lo protegemos durante una tormenta, acabará temblando cada vez que llueva, se nuble o incluso haya cambios en la presión atmosférica. Si supiéramos que una persona nos manipula de esta manera, ¿seríamos capaces de responder con una sonrisa como lo hacemos con el mejor amigo del hombre?

Pese a todo ello, si se asume el reto, merecerá la pena. Su **amor incondicional,** entrega y alegría han hecho que creemos unos maravillosos vínculos muy especiales e imposibles de explicar.

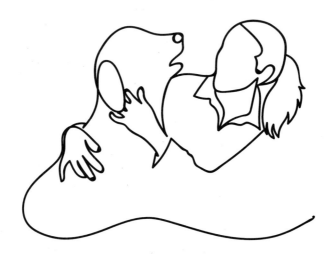

HISTORIA Y OFICIOS CANINOS

La relación entre perros y humanos es, seguramente, la más fructífera de la historia. Hasta la aparición de los estudios genéticos, en el siglo xx, se creía que algunas de las diferentes razas procedían del lobo y otras del chacal. Ahora se sabe que todas tienen **un mismo antepasado: el lobo gris.** Los estudios más recientes indican que los perros descienden de dos poblaciones separadas de lobos, ya extintas: una, la más abundante, originaria de Oriente, y la otra de Occidente.

En el Paleolítico, humanos y lobos compartieron los mismos territorios durante aproximadamente medio millón de años y debieron de tener contacto frecuente. En esos tiempos, los homínidos sobrevivían recolectando plantas, tubérculos y otros vegetales, alimentación que complementaban con insectos, huevos y carne semiputrefacta. La caza se centraba en pequeños vertebrados, por lo que los huesos de grandes animales encontrados en sus campamentos probablemente correspondan a carroña de presas muertas por carnívoros mucho más hábiles.

Así, los primeros contactos de aquellos humanos con los cánidos serían de cierto **comensalismo,** en el que los primeros aprovechaban los despojos que dejaban las eficaces manadas de lobos tras haber abatido un caballo salvaje o un bisonte. Y los lobos también comenzaron a merodear los campamentos nómadas de nuestros antepasados para alimentarse de los restos de comida que estos desechaban, y puede que también para compartir el calor del fuego.

¿Cuáles son los orígenes del perro?

El origen de nuestros perros sigue sin estar del todo claro. Existe una teoría muy arraigada según la cual aquellos hombres de la Edad de Piedra pensaron en algún momento que sería bueno tener un lobo con el fin de que les ayudase en la caza y protegiera los asentamientos frente a otros depredadores. Así, empezaron a criar lobeznos, probablemente con la leche de alguna mujer que estuviera amamantando a su propio hijo, o que lo hubiera perdido por alguna trágica circunstancia. Aquellos cachorros, tal vez huérfanos,

17

fueron acostumbrándose a vivir con la «manada» humana, al fin y al cabo, no tan diferente a la lobuna.

Sin embargo, esta hipótesis ha sido descartada por algunos autores ya que, por una parte, los homínidos de entonces no poseían un importante pensamiento consciente y seguramente tampoco eran capaces de planificar sus actos, por lo que no parece probable que hubiera intención humana de domesticar. Además, aún estamos hablando de lobos, no de perros y, aunque convivan con el hombre desde cachorros, los lobos son altamente impredecibles.

La transición del lobo al perro

Transcurrieron miles de años en los que se produjo una pseudoconvivencia y adaptación entre nuestros ancestros y los lobos. Estos últimos se fueron acostumbrando paulatinamente a alimentarse de la basura de los asentamientos, ya que suponía comida rápida y no exigía la gran inversión de energía que supone cazar. Dichos **lobos de campamento,** los menos miedosos y agresivos, estaban mejor nutridos y procreaban más, por lo que nacía una mayor cantidad de lobeznos portadora de esos genes poco asustadizos. Así fueron aislándose socialmente del resto, es decir, convivían en el mismo ámbito geográfico que los demás lobos, pero el instinto gregario de estos animales hizo que se formasen dos grupos socialmente separados que no se cruzaban entre ellos. Posiblemente aquellos **«protoperros»** también contribuyeron a ahuyentar a los lobos de los asentamientos humanos. Estos pudieron ser los comienzos de una gran alianza que cambiaría nuestras vidas para siempre.

El perro aparece como el primer ser domesticado, antes que las plantas de cultivo. Pero no es lo mismo domesticar que domar, ya que un lobo criado a biberón por humanos desde sus primeros momentos de vida será, simplemente, cautivo. Para que exista **domesticación** no es suficiente solo la voluntad humana, como lo demuestra el hecho de que de todas las especies animales que han existido en la Tierra, solo una docena han establecido una relación de este tipo con el hombre. Por lo tanto, dicha domesticación se puede entender como una especie de pacto en el que ambas partes están, en cierta medida, protegidas por su asociación mutua.

No son pocos los expertos que se inclinan a pensar que los lobos, sin querer, se domesticaron a sí mismos, debido a las ventajas de supervivencia que suponía vivir junto a los campamentos. Cuanto más amistosos eran, más comida recibían.

Poco a poco, los perros dejaron de parecerse a los lobos, debido a que los genes amigables conllevan una serie de cambios físicos. Hay que señalar que la mayoría de los mamíferos domesticados se caracterizan por tener orejas caídas, colas rizadas, manchas en el pelaje, caras más pequeñas y cabezas más redondas. Además, se convierten en **eternos cachorros,** ya que los comportamientos típicos de la juventud, como el juego, se alargan hasta la adultez.

Estos cambios se descubrieron gracias a un experimento realizado con zorros plateados en Siberia, en 1959. Un grupo de científicos rusos, liderados por Dmitri Beliáyev, acudió a granjas peleteras para escoger a los ejemplares más dóciles que, de esta manera, se salvaron de convertirse en abrigos de pieles. Los zorros cautivos fueron divididos en dos grupos; en uno, les dejaron reproducirse naturalmente, pero en otro, solo permitían procrear entre sí a los menos agresivos con los humanos. Durante varias generaciones fueron seleccionando a los menos agresivos y, antes de lo que se imaginaban, los investigadores detectaron cambios bruscos: los cachorros comenzaron a comportarse más como perros, moviendo sus colas con entusiasmo ante el contacto con los seres humanos y llegando incluso a lamerles. Cuando alcanzaban la edad adulta, los zorros mansos seguían comportándose como los jóvenes. Además, su aspecto externo se había modificado, adquiriendo los rasgos propios de la domesticación de los mamíferos mencionados anteriormente. Los científicos observaron también que estos zorros presentaban menos niveles en sangre de hormonas relacionadas con el miedo y la agresividad, además de cambios en la serotonina, noradrenalina y dopamina.

Tras la muerte de Beliáyev, en 1985, el experimento estuvo a punto de desaparecer con la caída de la Unión Soviética y la crisis económica de los años noventa, pero terminó sobreviviendo. En la actualidad, la granja-laboratorio siberiana sigue criando zorros mansos, que estudian o venden al público como «mascotas».

El proceso de estos zorros es semejante al que sufrió, en un periodo de tiempo mucho más largo, el *Canis lupus familiaris*, o sea, nuestro lobo (*Canis lupus*) familiar, al que la domesticación convirtió en un eterno cachorro. En cierta medida, humanos y perros hemos evolucionado de la mano. Nosotros aprendimos a confiar en los canes e, incluso, depender de ellos. Eran buenos rastreadores gracias a su extraordinario olfato, compañeros de caza, guardianes y compañeros. Y los humanos les recompensaban con comida. Desde entonces, han invadido nuestros hogares y nuestros corazones, transformándonos y convirtiéndose en los mejores socios y amigos, que nos acompañan por los confines del planeta. No deja de ser curioso cómo unas criaturas tan salvajes como los lobos se han domesticado a sí mismos para convertirse en los compañeros preferidos del ser humano, y cómo hemos aprendido a querernos mutuamente a un nivel tan profundo y ancestral, casi genético.

Su papel en la historia de la humanidad

Aunque a nuestro sobredimensionado ego le cueste reconocerlo, nosotros necesitamos más a los perros que ellos a nosotros. Si desapareciéramos de repente de la faz de la Tierra, los canes se las arreglarían para sobrevivir. Siguiendo su instinto, seguramente formarían manadas, volverían a cazar y a establecer sus territorios. Pero, ¿qué hubiera sido de la historia del ser humano sin ellos? Según algunos científicos, es muy posible que no siguiésemos aquí. La humanidad temprana no habría podido mantenerse debido a que, en las ocasiones en las que la comida escaseaba, la **caza** era fundamental para seguir con vida, y sin la ayuda de los perros, abatir grandes presas, como mamuts, hubiera sido casi imposible.

La enorme sociabilidad de esta especie, su plasticidad, capacidad de aprendizaje y finos sentidos propiciaron que fuera utilizada para una gama muy variada de usos. Además de la caza, desde la Antigüedad asumieron diversas funciones según sus características, como la **defensa,** la protección o manejo de **rebaños** y, en las regiones polares, el **arrastre** de trineos. Es muy probable que las tribus de cazadores jamás hubiesen osado adentrarse en el Ártico alto sin ellos, ya que eran un medio inmejorable para transportar mercancías y, en los peores tiempos, sirvieron de alimento. Y la hazaña del explorador noruego Roald Amundsen, que dirigió la primera expedición que llegó al Polo Sur, hubiera sido imposible sin el trabajo de los cien perros que participaron en la misma.

Durante los siglos XVI y XVII, los marineros, colonos y soldados europeos cruzaron el océano llevando con ellos, naturalmente, a sus perros. De sus periplos por nuevas tierras, entre otras muchas cosas, trajeron distintas variedades que aceleraron la **hibridación** de la especie canina, que fue expandiéndose por todo el mundo de la mano de los humanos, diversificándose de esta forma las tareas que podían desempeñar. A finales del siglo XIX, estos animales, principalmente sabuesos por su finísimo olfato, empezaron a ser utilizados como perros de rastreo para encontrar a criminales, y así aparecieron los perros policía, sobre todo el pastor alemán y el pastor belga malinois, destinados a ayudar específicamente a los agentes del orden. Actualmente, entre sus múltiples y variadas funciones destacan la detección de explosivos y drogas, defensa y ataque, rescate y salvamento, detección de acelerantes del fuego, búsqueda y localización de restos humanos, detección de billetes de curso legal y localización de personas ocultas.

Ya en la Segunda Guerra Mundial, cuando Estados Unidos entró en guerra tras el ataque de la armada japonesa a Pearl Harbor en diciembre de 1941, se inició un programa de **adiestramiento** canino para introducir perros en la batalla. Pero no solo el bando aliado utilizó a estos animales como arma en la contienda. El bando nazi los usó como centinelas, mensajeros, perros bomba o como enfermeros para llevar medicinas.

También se comenzó a trabajar con ellos en búsquedas y rescates, entrenándoles para detectar el olor humano y encontrar personas vivas o recién fallecidas en muy diversas situaciones: fugitivos, huidos de la justicia, desaparecidos por causa desconocida, individuos que han quedado cubiertos por aludes de nieve o tierra, etc. Estos perros deben tener muchas cualidades, entre ellas, ser fuertes, enérgicos e inteligentes. Las razas con más aptitudes para estas labores son el San Bernardo, el pastor alemán, el pastor belga, el golden retriever o el labrador, como podemos ver habitualmente.

Entrenados para nuevos oficios

Lejos de lo que pueda parecer, el trabajo no esclaviza a los perros, siempre que reciban los cuidados necesarios. Un border collie, por ejemplo, disfruta pastoreando, corriendo, jugando y muestra una increíble complicidad con su dueño, así como lo hace un podenco corriendo por el monte detrás de un conejo o cualquier otra presa, mientras que un bloodhound estará encantado de perseguir un rastro durante kilómetros sin mostrar ningún signo de fatiga.

Los **perros de trabajo,** en cualquiera de sus vertientes, suelen ser extremadamente felices. Gozan de una estrecha relación con los humanos, basada en la comunicación, para cumplir un propósito y, cuando han desarrollado su tarea, reciben un refuerzo, ya sea comida, caricias o juego, que intensifica esa felicidad. El perro conoce lo que se espera de él, porque el guía sabe comunicárselo, y está encantado de ayudar.

EL CASO DE LEO, LA MASTINA 🐾

Leo era una hembra de mastín leonés, una raza que se ha utilizado desde tiempo inmemorial para proteger al ganado de los depredadores de la zona. Estos animales llevan el instinto de trabajo en la sangre y el imponente tamaño que alcanzan hacen de ellos unos excelentes guardianes. Son capaces de defender al ganado ante cualquier extraño, incluido el lobo, pero a la vez son mansos y cariñosos con su familia, especialmente con los niños.

Leo trabajaba cuidando a un rebaño de cabras. Un buen día, cuando tenía seis meses de edad, apareció en el jardín de Ana. Estaba extremadamente delgada. Ana le ofreció agua, que la perra bebió con ansia y, como agradecimiento, puso su enorme cabeza sobre las piernas de su benefactora. Ese fue el comienzo de una intensa amistad que duraría nueve años.

Desde entonces, cada día, la mastina iba a casa de su amiga humana. Allí pasaba la noche con ella y su familia, siempre en el jardín y, cuando llegaba la hora de salir con las cabras, se marchaba a cumplir con su trabajo, para regresar en el momento del descanso. Su dueño, el cabrero, tenía varios perros más y era poco condescendiente con ellos, así que Leo encontró en el hogar de Ana un refugio. Y Ana, enferma de esclerosis múltiple, halló en ella un motivo para superar los dolores y levantarse de la cama todos los días. La complicidad entre ambas hizo que se volviesen inseparables.

Debido a la falta de control, Leo se quedaba preñada cada seis meses y paría en una cueva. Con objeto de que el cabrero no le quitara a sus crías para venderlas, después de dar a luz iba a su familia de acogida e, insistentemente, mediante gestos, les indicaba que la siguieran hasta la cueva donde se encontraban sus cachorros. Si iba Ana, les guiaba por un sendero más fácil. «Ella sabía perfectamente que estaba enferma y que yo no podía andar bien», asegura Ana. En una ocasión les llevó a uno de sus cachorros, porque sabía que iba a ser bien cuidado. «Le dio de mamar y se marchó a trabajar. Cuando volvía, después de su jornada laboral, le traía juguetes como un trozo de cuerda o un cuerno. Lo amamantaba y se quedaba a dormir en la puerta».

En muchas ocasiones llegaba con distintas heridas, de ataques de otros perros o algún jabalí, y Ana, junto con una veterinaria, se encargaba de curarla, a ella y a los demás perros del cabrero. «Nunca pensé que fuera a aprender tanto de veterinaria, a curar heridas, poner inyecciones o esterilizar perros».

Cómo entender la mente de tu perro

22

Leo era salvaje, fuerte e independiente. Nunca hizo daño a ninguna persona, perro o gato de la casa, aunque era una gran defensora de su rebaño y no permitía que nadie se acercase a las cabras. Era una maestra pastoreándolas y defendiéndolas, y era feliz haciéndolo.

Un buen día la encontraron en su amado monte. Parecía felizmente dormida de un sueño del que nunca despertaría. Si hay un cielo para perros, allí estará ella jugando con las cabras y sabiendo que Ana no la olvida.

Hemos criado a los perros para que sean fieles, trabajadores, atentos, protectores, intuitivos, sensibles, cariñosos y generosos con quienes lo necesitan. En los últimos tiempos las funciones de los canes se han multiplicado, debido a su enorme capacidad de aprendizaje y a su fuerte instinto de cooperación con el ser humano. Disfrutan de la compañía mutua y encuentran apoyo recíproco en circunstancias potencialmente desafiantes. Además, son el complemento perfecto para nuestros sentidos. Por eso, según se van entrenando las habilidades de nuestros fieles amigos, van surgiendo nuevos trabajos para ellos.

Desde hace tiempo ejercen como **guías para personas ciegas o sordas,** o en calidad de asistentes de movilidad, pero más recientemente se han descubierto sus extraordinarias capacidades como **perros de alerta médica.** Algunos ayudan a personas con epilepsia (conozco casos en que lo hacían sin ningún tipo de entrenamiento previo, sino de manera instintiva), avisando cuando se acerca el ataque y colocando su cuerpo para evitar que el humano se haga daño durante el episodio.

Otros son capaces de oler los niveles en sangre de las personas que padecen diabetes y alertan cuando el nivel desciende o asciende demasiado. Hay que tener en cuenta que mientras que nosotros tenemos alrededor de seis millones de receptores olfativos, un perro pastor tiene más de 200 millones y un beagle incluso 300 millones. Su magnífico olfato también les permite detectar, a través del sudor humano, si una persona está infectada con Covid-19 con un mayor porcentaje de acierto que las pruebas médicas. E incluso se les está entrenando para que puedan percibir el cáncer mediante los olores específicos que poseen las sustancias volátiles de los tumores.

Asimismo, nuestros peludos amigos pueden colaborar en la **conservación de la naturaleza,** buscando determinadas especies para realizar censos de población, detectando excrementos de animales en peligro de extinción, localizando aves y otras especies heridas o muertas por los tendidos eléctricos y en campos eólicos, olfateando plagas y especies invasoras, o rastreando venenos e incluso cazadores furtivos. **Los labradores, retrievers, border collies y pastores alemanes son ideales** ya que están ansiosos por aprender, son fáciles de motivar, disfrutan trabajando con las personas y, en general, no tienen un fuerte instinto de caza. Pertenecer a una raza concreta predispone, aunque no conlleva al cien por cien unas aptitudes específicas.

Pero, además, los perros producen un importante **efecto positivo sobre las personas:** reducen la presión sanguínea, el estrés emocional y estimulan el bienestar social, son sociables y capaces de detectar el estado de ánimo de los humanos. Por eso también son utilizados para **ayudar emocionalmente como «terapeutas».** Hospitales, geriátricos o niños con autismo se ven beneficiados de la interacción con estos animales. También se les está entrenando para proteger a las mujeres víctimas de violencia de género, a quienes logran devolver la confianza y seguridad que habían perdido. Estos últimos suelen ser, por un lado, de razas grandes para generar un efecto disuasorio y, por otro, muy sociables y con un desarrollado instinto de protección. Y es que está demostrado que acariciar, mirar o interactuar con un perro reduce el estrés, aumenta la calma y la felicidad y rebaja la presión arterial, por lo que también ayudan a superar fobias y traumas.

Los perros de compañía

La inmensa mayoría de los perros que vemos actualmente por la calle son simplemente animales de compañía, mascotas como se suele decir, sin oficio alguno. Existen razas que han sido criadas, especialmente por su pequeño tamaño y aspecto gracioso, para este fin: acompañar y ser mimadas. Son los llamados perros falderos o *toy* (juguete).

El hecho de compartir nuestro hogar con un can, simplemente por compañía, no es algo reciente, sino que viene de muy lejos. En la **antigua China,** los pequineses eran un lujo exclusivo de los miembros del Palacio Imperial y las cortesanas los transportaban dentro de las mangas de sus túnicas.

Posteriormente, los **romanos** aprovecharon las rutas comerciales con Asia para intercambiar distintos productos, además de traer perros de pequeño tamaño. En la antigua Hispania se han encontrado restos de estos canes que datan de entre los siglos II y III. Debido a que no presentaban ninguna patología en su esqueleto y se hallaban dentro de las urbes, se cree que se trataba de animales de compañía.

En aquella época los perros domésticos solo estaban al alcance de los más ricos, ya que tenían que ser alimentados, y las personas que carecían de recursos necesitaban que sus animales les ayudasen trabajando, ya sea con la caza o mediante otras funciones útiles. Así, los falderos se hicieron muy populares entre la **realeza.** Al parecer, uno de sus «cometidos» era atraer las pulgas y otros parásitos de sus dueños, o simplemente brindar compañía y, gracias a que los canes tienen la temperatura corporal más alta, calentar las piernas y los pies de las damas aristocráticas. En algunos casos, eran percibidos como «accesorios de moda» y, a veces, como símbolos de estatus.

En general, estas razas pequeñas presentan un aspecto tierno, como si fueran eternos cachorros que nos incitan a querer mimarlos. Suelen ser bastante dependientes de sus dueños y requieren de mucha atención, ya que de forma instintiva buscan la compañía de las personas. Sin embargo, esto no quiere decir que sean vagos y prefieran estar todo el día en un sillón. Pese a todo, son perros, descendientes de lobos, y necesitan caminatas, socialización, juegos y estimulación mental.

Variedad de razas y funciones diversas

Si hay algo que llama poderosamente la atención en los canes es cómo pueden ser tan sumamente diferentes entre ellos si todos proceden de una o dos poblaciones de lobo. De hecho, el perro es la especie de mamífero terrestre morfológicamente más diversa que conocemos.

El primer cráneo de un animal que es indudablemente un perro, data de hace unos 14 000 años y parece ser que su diversificación comenzó aproximadamente 3 000 años después. Actualmente, existen más de 340 razas diferentes con unas asombrosas variaciones entre ellas, tanto físicas como de comportamiento. Parece increíble que tanto un pequeño chihuahua como un enorme mastín pertenezcan a la misma especie, sin embargo, todos los perros del mundo comparten el 99,8 % de sus genes, por lo que es ese 0,2 % restante el que marca la diferencia.

Cómo surgen las razas

Originariamente, todos eran chuchos mestizos. Según el clima en el que vivieran, su apariencia difería como consecuencia de la adaptación al medio.

En Asia Central, aunque los primeros perros seguían siendo muy parecidos al lobo, su pelaje se aclaró tras el contacto con los humanos. Más al sur, lucían un pelaje más corto y orejas más grandes para hacer frente al calor.

La domesticación conllevó que algunos de estos animales que presentaban **mutaciones genéticas** perjudiciales para su supervivencia en la naturaleza (como ser paticortos) y que no habrían prosperado en estado salvaje, pudieran medrar y trasladar ese rasgo a su descendencia.

Las primeras pruebas que tenemos de la existencia de distintas razas datan de, al menos, hace 5 000 años. En diferentes dibujos del antiguo Egipto aparecen representados varios tipos de canes: unos, grandes y fuertes, que posiblemente ejercieran labores de guardia y defensa; otros, estilizados, delgados y de menor tamaño, muy semejantes a los podencos, que ayudarían en la caza; e incluso, al parecer, también tenían perros «falderos» o de compañía.

Así empezó el «diseño» de estos animales, en el que nuestros ancestros fueron favoreciendo distintas apariencias y comportamientos. Miles de años más tarde, en el siglo XIX, surgieron los clubes y concursos, multiplicándose los nombres y razas.

La consecuencia de esta cría dirigida fue la aparición de una **gran diversidad** de formas, tamaños, vida media, habilidades o temperamento. El ser humano comenzó a explotar aún más esta especialización y con cada cambio los perros fueron adoptando una apariencia y un comportamiento cada vez más diferente.

Los pescadores en América crearon al labrador, un gran nadador que podía recuperar peces, mientras que los mineros escoceses «diseñaron» al yorkshire terrier para cazar ratas en las minas. En Francia, el caniche fue concebido para cobrar patos, pues posee un pelaje impermeable. Por su parte, en Alemania, el teckel se proyectó para ahuyentar tejones porque, gracias a sus cortas patas podía entrar en las madrigueras. En Medio Oriente apareció la familia de los galgos como cazadores de liebres, igual que el shiba inu en Japón.

Algunas razas son más propensas a reaccionar de una u otra manera ante determinados sucesos. Por ejemplo, los perros cazadores serán más sensibles que otros al olor o movimiento de un conejo y tendrán una tendencia innata a perseguirlo, igual que un perro pastor sentirá el impulso de mantener a los individuos de un grupo unidos. Pero en el comportamiento del animal la genética sería solo el punto de partida, ya que su entorno vital, como las experiencias que viva, las personas y animales que conozca o su nutrición, tienen una gran influencia respecto a lo que llegará a ser.

A pesar del control de los criadores para obtener perros de pedigrí, siempre surgen mutaciones genéticas aleatorias que, por otra parte, suelen ser positivas para prevenir enfermedades hereditarias. Y es que los canes de pura raza son mucho más susceptibles de sufrir trastornos físicos que los mezclados.

Clasificación de las razas

La Federación Cinológica Internacional es el organismo que agrupa a casi todos los clubes caninos del mundo y ha reunido a las diversas razas que existen en diez grupos, en función de sus características morfológicas o funciones:

- **Perros de pastor y boyeros.** La selección para formar parte de esta agrupación está basada en la labor que desempeña el perro, y aquí se reúnen las razas caninas especializadas en conducir y/o proteger los rebaños. A pesar de que se trata de una división netamente funcional, dentro de la diversidad de razas que la componen existe una cierta relación de semejanza, especialmente en lo que se refiere a aptitudes psíquicas, ya que todos presentan un temperamento vivaz y despierto, con gran facilidad para el adiestramiento. Destaca su capacidad para recorrer largas distancias a paso sostenido. Aquellos perros cuya misión es proteger los rebaños, son de tamaño medio a grande, territoriales y con un acentuado instinto de protección. Por su parte, los ejemplares elegidos para conducir al ganado son más pequeños y dinámicos.

  En este grupo se encuentran, entre otros, el pastor alemán, pastor belga, perro lobo checoslovaco, pastor catalán, pastor de Brie, bobtail, border collie o puli.

- **Perros de tipo molosoide, pinscher, schnauzer, perros de montaña y boyeros suizos.** El grupo está estructurado pensando especialmente en la morfología general de sus integrantes. Suelen ser de gran tamaño, algo pasivos y relativamente tranquilos, pero con un desarrollado sentido de protección y gran tenacidad en defender sus posesiones o territorio cuando estiman que son amenazados.

A esta división pertenecen el bóxer, gran danés, dogos y perros de montaña como el San Bernardo, terranova o mastín español. Pero también están incluidos otros muy vivos y activos que son buenos guardianes como el pinscher, dóberman o schnauzer.

- **Terriers.** Lo forman perros cazadores cuya misión fundamental es la de perseguir a una presa que está dentro de su madriguera subterránea o terrera, de donde deriva el nombre del grupo. Son de tamaño relativamente pequeño, con cabezas alargadas y fuertes mandíbulas. El temperamento en general es fuerte, son activos y valientes.

  En este grupo destacan el fox terrier, el ratonero bodeguero andaluz, el ratonero valenciano, el bull terrier, american staffordshire terrier o el staffordshire bull terrier.

- **Teckels.** Este es el grupo menos numeroso, ya que solo reúne nueve razas, que en realidad no dejan de ser variedades de un mismo tipo, el popularmente conocido como perro salchicha, con un largo cuerpo y patas muy cortas. Los individuos que lo constituyen se dividen según su tamaño y pelaje. Son animales muy independientes y cazadores con gran arrojo.

- **Perros de tipo spitz o primitivo.** Dentro de este grupo se encuentran tanto los perros spitz como los primitivos. Los primeros son típicos de las regiones nórdicas, acostumbrados a climas extremamente fríos y dedicados a tirar de trineos o a la caza. Algunos ejemplos son el samoyedo, malamute, husky, chow chow, akita inu o pomerania. Respecto a los primitivos, es decir, aquellas razas que han evolucionado muy poco, su tamaño varía de pequeño a grande. Destacan los podencos, el basenji o el perro del faraón. En general, todos ellos necesitan una gran actividad física por lo que, si carecen de ella, pueden canalizar negativamente ese exceso de energía, mostrándose inquietos y destructivos.

- **Tipo sabueso y de rastreo**. Constituye el grupo más numeroso, con 72 razas, la mayoría sabuesos de cacería en jauría. Suelen tener tamaño mediano o pequeño, pelo corto y orejas largas y caídas.

  Entre ellos se encuentra el beagle, basset hound, foxhound y diversos tipos de sabuesos.

- **Perros de muestra.** Aquí se reúnen los perros dedicados especialmente a acompañar al cazador a pie para detectar la presencia de una presa, normalmente algún tipo de ave como la perdiz. Su misión específica es la de señalar a la presa mediante una postura estática, indicando con la nariz el punto exacto donde se encuentra.

  Son miembros de este grupo los bracos, setter, perdigueros, spaniel y pointer.

- **Perros cobradores y levantadores.** Las razas que pertenecen a este apartado se pueden dividir entre levantadores, es decir, los que son criados para espantar y hacer volar a las presas, y cobradores, cuyo cometido en cambio es recoger los animales abatidos y llevárselos al cazador.

  Entre los levantadores se encuentran los cocker spaniel, mientras que los labradores y golden retriever son cobradores. También se incluye en este grupo a los perros de aguas.

- **Perros de compañía.** Se trata del grupo más heterogéneo, ya que sus miembros poseen diversos tamaños y pelajes. Lo que les une es su función principal como animal de compañía, prescindiendo de cualquier otra actividad o trabajo. Son las razas de tamaño más pequeño, como los chihuahuas, bichones, pequineses, caniches o perros sin pelo, entre otros muchos. Sin embargo, dado que en ciertos casos cuando los criadores buscaron una determinada característica física, como el tamaño o pelaje, no tuvieron en cuenta el temperamento, y por tanto algunos de estos perros pueden ser demasiado nerviosos o ladradores.

- **Lebreles.** Este último grupo reúne a los especialistas en velocidad. Son perros aerodinámicos de estructura delgada, miembros finos y largos, cabeza en forma de cuña y orejas pequeñas. Pueden tener el pelo corto o largo, en función de su lugar de origen. Aunque disfrutan corriendo al aire libre, pueden mostrarse muy tranquilos como animal de compañía, siempre que previamente hayan tenido la oportunidad de desfogarse.

  Entre ellos están el galgo afgano, galgo español, saluki y whippet.

EL MUNDO DEL PERRO

El primer paso para conocer a un perro es darnos cuenta de que, aunque sea nuestro mejor amigo, no es un humano. Parece obvio, pero no siempre somos conscientes de que estos animales perciben la realidad de manera diferente a la nuestra. Habitualmente tendemos a compararles con nosotros, interpretando lo que les ocurre a través de nuestras propias experiencias y asignándoles pensamientos o sentimientos humanos. Y, aunque no siempre, en muchas ocasiones es un error. Si queremos comprenderlos realmente, debemos dejar de lado los antropomorfismos e intentar ponernos en su piel.

El concepto de «umwelt»

Existe un término muy interesante, «umwelt», que fue acuñado y desarrollado a principios del siglo XX por el biólogo estonio Jakob von Uexküll. Hace referencia a la capacidad de los seres vivos para **apreciar** el mundo según los **sentidos** que tienen porque, en función de ellos, su forma de **interactuar** con lo que los rodea será muy diferente. No es igual el mundo subjetivo de una lombriz, un murciélago, un perro o un humano.

Según las palabras del biólogo, *«incomprensiblemente, interpretamos el mundo físico como el único real solo porque está construido de acuerdo a la base de nuestros sentidos y acciones. Sin embargo, el mundo es una danza infinita de átomos»*.

Imaginemos que salimos a pasear por el campo una tarde de primavera. Podemos notar la suave brisa que acaricia nuestra piel, el sonido de un arroyo cantarín junto a los zumbidos de los insectos, las fragancias de las distintas flores y los múltiples colores que nos rodean como el azul del cielo, el blanco de las nubes o el verde de los prados y árboles. Si en ese momento estamos acompañados de otra persona con nuestros mismos sentidos desarrollados, seguramente no percibiremos el entorno de manera exactamente igual. Quizá nuestro acompañante preste más atención a lo diminuto mientras que nosotros lo hacemos a las nubes, pasando por alto los pequeños detalles.

«Si ya existen diferencias entre la percepción de dos seres humanos, no es difícil sospechar que entre una persona y una garrapata puede haber un abismo». Y es que Von Uexküll puso como ejemplo el «umwelt» de este animal, probablemente uno de los que mayor repulsión nos produce. Seguramente en alguna ocasión, mientras acariciábamos a nuestro perro, hemos notado un bultito entre su pelo y, al mirar con más atención, descubrimos horrorizados que tiene una garrapata enganchada a su piel.

Estos arácnidos son parásitos ciegos, sordos y que carecen de sentido del gusto. Han nacido para alimentarse (de sangre) y reproducirse. Pueden pasar meses, o incluso años, inmóviles sobre la punta de una hierba alta esperando a que aparezca un posible huésped. Lo detectan a través del órgano de Haller, mediante el que perciben el calor, la radiación infrarroja y los olores que desprendemos los mamíferos, como el CO_2 y el amoniaco. Una vez encuentran a su víctima, se aferran a ella y buscan la superficie caliente de la piel para hendir su cabeza y mandíbulas y alimentarse. Todo lo demás pasa inadvertido para ella, ya que no tiene importancia para su supervivencia. Ni siquiera perciben el sabor de la sangre.

Puede que este sea un ejemplo muy extremo, pero deja claro que, aunque el mundo exterior sea el mismo para todos, ninguna especie (incluso se podría decir que ningún individuo) lo ve igual que otra. En el caso de los canes, pese a la estrecha y milenaria relación que mantenemos con ellos, frecuentemente se produce un **choque entre nuestro «umwelt» y el suyo,** lo que hace que malinterpretemos algunos comportamientos.

Por ejemplo, para un can una carísima alfombra persa no tiene ese valor. En el mejor de los casos, la verá como un lugar para tumbarse calentito y dejarla llena de pelos, o como un objeto para mordisquear y jugar. Y el cubo de basura no será algo sucio y maloliente, sino un universo de olores y sabores por explorar.

¿Has sentido incomodidad alguna vez mientras paseabas al perro y este se detenía durante interminables minutos a oler e investigar el tronco de un árbol por un lado y por el otro? Desde nuestro punto de vista ese comportamiento carece de sentido y puede acabar con nuestra paciencia, pero para el animal es como un Facebook perruno. Al pie de ese árbol hay muchos olores que le aportan una enorme cantidad de información, como la edad, estado de ánimo o salud de los perros que han orinado ahí, incluso hace días.

Un primer acercamiento al universo canino podría consistir en ponernos a la altura de nuestro perro y observar la casa desde su perspectiva, tratando de mirar los objetos que nos rodean con sus ojos. A él le da exactamente igual el color del que esté pintada la pared, los cuadros que luzcan en ella, o los interesantes libros que tengamos en nuestras estanterías, ya que su atención se centra en rastrear las migas que hayan caído debajo de la mesa.

La principal diferencia entre su mundo y el nuestro es que, mientras los humanos creamos nuestra realidad fundamentalmente a través de la vista, ellos lo hacen, de manera mucho más precisa, mediante los olores.

Los sentidos

El olfato

Recuerdo perfectamente la primera vez que dejé a mi perro, Yelmo, solo en casa. No sabía cómo iba a reaccionar. Cuando regresé, me recibió con una desbordante alegría y comprobé, satisfecha, que la casa estaba intacta. Creo que durante mi ausencia solo se levantó para coger un calcetín mío usado, llevárselo a su sitio y acurrucarse junto a él, porque tenía mi olor. Ese gesto me conmovió.

Nuestro sudor, aliento, incluso nuestra piel, desprenden fuertes aromas y cualquier objeto con el que hayamos estado en estrecho contacto, en este caso los calcetines, para un perro se convierte en una prolongación de nosotros mismos. Ni siquiera es necesario que toquemos nada, puesto que al movernos dejamos en el aire nuestro olor, que permanece tiempo después de habernos ido.

Al llegar a casa, seguramente nuestro perro nos olfatea con interés, sobre todo si hemos estado en contacto con otras personas y, especialmente, otros canes o animales. Está investigando lo que hemos hecho cuando estábamos fuera de casa. Así pueden saber si hemos ido a comer, con quién, y si hemos fumado un cigarro después de tomar café. Por orden. Pero también son capaces de oler los sentimientos. Es sabido que pueden discernir el miedo, la ansiedad o la tristeza, ya que las emociones están relacionadas con cambios fisiológicos que ellos perciben.

Las personas tenemos un sentido del olfato poco desarrollado respecto a otros animales, y le damos muy poca importancia en comparación con la vista o el oído. Solo reparamos en los olores si son llamativamente buenos o nos desagradan, pero rara vez nos sirven como una fuente de información. Sin embargo, para nuestros queridos amigos de cuatro patas es un sentido principal. **Nosotros vemos el mundo y ellos lo huelen.** Es su «umwelt».

Nuestra práctica carencia de olfato se ve complementada por su potente nariz, lo que hace que seamos buenos aliados. Y hemos sabido sacar provecho de ello, como lo demuestra que existan perros utilizados para la detección de animales silvestres, explosivos, drogas, dinero, así como en la localización de cánceres de vejiga, próstata, mama o pulmón, en el rescate de supervivientes y cadáveres o la detención de delincuentes, por citar algunos ejemplos. Pero también su naricilla es la causa de muchos comportamientos que nos parecen desagradables o inexplicables.

Los perros nacen prácticamente indefensos ya que son sordos y ciegos. A la semana abren los ojos y no empiezan a escuchar hasta que pasan 21 días aproximadamente. No obstante, su capacidad para oler está formada desde el primer momento. Y no solo eso, sino que además poseen una especie de sensor infrarrojo lleno de terminaciones nerviosas en la punta de la nariz que les permite percibir pequeñas variaciones de temperatura. Eso les posibilita encontrar el vientre de su madre con el fin de alimentarse en los primeros momentos de vida y, cuando son adultos, saber cuándo otros animales están cerca y así localizar a sus presas. Además, el patrón de la «trufa» de los canes es como la huella dactilar de una persona, único e irrepetible.

Su nariz funciona como un aspirador al final del cual se encuentra la membrana olfativa, una lámina plisada que mide entre 150 y 200 cm², mientras que el de los humanos tiene una extensión comprendida entre los 2 y los 10 cm², por lo que los canes poseen muchísimos más **receptores olfativos** que nosotros, concretamente, unos **250 millones** frente a nuestros cinco millones. Su misión consiste en procesar las señales olfativas captadas por unas células especiales.

Lo primero que hace un perro ante una situación nueva, ya sea cuando conoce a una persona, otro animal o un ambiente, es acercar su hocico y olisquear. Así obtiene información que es imperceptible para nosotros. Y como huelen por separado a través de cada orificio nasal, pueden detectar el lugar de dónde proviene un aroma. Algo así como oler en 3D. Además, pueden saber qué momento del día es debido a la concentración de olor que hay en el aire.

El funcionamiento de este **supersentido perruno** tiene su complejidad. Los humanos, cuando queremos oler algo, aspiramos corta y repetidamente sin expirar. Los canes inhalan el aire por la zona central de sus fosas nasales, mientras que la exhalación se produce lentamente a través de las hendiduras que tienen a los lados de su nariz. Como consecuencia, **el aire no se mezcla en ningún momento,** sino que crea una especie de flujo que permite al animal retener todavía más información y detectar olores incluso cuando está expulsando el aire.

Una vez que las moléculas de olor son recogidas por la membrana olfativa, esta información se envía rápidamente a través de impulsos nerviosos hasta el cerebro, donde se activa el área especializada en su procesamiento: el haz o **bulbo olfatorio.** Allí, se analiza la información y se toman decisiones como, por ejemplo, si ese nuevo perro del barrio es amigable o no. La parte del cerebro del perro encargada del sentido del olfato es la más grande.

Por si esto fuera poco, los perros también cuentan con una estructura especial para la detección de ciertos olores llamado **órgano «vomeronasal» o «de Jacobson».** Fue descubierto por primera vez en los reptiles. Las serpientes, a través de su lengua bífida, recogen sustancias del aire. Esta información se envía al paladar y luego se transmite al cerebro por medio del mencionado órgano de Jacobson, ubicado tras el hueso vómer, entre las fosas nasales y la boca. En los canes este órgano se sitúa sobre el techo del paladar, detrás de sus incisivos superiores. Se relaciona con su conducta social y sexual, pues es el que permite a estos animales oler feromonas, hormonas y otras sustancias químicas.

Puede resultarnos poco elegante que nuestros canes se reconozcan oliéndose el trasero unos a otros, pero esto se explica porque a cada lado del ano tienen dos bolsas llamadas sacos anales. Estos excretan sustancias químicas que proporcionan valiosa información, desde la dieta o sexo hasta el estado emocional del otro animal. Es su tarjeta de presentación.

Más desagradable nos parece cuando olfatean los orines de otros perros, y más aún si los lamen, cosa que hacen para estimular la activación del mencionado órgano vomeronasal. Y es que la orina contiene multitud de feromonas que indican, entre otras cosas, la disponibilidad de un can para aparearse. Asimismo, como comenté anteriormente, el marcaje con la orina hace que el tronco de un árbol, por ejemplo, se convierta en un tablón de anuncios y quien lo visite más frecuentemente tendrá un mayor rango jerárquico.

A veces, después de hacer pis o defecar, los perros arrastran sus patas con fuerza contra el suelo, dejando la marca de sus uñas. Según algunos expertos, esto lo hacen para añadir el olor de las almohadillas de sus pies, además de dejar un rastro visual. Al parecer, esto es más frecuente durante los días de viento, quizá para propagar su mensaje a una mayor distancia.

Pero si hay un comportamiento que nos pueda sacar de quicio, es que nuestros impolutos perros se revuelquen en cosas repugnantes como excrementos, animales muertos o comida putrefacta. Parece que cuanto más maloliente sea, más disfrutan el revolcón. No es que sean unos guarros, sino que esta antihigiénica conducta tiene su razón de ser, aunque existen varias teorías al respecto.

Una de las explicaciones es que tanto perros como lobos lo hacen **para enmascarar su propio olor.** Esto viene de su instinto cazador, ya que una buena manera de aproximarse a su presa sin ser detectados es disfrazar su propio olor para no ser descubiertos. Otra hipótesis sugiere lo contrario, que con ese gesto los canes dejan su información odorífera sobre el cadáver o las heces, indicando que ellos lo vieron primero y reclamándolo como suyo.

Pese a formar parte de su instinto, estos gestos nos producen gran repugnancia, por lo que inmediatamente procedemos a darles un buen baño. Después del mismo, le vemos limpio y con un agradable olor a jabón. Pero él no lo percibe de la misma manera, ya que siente que le hemos robado su identidad, por lo que inmediatamente intentará revolcarse enérgicamente sobre el césped o tierra, dando al traste con todo nuestro trabajo.

Para todos los perros el olfato es fundamental, pero existen **razas rastreadoras por excelencia: los sabuesos.** Su prodigiosa membrana olfativa, unida a su piel facial colgante (belfos, papada y orejas caídas) con la que barrer los aromas, le facilitan la captación de moléculas odoríferas hasta el punto de poder seguir un rastro días después. A la hora de resolver crímenes, el sabueso es tan profesional que sus pruebas se admiten en los tribunales de algunos países.

Muchos dueños perrunos consideran suficiente que el perro tenga un jardín por el que correr y en el que hacer sus necesidades, sin necesidad de pasear, pero estos animales necesitan salir al exterior y procesar distintos olores para estimularse y estar equilibrados. Y es que usar su naricilla hace que el perro se concentre en una actividad, lo que le cansa, porque gasta altas dosis de energía mental y física, y le induce a estados emocionales más tranquilos.

Aunque nos resulte incómodo que se detenga a examinar cada brizna de hierba, hay que tener en cuenta que, para ellos, andar sin oler es como para nosotros caminar con los ojos vendados. Por lo tanto, hay que ser pacientes, respetar su naturaleza y permitir y fomentar que usen el olfato.

Así pues, el «umwelt» de un perro se basa en los olores, y posiblemente sus sueños sean olorosos en vez de visuales. Los perros necesitan, a veces, simplemente pararse durante un rato mirando a ningún sitio, y mover su trufa. Es su forma de ver, conocer, recordar…

El oído

Cuántas veces hemos escuchado que un perro «intuye» cuándo va a llegar su amo mucho antes de que este entre por la puerta. O le hemos visto ladrando al vacío, como si hubiera espíritus o fantasmas rondando. Esto se ha atribuido a un sexto sentido canino, pero al parecer se debe más bien a sus supersentidos: su excelente olfato unido a un fino oído.

Hay que tener en cuenta que estos animales pueden memorizar y reconocer, por ejemplo, el sonido particular del motor de un coche o los pasos de su dueño incluso a un kilómetro de distancia. Así como el ruido que hace un ratón en la calle o detrás de la pared.

La capacidad auditiva en los perros explica por qué a veces un perro ladra o se muestra inquieto sin motivo aparente. Nosotros no percibimos nada, pero ellos lo están escuchando. Y es que este sentido, el segundo más desarrollado, **les permite oír frecuencias que para los humanos son imperceptibles.** Dicha frecuencia se mide en hercios (Hz) y corresponde a la repetición de vibraciones por segundo. A más hercios, más agudo es el sonido. Pues bien, el hombre habla en torno a los 120 Hz por unos 250 de la mujer, y el oído humano abarca un espectro de entre 20 y 20 000 Hz. En comparación, nuestros compañeros de cuatro patas tienen un alcance auditivo de entre 20-40 y 45 000 Hz. Por lo tanto, escuchan los sonidos graves de manera similar a la nuestra pero su capacidad para percibir las ondas sonoras de alta frecuencia es muy superior.

Esto explica el poder del silbato para perros, también llamado silbato silencioso. Es un objeto que puede parecernos mágico, debido a que emite un sonido inapreciable para nosotros pero que los perros escuchan de forma clara. Una vez más, la sensibilidad auditiva de los canes es fruto de la evolución. Se trata del resultado de una adaptación para localizar comida, principalmente pequeños roedores con sus tonos agudos.

Nuestros amigos caninos, además, tienen una amplia y preciosa **variedad de orejas.** Algunas son enormes y otras más bien pequeñas. Las hay puntiagudas o caídas, cortas o largas, triangulares o redondeadas. Incluso en algunas razas son una ayuda a la hora de detectar olores.

Las orejas grandes y erguidas son una característica de animales de climas cálidos. El mejor ejemplo de esto es la diferencia entre las del zorro ártico (*Vulpes lagopus*), que son pequeñas, y las enormes orejas del fenec o zorro del desierto (*Vulpes zerda*). Y esto mismo ocurre en los perros. Cuanta más superficie expuesta tenga un cuerpo, la pérdida de calor será mayor, por eso también suelen tener la cola y el hocico más largos y delgados.

Por el contrario, aquellos que son originarios de zonas del planeta más frías, tienden a tener las orejas (y en general sus apéndices) más pequeñas y poco expuestas, cubiertas con gran cantidad de pelo. De todas formas, hay que tener en cuenta que esta parte de su morfología ha sido una de las más modificadas a lo largo de la historia, debido a la domesticación y la cría selectiva.

Esta **regulación térmica** se puede comprobar con un ejemplo sencillo: una mano con los dedos juntos tiene como superficie expuesta únicamente la piel de la palma y la del dorso. Sin embargo, con los dedos separados dicha superficie es mayor, ya que se une la piel que rodea a los dedos. El volumen de la mano sigue siendo el mismo, pero al tener los dedos extendidos, será más fácil que pierda calor.

Además, las orejas perrunas son como antenas parabólicas que **se pueden orientar independientemente hacia la fuente del sonido,** gracias a sus 17 músculos, en comparación con los tres que tenemos los humanos y que no siempre sabemos utilizar. Prueba a mover tus orejas. Si lo has conseguido, enhorabuena, aunque actualmente esto no sirve para nada. Al parecer hace miles de años nos era útil, pero perdimos esta habilidad porque, sin depredadores a la vista ni necesidad de cazar, dejamos de necesitarla.

Cuando un perro presta atención a un ruido, dirige sus orejas hacia el mismo, incluso, si le resulta desconocido, inclina la cabeza. Eso les sirve para detectar con bastante precisión la dirección del sonido. El cerebro lo calcula comparando el volumen que llega a cada uno de los dos oídos, o «midiendo» el tiempo que tarda en llegar al izquierdo y al derecho.

Y es que bien se podría decir que escuchamos con el cerebro. El oído capta las ondas sonoras y las canaliza por el conducto auditivo hasta el tímpano, una membrana sensible que vibra como un tambor cuando llegan las ondas sonoras. Por detrás del tímpano comienza el oído medio, que transmite las vibraciones, amplificándolas, al oído interno. Allí se transforman en señales nerviosas que se envían al cerebro, donde son interpretadas.

Esa interpretación no tiene por qué ser exactamente igual en los canes que en nosotros. Por ejemplo, la música puede constituir un sonido ambiente más para ellos al que no presten mayor atención, como si fuera un grifo o un ascensor… pero si se pone muy alta, se convierte en un ruido. Sin embargo, si hay una cosa clara es que **un perro entiende cuando le hablan,** especialmente su dueño. Al mejor amigo del hombre le preocupa lo que decimos y cómo lo decimos, ya que usan mecanismos cerebrales muy parecidos a los nuestros.

Los canes, al igual que las personas, utilizan el hemisferio izquierdo para comprender el vocabulario de las palabras, y una región del hemisferio derecho para la entonación. Y si en el entorno del perro está muy presente el habla humana, pueden surgir en su cerebro representaciones de significado de las palabras. Pero de esto ya hablaremos más adelante.

El finísimo oído perruno tiene su contrapartida: una **gran sensibilidad a los ruidos fuertes.** Las tormentas o los fuegos artificiales pueden causarles gran estrés. En el primer caso, forman parte de la madre naturaleza y son inevitables. Los perros no solo ven cuando el cielo se oscurece y sienten que se levanta el viento, sino que también pueden percibir el cambio en la presión barométrica que precede a las tormentas. Además, al parecer la electricidad estática que se produce aumenta su ansiedad, especialmente en aquellos ejemplares de pelo largo y grueso.

A mi perro le dan tanto miedo que incluso un día nublado hace que se acelere su ritmo cardíaco y empiece a temblar. Si los truenos nos pillan dando un paseo, el pánico le paraliza y lo único que quiere es intentar protegerse, escarbando un agujero en la tierra al pie de un árbol (lo que él no parece saber es el peligro que corre en caso de que caiga un rayo).

Otro tema son los **petardos y fuegos artificiales,** fuente de diversión para muchos humanos. Las detonaciones, mucho más fuertes para sus oídos, unidas al olor a pólvora, pueden producirles auténtico terror. Además, mientras que durante las tormentas ellos son capaces de prever el trueno que sigue al relámpago, con la pirotecnia les pilla de sorpresa, lo que aumenta su nivel de estrés.

El ruido que provoca un petardo tiene una intensidad de hasta 120 decibelios. Es lo máximo que permite la Unión Europea, ya que, a partir de ese límite, el oído humano entra en el umbral del dolor. Si tenemos en cuenta que un perro escucha eso tres o cuatro veces más fuerte, para ellos equivaldría, al menos, a 450 decibelios. Y su oído apenas puede soportar los 85 decibelios.

Se dice que la reacción de los perros ante el sonido de la pirotecnia es similar al estrés postraumático en los humanos, con el añadido de que ellos no pueden racionalizar su ansiedad. Algunos síntomas que sufren son la paralización, intentos incontrolados de escapar y esconderse, temblores, salivación, taquicardia, micción, defecación o vómitos. Casi la mitad de los canes tiene fobia a este tipo de sonidos y puede ser más o menos acentuada según su personalidad.

En casos extremos, el terror que les producen estos sonidos les hace huir alocadamente hacia una carretera, intentar fugarse por una ventana cerrada rompiendo el cristal o incluso morir de un infarto. Eso se agrava cuando el perro es de una raza con predisposición a problemas cardíacos o es una mascota geriátrica.

En algunos lugares, conscientes del problema que esto supone, no solo para los animales sino también para las personas, se está optando por unos fuegos artificiales «silenciosos», que causan menos estrépito que los tradicionales.

Desgraciadamente, no existe un remedio infalible para combatir el miedo de los canes a los ruidos fuertes, sino solamente trucos para calmarlos. Si son jóvenes, se les puede acostumbrar poniéndoles grabaciones, como el sonido de una tormenta, durante un corto espacio de tiempo y silenciándola cuando el perro se altera.

Para **amortiguar la ansiedad,** es bueno llevar al animal a un lugar en el que se sienta seguro, cerrar puertas y ventanas, y poner la televisión o música. Si antes se le ha dado un buen paseo y está cansado, mejor. Pero lo más importante es que el perro no perciba en nosotros ningún signo de nerviosismo o intranquilidad. Debemos actuar con la mayor normalidad. Nuestros peludos amigos están todo el día observándonos y detectan cualquier cambio en nuestras costumbres, por lo que, si perciben que no nos comportamos como siempre, sabrán que algo pasa y no estarán relajados.

Como hemos dicho, el oído es uno de los órganos que más utilizan para atender al medio que los rodea y comunicarse con él. Pero no es infrecuente encontrar **perros sordos,** ya sea por genética, enfermedades como otitis o a causa de la edad. En estos casos se guiarán por nuestros gestos, ya que estarán más pendientes de cualquier signo facial y corporal. Se debe prestar especial atención a la hora de pasear con él, porque podría perderse con facilidad y, al no escuchar el sonido de los coches, corre más riesgo de sufrir un atropello.

YELMO Y SU OÍDO

El tiempo pasa para todos, y para nuestros amigos de cuatro patas, más rápido. Me di cuenta de que Yelmo dormía más profundamente que antes. Lo achaqué a la edad. Sin embargo, un buen día se alejó unos metros de mi lado porque le llegó un olor interesantísimo. Al perderle de vista empecé a llamarle, pero no venía. Lo busqué y cuando lo vi de lejos, volví a gritar su nombre y silbarle, pero, para mi sorpresa, en vez de acudir a mí, me buscaba en sentido contrario. Estuvimos unos diez minutos «jugando» involuntariamente al gato y al ratón hasta que, por fin, me vio moviendo los brazos y se volvió loco de alegría.

Se está quedando sordo. Ahora estoy mucho más pendiente de que no se mueva de mi lado y, si lo hace, procuro no perderlo de vista. Tampoco se entera cuando llego a casa, pero yo voy a saludarle con una pequeña caricia. Por lo demás, lleva una vida bastante normal y feliz. Eso sí, sufre menos con las tormentas y los fuegos artificiales.

Veamos ahora qué ocurre con **los perros de caza** y cómo se entrenan. Podría parecer que los perros que acompañan a los cazadores están exentos de sufrir fobia a los sonidos fuertes, ya que permanecen aparentemente tranquilos mientras suenan los disparos. Lo que ocurre es que la mayoría de ellos han sido seleccionados y entrenados para soportarlo. Este adiestramiento es relativamente sencillo en perros jóvenes, pero modificar la actitud de un animal maduro puede resultar harto complicado.

A la hora de elegir uno o varios canes de la camada, muchas veces los futuros propietarios se acercan a ellos dando golpes o haciendo ruido, con objeto de averiguar cuál de ellos es menos asustadizo. Posteriormente, durante los primeros meses de socialización del cachorro, se le va habituando a diferentes ruidos, de manera paulatina y sin sobrepasar nunca el umbral sensitivo del animal.

Así, por ejemplo, se le acostumbra a escuchar primero palmadas, luego golpes de cacerolas y después el estallido de un globo, hasta que llegue el momento de probar con la escopeta de caza. Es importante comenzar siempre por grandes distancias y poca frecuencia, modificándolas a medida que el perro acepta los ruidos. Muchos expertos afirman que es bueno practicar mientras come o le acariciamos, para que el animal lo asocie con momentos placenteros. Por supuesto, este proceso hay que llevarlo a cabo de manera muy progresiva.

A veces se comete el error de iniciar a la caza a los cachorros demasiado pronto y de una forma inadecuada. Llevar a un perro muy joven a una cacería en la que va a haber muchos tiros puede ser muy negativo para él, ya que no deja de ser aún como un niño y su carácter puede no estar preparado para algo así.

Para Benito, que lleva prácticamente toda su vida saliendo a cazar con sus perros, enseñarlos a no tener miedo y fomentar su instinto requiere de grandes dosis de paciencia y mucho tiempo: «En primer lugar, el sonido de un petardo o un trueno les produce más miedo que un disparo, porque los dos primeros van acompañados de una vibración que ellos perciben de manera mucho más fuerte. Pero también hay que irles acostumbrando poco a poco a los tiros. Lo fundamental es que ellos confíen en ti y se diviertan». Y esa confianza se forja a base de cariño: «mis perros son lo primero, mis mejores compañeros. El hecho de que vivan dentro de casa hace que la relación sea más estrecha. Y ellos devuelven el cariño que les das multiplicado por cien. Llegamos a tener tanta complicidad que funcionamos como una unidad. Para mí, el verdadero disfrute es salir al monte con ellos, aunque nos volvamos con las manos vacías».

La vista
Los seres humanos somos, fundamentalmente, animales visuales. Nuestra mente, recuerdos, proyecciones o sueños están hechos de imágenes. Si establecemos una jerarquía de los sentidos, sin lugar a dudas el de la vista está

a la cabeza, normalmente seguido por el oído, gusto, tacto y olfato. Cerca del 50 % de nuestro cerebro se dedica a procesar lo que vemos. Incluso el lapso de tiempo que dura un parpadeo la mente lo rellena para que tengamos una visión sin cortes. No podemos tocar ni saborear todo lo que nos rodea, y solo olemos al inspirar, pero, si no tenemos ninguna limitación visual, somos capaces de ver continuamente.

La función visual es el resultado de una combinación de factores, como la percepción de movimiento, la diferenciación del color, la profundidad de campo o habilidad para medir distancias y la agudeza o capacidad para enfocar. Todos estos aspectos deben ser procesados por el cerebro para dar lugar a la visión.

Una vez más, diferimos de los perros. Para ellos, la vista es secundaria, un complemento de otros sentidos, principalmente el olfato y el oído. Entre otras cosas, estos animales son **mucho más sensibles a la luz, pero perciben peor los colores,** mientras que nosotros tenemos más nitidez visual y menos sensibilidad. Es decir, vemos mejor, pero necesitamos luz para ello. Estas diferencias hacen que las dos especies tengamos una visión de la realidad sumamente distinta. Su sentido del olfato puede producirnos una envidia insana. Sin embargo, nos sentiríamos frustrados si tuviésemos que ver a través de sus ojos. Nuestro más precioso vínculo con el mundo que nos rodea quedaría reducido a imágenes borrosas, detalles imposibles de percibir o extraños colores.

Para comprenderlo bien hay que tener en cuenta que la retina contiene dos tipos de células sensibles a la luz que entra en el globo ocular: conos y bastones. Los primeros nos permiten percibir el color, y además dan una visión detallada de las cosas. En cambio, los bastones trabajan para que detectemos el movimiento, y en general para que veamos con poca luz.

En el caso del ojo canino, solo tiene una décima parte de conos respecto al ojo humano, pero posee una gran cantidad de bastones. Esto hace que nuestras mascotas no perciban tanta cantidad de colores, pero vean mejor con poca luz. Y es que **su vista está orientada a detectar movimiento.**

Como todo en la naturaleza, esto tiene su razón de ser. La visión de los lobos, antepasados salvajes de nuestros perros, fue evolucionando y adaptándose para encontrar alimento. Sus presas silvestres suelen camuflarse para confundirse con el entorno; por eso muchos animales se quedan quietos, adoptando la táctica de «si no me muevo no me ven». Eso es útil para sus depredadores, no para nosotros, que los podemos observar perfectamente.

Pese a su inmovilidad, el olor delata a las mencionadas presas ante los cánidos, por lo que una vez que han sido percibidas y sienten que su enemigo se acerca, su reacción es huir lo más rápidamente posible. Y esa acción facilita que los perros (o lobos) puedan verlas.

Cuando paseamos con nuestro compañero de cuatro patas y este encuentra un objeto nuevo, lo primero que hace es olisquearlo sin más, pero si este se desplaza, el área del cerebro destinado a la visión se activa. Como esa hoja seca de la calle, en la que nunca ha reparado porque no le parece especialmente atractiva, ni siquiera por su olor, y cuando se levanta por una ráfaga de viento cobra todo el interés.

A veces juego con Yelmo al escondite. Me basta con quedarme quieta junto a un árbol, perfectamente visible pero inmóvil. Y contemplo cómo, cuando se da cuenta de que no estoy en el camino, se tensa, yergue las orejas y comienza a mover la trufa. Pero en cuanto me muevo, vuelvo a hacerme visible para él, con lo que relaja el gesto y con orejas gachas viene hacia mí moviendo el rabo.

Otro detalle que hay que tener en cuenta es que casi todos los animales silvestres suelen activarse a última hora de la tarde o durante la noche, por lo que sus depredadores tuvieron que desarrollar unos **ojos especialmente sensibles a la oscuridad.** Por eso, cuando paseamos al anochecer, nosotros vamos inseguros, trastabillando al tropezar con piedras o desniveles del terreno, mientras que nuestros perros, que en ese momento ejercen de improvisados lazarillos, se podría decir que están en «su salsa».

Al conducir en mitad de la noche, posiblemente en alguna ocasión los faros de nuestro coche hayan enfocado a algún animal que se encontraba cerca de la carretera, y hayamos visto un par de ojos brillando amarillentos en la oscuridad, lo mismo que ocurre si le hacemos una foto con flash a nuestra mascota. Este efecto se debe al *tapetum lucidum*, que es un tejido situado detrás de la retina que les permite duplicar la cantidad de luz captada ya que precisamente actúa como un espejo que la refleja hacia el exterior. Gracias a este mecanismo, el oscuro cielo de la noche puede resultar mucho más brillante para los perros.

Los humanos, sin embargo, carecemos de *tapetum lucidum* y cuando salimos con los ojos rojos en una fotografía se debe a la reflexión de la luz en los vasos sanguíneos de la parte posterior de nuestra retina.

Por otro lado, existe una leyenda muy difundida que afirma que los perros ven en blanco y negro, lo cual no es cierto. Ellos también distinguen colores, aunque dentro de una gama limitada, igual que les ocurre a los daltónicos.

Los humanos poseemos tres tipos de células receptoras de color (conos) en la retina, que nos posibilitan distinguir los colores del espectro visible. Cada una de ellas es sensible a determinadas longitudes de onda: roja, verde y azul. El ojo canino solo tiene dos clases de conos, unos perciben el azul y otros, el amarillo verdoso, por lo que tienen problemas para distinguir entre verde y rojo. Así que la próxima vez que le tires a tu perro esa bonita y brillante pelota naranja sobre el césped, ten en cuenta que le costará distinguirla, puesto que solo verá un objeto pardo sobre un césped de tonalidad igualmente parduzca. Sin embargo, si la pelota es azul, la diferenciará mucho mejor. Curiosamente, muchos de los productos para mascotas, ya sean juguetes, correas o arneses, son de color rojo, ya que están diseñados para llamar la atención de los propietarios.

Ante este **«daltonismo perruno»** puede surgir la pregunta de por qué los perros guía se paran al «ver» un semáforo en rojo. Evidentemente, no es por el color, sino que se basan en otros detalles que han aprendido, como el hecho de que se detengan los coches, la posición de las luces del semáforo o los sonidos que se han colocado en algunos de ellos para indicar que se puede cruzar.

Y no acaban aquí las diferencias. ¿Has reparado alguna vez en la posición que ocupan los ojos de los animales respecto a su cabeza? Los herbívoros los tienen situados a los lados. Esto es fruto, una vez más, de la evolución ya que, dada su condición de presa, deben tener un rango de visión más amplio, que llega casi a los 360 grados, con el fin de poder ver si les acecha algún depredador y huir. Por su parte, los carnívoros los tienen más bien en la parte frontal, lo que les proporciona mayor agudeza visual, debido a que necesitan una focalización mejor que les permita calcular sin errores las distancias.

Tanto nosotros como los perros pertenecemos a este último grupo, pero en el caso de nuestras mascotas, sus ojos están ligeramente ladeados, lo que les permite ver un poco hacia atrás, proporcionándoles un mayor campo de visión (unos 250 grados frente a nuestros 180 grados).

Pero solo se puede percibir la profundidad y la distancia cuando utilizamos los dos ojos simultáneamente. Los humanos, pese a que abarcamos un menor campo de visión, tenemos una mayor área de solapamiento entre los dos ojos. En los perros ocurre al revés. Debido a la separación entre sus ojos, su área de visión binocular es mucho más estrecha, por lo que solo ven en tres dimensiones cuando miran directamente hacia delante.

Esto se puede comprender con un sencillo experimento. Cierra un ojo e intenta agarrar algo a determinada distancia. No es fácil, ¿verdad? Lo que ocurre es que se ha restringido la percepción de profundidad.

LA VISTA DE YELMO

Yelmo se quedó tuerto a los dos años de llegar a casa. Un día se me escapó y comenzó a perseguir un conejo. No lo puede remediar, es su instinto. Pero algo me alertó cuando, tras los típicos ladridos cortos y agudos de excitación escuché un chillido de dolor. Al poco, regresó con el ojo derecho cerrado y ensangrentado. No se pudo hacer nada por salvarle la visión del mismo. Pensé que nada sería igual después. Y aunque no lo fue en algunos sentidos, siguió apañándose bien, mejor de lo que me esperaba. Al parecer, los canes captan pistas como sombras, movimiento o tamaño relativo, que les permiten calcular con bastante precisión la distancia a la que está un objeto.

Dado que no es su sentido más importante, los perros tienen **menor agudeza visual que los humanos.** Es decir, poseen menos capacidad para percibir la figura y la forma de las cosas. Lo que nosotros vemos correctamente a 23 m de distancia, un can solo lo vería a 6 m o menos. Todos tienen cierto grado de miopía, aunque hay razas más predispuestas a ello, como como el rottweiler o el pastor alemán. Por el contrario, los perros de caza suelen ser hipermétropes. Esto puede ser debido a que fuimos seleccionando a los mejores cazadores, y para desempeñar esa labor, tener una buena vista de lejos es importante.

Volviendo a la capacidad de percibir el movimiento de nuestros peludos amigos, resulta que ellos, además, **procesan las imágenes a una mayor frecuencia** que nosotros. Se podría decir que ven a cámara lenta, por eso son tan ágiles para capturar objetos y animales en movimiento. Y también ese es el motivo por el que, hasta hace no mucho, no podíamos compartir con ellos nuestra película favorita (o la suya).

Lo que vemos en el televisor es una secuencia de imágenes que pasan rápidamente, de manera que no nos damos cuenta de que son fotogramas sueltos. Debido a nuestra capacidad visual, necesitamos un número determinado de imágenes por segundo para percibirlas como una secuencia continua, con movimiento. En cambio, los perros, para verlo así, requieren un mayor número de fotogramas por segundo. Con las televisiones analógicas, ellos veían diferentes fotos que se iban sucediendo, nada más.

Los televisores digitales emiten a una frecuencia superior, que podría ser suficiente para que los canes vean la programación, especialmente si se trata de un documental de naturaleza, en el que pueden incluso reconocer a otros congéneres que aparezcan en la pantalla. De hecho, en Estados Unidos existe un canal, Dog TV, que emite las 24 horas del día con una programación diseñada especialmente para ellos, con objeto (no sé si logrado) de que aquellos perros que pasan muchas horas solos en casa puedan estar más entretenidos.

Sin embargo, esta no es la solución mágica para que los perros se diviertan en soledad. Mi vecino solía ponerle la tele a su perrita cuando él se ausentaba, pero dejó de hacerlo porque de poco le servía con una bretona de un año y exultante de energía y vitalidad. Cuando regresaba a casa se encontraba el sillón comido, la pared arañada y el contenido de los cajones de la cómoda mordisqueado y esparcido por el suelo.

Afortunadamente, es difícil que los canes se vuelvan teleadictos. Quizá algunos presten algo de atención, pero depende mucho de cada ejemplar y de la raza. Al parecer, los terriers reaccionan más ante las imágenes que, por ejemplo, los sabuesos, que se basan en el olfato.

EL OSCURO MUNDO DE DORA

Dora es un terrier alemán de 11 años. Fue adoptada por Tania tras una incautación de varios perros por maltrato animal. Rápidamente se acostumbró a su nueva vida, así como a su compañero, Rufo, con quien compartía juegos y paseos montaraces. Así pasó seis años felices. Pero de pronto, su dueña empezó a notar un cambio en su comportamiento. La perrita se despistaba y no la seguía como antes. No le dio mucha importancia hasta que empezó a chocarse con distintos objetos cuando salía a la calle.

Inmediatamente la llevó al veterinario, pero era demasiado tarde. Tenía entre un 95 % y un 100 % de ceguera debido a una degeneración de la retina y era irreversible. Le dijeron que es recomendable hacerles a los perros, periódicamente, revisiones de la vista porque, en algunos casos, se puede evitar que pierdan totalmente la visión. Probablemente llevaba tiempo viendo cada vez peor, pero, como para los perros no es un sentido primordial, se fue adaptando.

A Tania se le cayó el mundo encima: «Fue un shock enorme. Me pasé dos días llorando, pensando cómo iba a cambiar la vida de la pobre Dora, que era superágil, exploradora y valiente. Imaginaba que ya no iba a disfrutar de los paseos que tanto le gustaban».

Rápidamente se dio cuenta de que debía superar cuanto antes la tristeza para no transmitírsela. Lo importante ahora era procurar ofrecerle experiencias. Empezó a buscar soluciones en internet y encontró un arnés con una protección por delante de la cabeza para que no se golpease la cara, pero no se lo recomendaron, porque más que ayudar hace que los perros se asusten y no puedan calcular las distancias.

Finalmente, dio con un objeto que sería de gran ayuda: una pulsera tobillera con cascabel para que la perrita pueda seguirla. Además, durante los paseos, su dueña va conversando con ella continuamente. «Antes me metía campo a través y me subía por las rocas, pero ahora procuro ir por caminos y sitios despejados o conocidos. He aprendido que cuando el camino gira debo indicárselo poniéndome en línea con su morro y le hablo para que, al escucharme, pueda detectar el ángulo. Ya conoce el significado de palabras clave, como "para" o "gira"».

Tania procura, en la medida de lo posible, que su amiga de cuatro patas no pierda autonomía, por lo que la suelta de vez en cuando. «Siempre hay algún obstáculo contra el que se choca, pero, cuando lo hace, la animo o doy un premio para que no coja miedo. Creo que es bueno que tenga algo de independencia, porque si lo hago todo por ella nunca va a aprender». Pero resalta que es importante ponerle una chapa con el número de teléfono, por si se pierde en un segundo de despiste o distracción.

Además, intenta enriquecer el día a día de Dora llevándola hasta unas rocas en las que pueda husmear o, sin perderla de vista, dejar que se meta en un arroyo y disfrute con el agua. Y equilibra los paseos con los momentos en el hogar, donde la perrita se siente tranquila. «Si siempre he sido su referente, ahora mucho más», asegura Tania, «en casa me sigue más que antes, pero entiendo que eso le da seguridad». También le ha comprado una pelota con cascabel con la que juega e incluso duerme, y ha puesto unos escalones mullidos para que pueda acceder a la cama, como siempre ha hecho.

Las escaleras suponen un pequeño inconveniente para Dora, que va tanteando con su morro como si fuese un bastón de ciego. Para subir, su ama le da un pequeño tirón del arnés y ella sabe que tiene que levantar la pata, pero necesita ayuda para bajarlos, ya que es incapaz de calcular la profundidad.

Dora ha cambiado su forma de relacionarse con los extraños. Ahora se asusta cuando una persona va a tocarla, y hay que hacerlo con cuidado, de manera que antes pueda verla. Respecto a otros perros, su dueña es consciente de que no va a jugar con ellos, salvo con su «hermano» Rufo, pero intenta que se acerquen y se huelan.

Pese a todas las dificultades, Tania se encuentra satisfecha: «He tenido que adaptarme a muchas cosas, pero se ha creado un vínculo muy especial entre nosotras y sé que es muy feliz. Estamos continuamente aprendiendo juntas para llevarlo mejor. Y hay que pensar en positivo: no tiene dolores, simplemente necesita más atención y cariño. Me esfuerzo para que sea autónoma y siga disfrutando, por lo que trato de ponerme en su situación y pensar qué puede necesitar. Cuando tienes un perro es para lo bueno y para lo malo, y siento una gran satisfacción de poder ayudarle, porque veo que ella lo valora y eso es muy bonito».

El gusto

Cuando estoy comiendo, a menudo me dejo para el final lo que más me gusta o, al menos, un pedacito de ello, para así acabar con «buen sabor de boca». Por eso, me resultaba curioso que Yelmo lo haga al revés: si le echo unos trocitos de pollo en su pienso, es lo primero que se come y luego ya pasa a las bolitas.

Durante algún tiempo pensé que era algo instintivo: los animales salvajes nunca saben si van a encontrar un rival más fuerte que les pueda quitar el alimento. Sin embargo, más tarde descubrí que, aunque eso pueda tener que ver, seguramente no es el principal motivo.

Resulta que la larga, estrecha y lisa lengua de los perros tiene muchas **menos papilas gustativas** que la nuestra, en concreto unas 1 700 por las 9 000 de los humanos. Entonces surge una duda: si su sentido del gusto es tan limitado, ¿por qué prefieren unos alimentos en vez de otros? La explicación es que **se sienten atraídos principalmente por el olor de la comida, no por su sabor.** Ese es el motivo por el que, una vez que ese pedacito de carne está en su boca, lo engullen directamente.

Esto no quiere decir que los canes carezcan completamente de gusto, sino que es el sentido que tienen menos desarrollado de los cinco. Son capaces de diferenciar, aunque con bastante menos intensidad que nosotros, el dulce, el ácido y el amargo e, incluso, se cree que también el umami, descubierto a principios del siglo XX en Japón y que está ligado a los sabores ricos en glutamato (uno de los componentes básicos de la proteína). Sin embargo, les resulta muy complicado detectar el salado, lo que está relacionado con la dieta de sus ancestros. Las sales minerales son esenciales para retener el agua y para el correcto funcionamiento del organismo. En la dieta de los herbívoros, estas escasean, convirtiéndose en algo muy buscado y necesario, por lo que, en ocasiones, los ganaderos ponen a sus rebaños piedras de sal. Pero los carnívoros no tienen ese problema, ya que la carne contiene sodio procedente del músculo, así que desarrollaron pocas papilas gustativas dedicadas a este sabor, debido a que era una necesidad que tenían cubierta. La falta de detección del salado provoca que, si van a la playa y están sedientos, no tengan inconveniente en beber agua de mar como si fuera dulce, con los subsiguientes problemas estomacales que esto conlleva.

El hecho de ser **depredadores** también propició que desarrollaran receptores gustativos dedicados a percibir el sabor del agua, de los que los humanos carecemos. Se encuentran en la punta de su lengua y parece ser que aparecieron porque, para eliminar el mencionado sodio de la carne, se necesita en abundancia del líquido elemento. Así, lo que para nosotros por definición es un líquido insípido, incoloro e inodoro, para los perros tiene distintos sabores y olores.

Si durante toda su vida, pero especialmente en la etapa de cachorro, al perro se le ofrecen distintos tipos de alimentos, desde piensos hasta productos frescos, su paladar estará mucho más desarrollado y aceptará más tipos de comidas, incluso frutas y verduras.

Mi perro no le hace ascos a casi nada. Quizá porque antes de encontrarlo se pasó varios meses sobreviviendo por su cuenta en el monte. Durante nuestros primeros paseos juntos descubrí que comía las moras más maduras de la zarza, así como escarabajos o grillos, además de carroña si la encontraba.

Poco a poco fue corrigiendo esa costumbre, aunque, cuando me despisto, le veo relamerse después de ingerir algún excremento de ciervo, cabra o conejo…

Este **comportamiento coprofágico,** aunque nos resulte muy desagradable, es algo instintivo y natural que forma parte de la mayoría de canes pues, como buenos carnívoros, cuando cazaban devoraban los intestinos de sus presas herbívoras. Y estas heces son ricas en fibras y otros nutrientes no digeridos. También sienten debilidad por las deposiciones de gato, que tienen abundantes proteínas. Pese a que no constituya un problema importante, hay que tener cuidado, porque a través de los excrementos puede contraer parásitos o enfermedades.

El tacto

Nadie puede poner en duda que los perros tienen sentido del tacto. No hay más que ver cómo disfrutan, agradecen y buscan nuestras caricias. A través de su piel también **perciben el calor, el frío y el dolor,** gracias a una red de terminaciones nerviosas distribuidas por todo el cuerpo, semejante a la nuestra.

Junto con el olfato, el tacto es el único sentido que funciona desde el nacimiento. La madre comienza a lamerlo en ese momento para secarle, darle calor, dejarle su saliva y estimular con un suave masaje tanto el latido cardíaco como la respiración del pequeño. Además, gracias al tacto pueden detectar la temperatura, algo fundamental en los cachorros porque no tienen aún desarrollados los mecanismos de **termorregulación.** Por eso los recién nacidos son especialmente sensibles a los extremos térmicos, sobre todo a la hipotermia, ya que aún carecen de grasa subcutánea y hasta el séptimo día no aparece el reflejo de temblor.

Así, en sus primeros momentos de vida son capaces de aproximarse al vientre de su mamá no solo por su olor, sino por el calor que de ella emana. Por eso, si cogemos en brazos a un cachorrito irá husmeando para buscar nuestras zonas más cálidas, donde se quedará acurrucado.

Ya de adultos, serán más sensibles a las altas temperaturas que a las bajas, debido a que no pueden transpirar para eliminar el exceso de calor, al carecer de glándulas sudoríparas en el cuerpo. En cuanto al frío, al igual que las aves se «hinchan» en invierno ahuecando sus plumas, los perros erizan su pelo para crear huecos en los que atrapan y retienen el calor que desprende su cuerpo, a modo de aislante térmico. Aunque también pueden erizarse en otros momentos, con objeto parecer más grandes y agresivos.

Mediante los sensores receptivos que tienen en toda la piel son capaces de sentir el dolor, ya que su sistema nervioso y el nuestro son prácticamente idénticos. Según los investigadores, así como cada persona tiene un distinto umbral de dolor, **algunas razas de perros son mucho más sensibles que otras.** Por ejemplo, los perros de caza que están acostumbrados a atravesar la maleza, incluso zarzas, para perseguir a sus presas, tienen más tolerancia.

Otra parte sensible son las **almohadillas de la planta de sus pies,** que están llenas de terminaciones nerviosas y recubiertas superficialmente por unas células queratinizadas para endurecer la zona y hacerla resistente al continuo contacto con el suelo. A medida que el perro va cumpliendo años, estas se endurecen igual que a nosotros nos salen callos. Por debajo de la piel se extiende una capa de grasa que absorbe los impactos al caminar, saltar o correr.

Pero, además, es posible que te hayas percatado de que las almohadillas de tu perro huelen a cortezas de maíz o algo parecido. Esto es debido a que los perros transpiran, además de por la lengua, por las células sudoríparas que tienen en la base de sus pies, y estos procesos bioquímicos, junto con algunas bacterias, generan ese olor característico.

De especial importancia en el sentido del tacto canino son los **«bigotes» o vibrisas.** Se trata de unos pelos largos, gruesos, rígidos y extremadamente sensibles distribuidos en las cejas, mejillas, barbilla y bajo la mandíbula. La base de estos bigotes tiene muchas terminaciones nerviosas que envían mensajes al cerebro del perro, y son delicados como las yemas de nuestros dedos. Al sobresalir de la piel, actúan con un mecanismo parecido al de una palanca: el estímulo exterior genera un movimiento en el bigote que se transmite al folículo de la piel, y de ahí al cerebro, donde se descodifica y genera una respuesta.

Las vibrisas cumplen varias funciones. Con ellas perciben tanto las corrientes de aire como los objetos con los que se topan, permitiéndoles así medir la temperatura ambiente y la distancia y ubicación de los objetos. Curiosamente, son proporcionales al tamaño del cuerpo del animal, por lo que le posibilitan saber si un espacio es lo suficientemente grande como para poder pasar por él.

Los pelillos que se encuentran en las cejas (supraciliares) protegen los ojos del perro, ya que cualquier obstáculo primero va a chocar con ellos, impulsándole a parpadear. Estas vibrisas son importantísimas cuando un can pierde la vista, porque le sirven de referencia para poder saber, por ejemplo, donde hay una pared o un mueble. De hecho, cuando Yelmo se quedó tuerto del ojo derecho en un desgraciado accidente, la vibrisa supraciliar de ese ojo comenzó a curvarse sobre el mismo, a diferencia de la del izquierdo, como para brindarle una especial protección.

Por todo esto, es importante que bajo ningún concepto cortemos los bigotes a nuestro perro, ya que se quedaría muy indefenso sin ese mecanismo que le ayuda a orientarse y a percibir el mundo.

Los **estímulos táctiles** desempeñan una función muy importante en la relación del can con los seres humanos. Las caricias tienen un efecto calmante sobre perros asustados o ansiosos, porque ayudan a disminuir la frecuencia cardíaca y también la concentración de cortisol, conocida como «hormona del estrés». Curiosamente, quien acaricia al animal obtiene los mismos beneficios.

HÉROES CANINOS

Perros de rescate

Entre los canes trabajadores, algunos son considerados auténticos héroes anónimos de cuatro patas debido a la labor que desempeñan salvando vidas, principalmente gracias a su extraordinario sentido del olfato. Se trata de los perros de rescate, una labor que comenzó a desarrollarse en Suiza, donde los animales asistían a personas que quedaban atrapadas en las avalanchas de nieve de los Alpes.

Tal vez, el icono mundial de este tipo de perros de salvamento es el San Bernardo. En un principio, se criaba a esta raza para vigilar y proteger a los residentes del hospicio del Gran San Bernardo, situado en un paso de montaña entre Italia y Suiza. Pero estos grandes canes pronto comenzaron a exhibir otras habilidades notables, rescatando a viajeros perdidos en la montaña o enterrados bajo la nieve.

Barry fue un famoso San Bernardo que, entre 1800 y 1814, salvó más de 40 vidas humanas, por lo que, tras su fallecimiento, el cuerpo fue entregado al Museo Nacional de Berna, donde permanece disecado.

Años más tarde, durante la Segunda Guerra Mundial, se encomendó a otros canes, generalmente pastores alemanes, que buscaran desaparecidos bajo los escombros de los bombardeos. En la actualidad, cualquier raza sirve para desempeñar esta función, puesto que todo se basará en el entrenamiento que reciba.

Los animales trabajan junto a las fuerzas y cuerpos de seguridad con el objetivo de ayudar a localizar a personas, vivas o muertas, tanto en situaciones de emergencia y desastres naturales, como en un secuestro o, simplemente, que se hayan perdido. Estos perros también son muy valiosos para la búsqueda y el salvamento allí donde no pueden llegar fácilmente los humanos, como lugares de difícil acceso, cuando las condiciones son adversas y también en el agua.

La principal herramienta de estos héroes caninos es, indudablemente, su gran olfato. Hemos visto que los perros tienen una capacidad innata para detectar y reconocer un enorme espectro de olores que estén presentes de manera residual. Gracias a la inmensa cantidad de receptores olfativos que poseen, su fisiología especialmente preparada para ello, y a algunos genes específicos, los canes nos dan mil vueltas en lo que a olisquear se refiere.

De todas formas, aunque este sea un supersentido perruno, su capacidad para utilizarlo ha de ser cuidadosamente dirigida y aprovechada para poderle sacar el máximo partido a través de un entrenamiento muy específico.

Entrenamiento y actuación de los perros de rescate

En ocasiones, los perros son entrenados por un adiestrador y, posteriormente, asignados al que será su guía durante la vida útil de trabajo del animal. En estos casos, la persona a la que se ha destinado el can necesitará un tiempo para habituarse a su nuevo compañero y llegar al mayor nivel posible de compenetración. Por eso, se podría decir que **el entrenamiento del animal es tan importante como la formación de su guía.** Otras veces, es el mismo adiestrador el que trabajará con el perro sobre el terreno.

El vínculo entre un perro de salvamento y su guía es muy estrecho, tanto que, a veces, con una sola mirada pueden comprenderse mutuamente. Ambos forman un equipo perfecto y cada uno depende del otro para hacer bien el trabajo. El guía proporciona entrenamiento, dirección y orientación al perro, mientras que el animal utiliza sus habilidades y sentidos, altamente desarrollados, para detectar y localizar a personas que necesitan ayuda.

Esta relación se basa en el trabajo en equipo y la comunicación, pero, sobre todo, en la confianza mutua y una fuerte conexión emocional. El perro debe tener una fe ciega en su humano para así seguir las instrucciones que reciba, incluso en situaciones extremas. El guía, aparte de confiar en el perro (que también tiene que saber tomar decisiones por sí mismo y de forma autónoma en caso de no poder contar con su persona de referencia), ha de ser capaz de interpretar cada gesto del animal antes de llegar al marcaje de la víctima.

La necesidad de salvar a alguien puede producirse en situaciones muy diversas, por lo que existen diferentes **sistemas de «olfateo»**. Uno es el rastreo, a través de un «**olor de referencia**», y está destinado, sobre todo, a la búsqueda de personas desaparecidas en entornos urbanos o rurales. Para ello, se necesita una prenda, resto biológico o punto de partida donde tomar el olor del desaparecido. El perro va atado y sigue los indicios rastreando las partículas de esa persona concreta.

Otra modalidad es entrenar a los canes para que busquen un «**olor genérico**», es decir, olor humano, de nadie en concreto. Es la única forma de trabajar en caso de catástrofe, puesto que no existe olor de referencia ni rastros dejados por las víctimas. Lo que se necesita es que los perros localicen a cualquier persona que no puedan ver. Y ellos lo hacen levantando la nariz al aire para localizar las partículas olorosas que se hallan en suspensión, lo que se conoce como **venteo.** Así pueden diferenciar el rastro de las personas sepultadas del de las que se encuentran a su alrededor.

Los humanos dejamos un rastro que los perros pueden detectar. Se trata de un **«cono de olor»,** que son partículas odoríferas que desprende nuestro cuerpo y que tienen esa forma geométrica, que variará en función de la dirección e intensidad del viento. El vértice está en la persona y seguirá la dirección en la que sople el aire: a mayor intensidad del mismo y menor distancia de la víctima, el cono será menor (más concentrado) y viceversa. Sin embargo, hay que señalar que todos los perros, por naturaleza, rastrean y ventean.

Otra ventaja de los canes rescatistas es que, por su condición de cuadrúpedos, su fortaleza y agilidad pueden salvar incluso territorios muy escarpados para llegar al epicentro de la catástrofe mucho antes que el ser humano.

Una vez que el animal ha localizado el foco del olor, se queda parado en el sitio y avisa a su guía mediante ladridos. Para el perro se trata de un simple juego que, en caso de éxito, siempre se relaciona con un merecido premio. Pero también se puede frustrar si no encuentra supervivientes; entonces, el guía tiene que ir reforzándole continuamente para que no se desanime.

Cada perro trabaja al cien por cien una media de 15 minutos por intervención, ya que, para ellos, olfatear es muchísimo más cansado que correr o jugar; además, puede resultarles estresante, por lo que los descansos son fundamentales para que rinda adecuadamente.

Los perros deben estar coordinados por un equipo humano con el que tengan un estrecho vínculo. Una vez localizados los indicios de víctimas por parte del animal, son sus guías los que toman las riendas y planean las formas de acceso más adecuadas. La velocidad de actuación es capital en estos casos de extrema gravedad.

Antiguamente se trabajaba con los perros de manera mucho más dura, a base de órdenes e imposiciones, pero desde hace tiempo, el adiestramiento es **en positivo,** lo que quiere decir que está basado en recompensas y no castigos.

A menudo son entrenados desde una edad temprana para responder a comandos específicos y trabajar en situaciones de alta presión. El adiestramiento se basa siempre en crear una relación muy especial con el animal: al perro le tiene que encantar lo que hace. Para desempeñar esta función, hay que tener en cuenta el físico y la capacidad olfativa del can. Las **razas** que más se utilizan son el pastor belga malinois, el pastor alemán, el labrador, el golden retriever y el perro de aguas para salvamento acuático, aunque también hay ejemplares mestizos procedentes de perreras que funcionan perfectamente.

Tras unos dos años de adiestramiento, un can puede estar totalmente preparado para actuar en catástrofes. Pero su preparación no termina nunca, pues es necesario que continuamente tenga a punto sus instintos, ya que debe estar listo para intervenir en cualquier momento.

La tecnología avanza a una velocidad de vértigo, y ya se están utilizando robots y drones para apoyar las labores de rescate durante los terremotos. Estos están equipados con cámaras infrarrojas y térmicas. Además, pueden examinar si el aire que sale de un orificio contiene CO_2 o proteínas típicas de los humanos. Asimismo, los drones toman imágenes 3D de los escombros.

Pese a estos avances, las unidades caninas tienen una clara ventaja: no dependen de la electricidad ni de internet. Los perros rescatistas pueden oler el sudor, las hormonas, la sangre y los excrementos humanos, incluso la respiración de las personas sepultadas.

EL CASO DE FRIDA

Pocas veces un país entero ha llorado tanto la muerte de un perro como ocurrió en México con Frida. Esta hembra de labrador, perteneciente a la Marina, colaboró en distintos rescates, principalmente en el terremoto de Puebla en 2017, convirtiéndose en un auténtico ídolo nacional. A lo largo de su carrera ayudó a salvar la vida de 12 personas y a recuperar más de 40 cuerpos.

La perrita, que falleció en 2022 a los 13 años, «a causa de padecimientos propios de su edad», ya tenía una estatua de bronce en su honor, situada en la Secretaría de la Marina de Ciudad de México, en la que aparece con su típica máscara protectora y botitas de neopreno.

La primera misión de rescate en la que participó fue en 2010, en Haití, después del terremoto que dejó enormes daños en la isla y un reguero de personas desaparecidas. Desde entonces, Frida formó parte de 53 operaciones de rescate en México, Guatemala y Ecuador.

Perros policía y militares

Otros perros que merecen un reconocimiento por su labor son los policías y militares. Son animales especialmente preparados para trabajar en colaboración con las fuerzas de seguridad y militares en diversas situaciones. Se les selecciona cuidadosamente, teniendo en cuenta sus habilidades físicas y de detección, así como su temperamento y capacidad de trabajar en equipo.

Los **perros policía,** también conocidos como K9, son especialistas en detectar sustancias prohibidas, explosivos, armas y otros materiales peligrosos en lugares públicos y privados, como aeropuertos, estaciones de tren, edificios gubernamentales, prisiones y eventos multitudinarios. Además, pueden ser entrenados para buscar personas desaparecidas o que sean sospechosas de un delito.

Los perros del Cuerpo Nacional de Policía español están adiestrados para llevar a cabo las siguientes **funciones:**

- Detección de explosivos.
- Detección de drogas.
- Defensa y ataque.
- Rescate y salvamento.
- Detección de Acelerantes del Fuego (D.A.F).
- Búsqueda y Localización de Restos Humanos (R.E.H.U).
- Detección de Billetes de Curso Legal (B.C.L).
- Localización de Personas Ocultas (L.O.P.O).
- Búsqueda y localización de armas de fuego.

La preparación de estos canes comienza desde una edad temprana, generalmente alrededor de los ocho a 10 meses de edad. Empieza con la socialización del animal y el entrenamiento básico de obediencia, para después incidir en funciones más concretas.

Existe un rumor que asegura que los métodos de adiestramiento para los perros detectores de droga acaban por convertirlos en adictos. Pero esto no es así, afortunadamente. Durante su entrenamiento, se enseña a los perros policía a localizar los olores específicos de las distintas sustancias, y se les recompensa con juegos o comida cuando las encuentran. El can aprende a asociar el olor con la recompensa, y así se motiva a buscarlo. Los guías, por su parte, los controlan cuidadosamente para evitar que ingieran o inhalen sustancias que puedan ser dañinas para su salud.

En cuanto a los **perros militares,** se les enseña a detectar explosivos, minas terrestres y armamento, así como también a rescatar soldados heridos, y buscar y localizar a combatientes enemigos en áreas de guerra. Asimismo, a menudo se utilizan en misiones de rescate y apoyo en desastres naturales.

Además de su papel en la detección y búsqueda, pueden entrenarse para proteger a sus manejadores y otros miembros de las fuerzas de seguridad y militares en situaciones de peligro. También realizan funciones de patrullaje, protegiendo áreas de seguridad, como bases militares y prisiones.

En España, el centro de referencia en esta materia es el Centro Canino Militar de la Defensa, donde no solo se enseña a perros que serán utilizados por los tres ejércitos, la Unidad Militar de Emergencias y la Guardia Real, sino que también allí se entrenan perros que trabajan con la Policía Nacional, la Guardia Civil o la Policía Local.

En ese lugar, básicamente se forma tanto al componente humano como al canino, para conseguir un equipo de una determinada especialidad: drogas, explosivos, seguridad de combate, intervención, búsqueda y rescate, artefactos explosivos improvisados, etc. Pero en el adiestramiento de perros también hay innovación, y desde hace unos años están siendo ejercitados para trabajar con drones.

Los «Navy Seal»

Hay unos perros militares que destacan sobre el resto: son las unidades K9 de los SEAL (acrónimo de las palabras inglesas «Sea, Air and Land»), la fuerza de élite estadounidense. Y haciendo honor a esas siglas, los perros SEAL son capaces de trabajar en cualquier situación y entorno.

Estos animales están extremadamente bien preparados, pero no se sabe a ciencia cierta cuántos son ni qué tareas concretas se les encomiendan, ni

Cómo entender la mente de tu perro

60

siquiera sus nombres. El secretismo que los envuelve es el mismo que rige todo lo relacionado con el trabajo de los Navy SEAL. Por algo forman parte de un comando de élite.

Los perros SEAL son capaces de desempeñar funciones en mar, tierra o aire que los humanos no pueden o que son demasiado peligrosas para ellos. Entre ellas se incluye tirarse en paracaídas desde aviones militares; generalmente, saltan en tándem con sus entrenadores, pero también pueden realizar saltos cortos al agua ellos solos, debidamente equipados con chalecos salvavidas.

Para sus arriesgadas misiones, estos particulares soldados visten lo último en tecnología militar. Van ataviados con un chaleco de kevlar que los protege de ataques con arma blanca o de pequeño calibre. Además, habitualmente también cuentan con cámaras de alta definición de visión nocturna sobre su cabeza, mediante las que los humanos pueden analizar, desde la distancia, lo que el perro va encontrando a su paso. Igualmente llevan pinganillos en sus orejas, con objeto de recibir las órdenes de manera remota.

Si la ocasión lo requiere, a los canes se les ponen unas gafas para proteger sus ojos de la exposición a partículas de polvo, arena, escombros y otros peligros ambientales que pueden afectar su visión y, por tanto, comprometer su capacidad para cumplir con las tareas asignadas; también son útiles para operaciones en ambientes acuáticos o en condiciones de poca visibilidad.

En el asalto al refugio de Bin Laden en Pakistán, no solo intervinieron comandos humanos, sino que fueron ayudados por Cairo, un perro SEAL. Al parecer, durante el mismo, un miembro del comando descendió desde un helicóptero con el can atado a su cuerpo. Una vez en el recinto, el animal podía correr delante de los militares para explorar el terreno, mientras el instructor le guiaba a través del micrófono. Aunque no se sabe nada a ciencia cierta, se especula con que Cairo pudo haberse encargado de detectar explosivos ocultos y trampas dentro de la casa. O bien evitar que, durante los primeros momentos del ataque, los ocupantes tratasen de huir.

Como afirmó en su momento David Petraeus, actualmente exdirector de la Agencia Central de Inteligencia, «ni un hombre ni una máquina pueden imitar las aptitudes de los perros en combate».

Y es que, durante los conflictos bélicos, especialmente durante la Primera y Segunda Guerra Mundial, la utilización de animales como palomas, cerdos o perros en el campo de batalla fue algo cotidiano. De este modo, los canes han actuado como mensajeros, rescatadores y también, desgraciadamente, como bombas.

STUBBY Y SATÁN

Stubby, un Boston bull terrier callejero, fue adoptado por uno de los solda-dos del Regimiento de Infantería del ejército de Estados Unidos cuando me-rodeaba por el lugar donde las tropas se estaban ejercitando. Al llegar el momento de embarcar para el frente, su dueño lo escondió para llevárselo consigo.

A lo largo de su vida, el animal participó en cuatro ofensivas y 17 batallas en las que salvó, gracias a su olfato y sus ladridos de alarma, a cientos de soldados de los ataques sorpresa con gas mostaza. Con su fino oído también detectaba los silbidos de los obuses antes de que los humanos se percata-sen del ataque.

Aunque no existen pruebas documentales, hasta hoy han llegado las histo-rias de las capacidades de este can, del que dicen que ayudó a encontrar y localizar a los soldados heridos, elevaba la moral de las tropas e incluso retuvo a un espía alemán hasta que los americanos acudieron a capturarlo. Por todo ello, Stubby fue el perro más condecorado de la Primera Guerra Mundial y el único ascendido a sargento por méritos en el campo de batalla.

Otro héroe de guerra fue Satán, un cruce de galgo y collie, reclutado por el Ejército francés. En la batalla de Verdún (1916), el can, ataviado con una máscara antigás y alforjas, atravesó a toda velocidad el «campo de nadie» para llevar un mensaje a los soldados galos, que estaban atrapados bajo el continuo bombardeo de la artillería alemana.

Los francotiradores enemigos acertaron a dispararle en una pata y cayó al suelo. Pero en ese momento Duvalle, el soldado que se había encargado de su entrenamiento, salió de la trinchera para llamar al perro a gritos. Esto le costó la vida al hombre, pero para Satán haber escuchado la voz de su adies-trador supuso un estímulo tan fuerte que hizo que se levantara y, tambaleán-dose, lograra alcanzar, milagrosamente, la trinchera francesa.

Alcanzado su objetivo, se desplomó sobre el primer soldado que le espe-raba; suavemente le quitaron la máscara y las alforjas que portaba, en cuyo interior encontraron dos palomas mensajeras y, al cuello, una nota que les indicaba que resistiesen, porque los refuerzos estaban en camino. Gracias a las palomas, los soldados pudieron enviar al Alto Mando la posición exacta de la artillería alemana, que fue destruida poco después.

En cuanto a Satán, no está muy claro qué ocurrió con él. Algunas fuentes hablan de su muerte como consecuencia de las heridas, otros afirman que se recuperó de las mismas y fue retirado del campo de batalla. En cualquier caso, en Francia su figura fue desde entonces la de un héroe nacional.

INSTINTO E INTELIGENCIA

Instinto

Todos los animales tenemos instintos, es decir, determinados comportamientos que son **innatos y hereditarios.** Debido a ello, cada especie responde de la misma manera ante ciertos estímulos externos, porque lo lleva en sus genes. Y, aunque consideremos a nuestro perro como un miembro más de la familia, no hay que olvidar que es un depredador cuyos antepasados han tenido que cazar, matar y luchar para sobrevivir.

Por eso, a pesar de que compartimos con los canes algunos instintos básicos, como el de supervivencia, otros son muy diferentes, ya que no es propio de los humanos andar rastreando el suelo con la nariz o elevarla para captar moléculas olorosas en el aire, por ejemplo.

Hay que tener en cuenta que, en un principio, los perros eran utilizados para desempeñar diversas funciones como pastoreo, caza o guarda, por lo que podían dar rienda suelta a sus instintos. Sin embargo, actualmente la mayoría de ellos simplemente son compañeros de vida, sin una labor concreta. Y compatibilizar sus impulsos innatos con las normas de la sociedad humana no siempre es fácil.

Nos puede horrorizar que nuestro pequeño y casero yorkshire aparezca con un ratón muerto en las fauces, o que nuestro elegante y tranquilo galgo se nos escape durante un paseo por el parque para perseguir un conejo. Pero si queremos conocerlos realmente y mejorar nuestra relación con ellos, debemos entender que esos comportamientos forman parte de su esencia y que regañarles servirá de poco o nada, porque lo único que conseguiremos es que se sientan frustrados.

Tipos de instintos

Algunos instintos son comunes a la totalidad de los perros y otros han sido potenciados o disminuidos, mediante la selección de razas, a lo largo de varias generaciones. Así, un pointer tendrá el instinto de caza mucho más desarrollado que un bulldog francés. Pero, además, cada individuo es diferente; incluso dentro de canes de la misma raza, uno puede tenerlo potenciado y otro, dormido.

Pese a que se trata de un tema complejo que provoca mucha polémica entre los expertos, no queríamos dejar de dar unas pinceladas sobre el mismo. Los instintos son básicos para el equilibrio de nuestros amigos de cuatro patas, por lo que comprenderlos posibilitará unas relaciones más sanas y felices.

El **instinto de caza** es uno de los predominantes. Aunque hoy en día los canes no tienen que perseguir a una presa para poder llenar la barriga, ya que tienen cada día la comida garantizada de la mano de su dueño, todos ellos poseen una predisposición genética a la caza. Ya sea un pájaro, un conejo, una bicicleta o una pelota, cualquier cosa en movimiento es susceptible de ser perseguida. Además, durante la carrera, el cuerpo de los perros libera endorfinas (igual que el nuestro cuando hacemos deporte) que generan una agradable y placentera sensación. En ese momento, su dueño ya puede desgañitarse llamándole que, el hasta entonces obediente perro, ni siquiera le oirá.

Íntimamente relacionado con el anterior está el **instinto de presa.** En muchas ocasiones habremos visto cómo nuestro perro coge un juguete con los dientes y sacude la cabeza enérgicamente de un lado a otro. No hay que alarmarse, ya que no significa que quiera destripar a ese tierno peluche, simplemente es un juego inconsciente que procede de la antigua necesidad de conseguir alimento.

El **instinto de guarda** está destinado a defender su territorio, que es la zona en la que él y su manada (o familia) se sienten más seguros. Ya sea en nuestra casa o si estamos montando un picnic en medio del campo, nuestro can tenderá a mantener a raya a los intrusos que osen acercarse.

Cuando hablamos de los celos, lo más probable es que los asociemos con un comportamiento social humano ligado a las relaciones románticas. Sin embargo, casi todos hemos podido comprobar cómo nuestro perro ladra, gruñe o busca nuestro cariño si le ignoramos mientras acariciamos a un cachorrito por la calle. Al parecer, esta conducta tiene su origen en la necesidad de reforzar los vínculos sociales frente a extraños, o sea, un **instinto de protección.** No obstante, los celos en perros no son tan complejos como en los humanos. Nosotros los sentimos por amor, desconfianza o falta de autoestima, mientras que en nuestros mejores amigos existen a nivel instintivo, con el fin de mantener la relación que tienen con los otros miembros de la manada.

Al igual que ocurre con sus ancestros lobunos, que se benefician claramente de la vida en grupo, los perros son animales sociales por naturaleza. Necesitan compañía para ser felices. Y después de miles de años de domesticación, han establecido una relación de dependencia con los seres humanos. Gracias a este **instinto gregario** podemos pasear con nuestro amigo de cuatro patas por el campo sin preocuparnos de que desaparezca, ya que él se mantendrá vigilante y pendiente de dónde estamos... a menos que se cruce en su camino una posible presa.

Y dentro de la manada, para su buen funcionamiento, existe un **instinto jerárquico** que establece un orden de prioridad. Cuando se produce un conflicto, para evitar males mayores, el individuo dominante demuestra su estatus ante el sumiso mediante señales comunicativas. No se trata de ser el perro más fuerte, sino el más seguro de sí mismo. Dentro de una familia en la que convivan un caniche y un rottweiler, por incomprensible que parezca desde nuestra perspectiva humana, el pequeño puede convertirse en el «jefe».

El **instinto sexual** está destinado a la perpetuación de la especie. No hay que enseñar a un macho a cortejar a una hembra, ni es necesario explicarle cuándo es su época propicia para procrear. Además, conlleva cambios en el carácter. Ellos se vuelven más desobedientes en general y parece que lo único que les importa en el mundo es rastrear el suelo en busca del olor de una perrita en celo. Pueden escaparse para rondar a su amada, aullar y gemir de forma ininterrumpida y pierden interés por la comida. Ellas, por su parte, se centran en buscar el padre adecuado para su descendencia y ofrecen sus cuartos traseros a un perro incluso con una valla por medio. Sin embargo, el tipo de vida que actualmente llevan nuestros perros impide la satisfacción de este apetito, por lo que pueden sentirse muy frustrados durante la época de celo.

Existen otras muchas conductas no aprendidas. Como curiosidad, resaltar la capacidad innata de los perros para desenvolverse en el agua. Esto es consecuencia del **instinto de supervivencia** y, aunque realmente no se puede decir que sepan nadar, se mantienen a flote. Cuando un perro se ve en el agua por primera vez, el susto que le produce estar en un ambiente desconocido provoca una reacción instintiva de huida. Entonces, al llevar a cabo el mismo movimiento que ejecuta cuando corre en tierra firme, consigue desplazarse en el agua. Ni que decir tiene que hay canes que adoran bañarse y otros que sienten verdadera aversión por el líquido elemento.

Otro comportamiento llamativo es el que efectúan los perros cuando se van a tumbar para dormir. Dan vueltas sobre sí mismos antes de descansar enroscados como auténticos angelitos, protegiendo sus zonas más sensibles. Esta costumbre procede de su vida salvaje, cuando acomodaban el terreno para hacerlo lo más agradable posible. La pequeña depresión que escarban, y sobre la que se recuestan, favorece que se mantengan calientes en los momentos en que las temperaturas son bajas. Si hace calor, cavan en la tierra y se echan sobre ella para refrescarse.

Si alguna vez tu perro ha dejado el cuidado y hermoso jardín como un campo para plantar patatas, no debes alarmarte en exceso, ya que normalmente se trata de una conducta innata (siempre que no se convierta en algo compulsivo y destructivo causado por ansiedad). Su origen puede ser diverso, desde localizar posibles presas, como topos o ratones, a esconder algo que para él sea valioso, como comida o juguetes, evitando así que se los quiten. Y si no tienen acceso a un jardín, lo guardan en casa, debajo de una cama, sofá o cojines.

LA CONDUCTA INNATA DE YELMO

Yelmo es un experto en estos menesteres. Quizá por el tiempo que pasó sobreviviendo solo en el monte sin saber cuándo volvería a comer. Si encuentra algún hueso durante los paseos, lo coge con la boca y lo lleva a algún lugar más o menos escondido, normalmente al pie de un árbol o arbusto. Allí, con sus patas delanteras excava un agujero más o menos grande, según el tamaño de su hallazgo. Luego, lo deposita cuidadosamente en el hoyo y procede a enterrarlo empujando la tierra suelta con su morro. Lo hace a la perfección. Cuando está completamente cubierto, alisa el terreno presionando con el hocico hasta que lo iguala con el resto, de manera que, visualmente, pasa totalmente desapercibido. Cada día vuelve al lugar para asegurarse de que sigue allí y, ocasionalmente, lo cambia de lugar.

Inteligencia

En algún momento de las conversaciones entre dueños de perros, inevitablemente sale a relucir una frase del estilo de «mi perro es tan listo que solo le falta hablar» o alguna bonita anécdota en la que los propietarios, orgullosos, subrayan la inteligencia de sus animales.

Aunque ahora nos cueste creerlo, hasta bien entrado el siglo XX, los animales eran considerados meros autómatas de estímulo y respuesta, carentes por lo tanto de emociones e inteligencia pese a que, un siglo antes, Charles Darwin había afirmado que «la diferencia mental entre el ser humano y los animales "superiores" es solo de grado y no de tipo». De hecho, nuestro cerebro y el de nuestro perro comparten la misma estructura básica.

Definir la inteligencia no es tarea sencilla. Según la Real Academia de la Lengua, existen varias acepciones: «capacidad de entender o comprender», «capacidad de resolver problemas», «conocimiento, comprensión, acto de entender», «sentido en que se puede tomar una proposición, un dicho o una expresión» y «habilidad, destreza y experiencia». Por lo tanto, se podría decir que es un concepto que agrupa distintos procesos y habilidades que permiten la comprensión de muchos de los fenómenos que ocurren en el mundo.

Existen diversos tipos de inteligencia cuando hablamos de ella atribuida al ser humano: lingüística, espacial, lógico-matemática, emocional… ¿Es más inteligente un director de orquesta que un médico? En realidad, hay diferentes formas de ser listo y resolver problemas.

Al igual que ocurre con el instinto, la inteligencia perruna es un tema controvertido. Si preguntamos a diferentes personas, como un educador canino, un veterinario, alguien que conviva con estos animales o que no tenga nada que ver con ellos, obtendríamos diferentes respuestas. Pero no creo que nadie que tenga perro pueda dudar de que poseen cierta listeza. Al menos, la que les ha permitido adaptarse al ser humano y llegar hasta nuestros días como la especie más afín a nosotros. Otra cosa es poder demostrarlo científicamente.

Por otro lado, tenemos que volver a hablar del «umwelt», ya que no necesita la misma inteligencia para sobrevivir un caracol que nuestro can. Nos empeñamos en compararlos con los humanos, creyendo que cuanto más se parezcan a nosotros, más listos son. Sin embargo, quizá no les haga falta tener nuestras cualidades para triunfar en su entorno y simplemente tienden a saber lo que requieren para ello.

Sin caer en un excesivo antropomorfismo, hay que tener en cuenta que todos somos animales y compararlos con nosotros es una manera de poder «medir» de alguna manera lo listos que son. Según algunos estudios, esa inteligencia canina puede ser similar a la de un niño de entre dos y tres años.

Memoria, aprendizaje y adaptabilidad

La supervivencia de cualquier animal depende de la **memoria.** Sin ella ni siquiera sabrían dónde encontrar comida, un refugio seguro o cómo distinguir a sus enemigos. Y este concepto es indisoluble de la capacidad de aprender, ya que no se puede concebir lo uno sin lo otro. Este aprendizaje es el que les permite adaptarse a su entorno. Una frase que se atribuye a Albert Einstein afirma que «la medida de la inteligencia es la capacidad para cambiar».

Quien conviva con un perro sabe que su perro aprende. A veces le enseñamos cosas estúpidas para presumir de lo listo que es, y les damos órdenes como «siéntate» «túmbate» o «dame la pata», pero **los perros aprenden,** sobre todo, **observándonos.** No tienen mucho más que hacer la mayor parte del día y se podría decir que nos conocen mejor que nosotros mismos. Saben cómo suena el motor de nuestro coche, las rutinas que llevamos a cabo antes de sacarles de paseo o cuando vamos a ir a trabajar y les dejamos solos, incluso reconocen nuestros nombres y los de las personas cercanas, por poner algunos ejemplos.

También son capaces de **copiar e imitar,** tanto a nosotros como a sus congéneres, algo que no muchos animales consiguen y que es muy importante para el **aprendizaje social.**

EL APRENDIZAJE DE LOBA

Todos mis compañeros de cuatro patas han aprendido a beber de mi mano. La pongo como un cuenco y echo el agua en ella, con lo que me evito tener que llevar algún tipo de incómodo cacharro. Además, me gusta mucho observar esa manera tan peculiar de beber que tienen los perros: curvan hacia atrás la parte inferior de su lengua, formando algo parecido a una cuchara, donde retienen el agua que, con rapidísimos movimientos de lengua, lanzan hacia su boca una y otra vez. Un día coincidimos en el paseo con una hembra de perro lobo checoslovaco. En un momento dado me paré para darle agua a Yelmo. Loba, la perrita, observaba atentamente mientras su dueño me comentaba que ella no sabía beber así. Puse mi mano a la altura de ella, vertí un poco de líquido e inmediatamente sacó su lengua y se bebió la botella entera. Acababa de aprender por imitación.

Es obvio que el aprendizaje no se puede concebir sin memoria. La suya no funciona exactamente igual que la nuestra, ya que es mucho más olfativa, pero está claro que los perros reúnen y almacenan esa información cotidiana y repetitiva para responder a ella. Tienen memoria a corto plazo, en la que almacenan información sobre casi cualquier cosa pero que luego desaparece rápidamente. También la tienen a largo plazo, gracias a la que guardan recuerdos, especialmente algunos hechos que hayan marcado al animal, de forma duradera.

LA MEMORIA DE YELMO

Hace años Yelmo fue atacado por un perro que le causó graves heridas. Meses después, cuando ya estaba totalmente recuperado, el dueño del agresor se acercó a casa para saber cómo se encontraba. Venía recién duchado y con ropa limpia, pero Yelmo, nada más verle (u olerle) metió el rabo entre las patas, temeroso, y se negó a acercarse, recordando el dolor que había sufrido.

Existen estudios que afirman que los perros también poseen **memoria episódica,** aquella que nos permite recordar conscientemente experiencias y acontecimientos personales, como dónde dejamos ayer las llaves del coche o lo que cenamos las Navidades pasadas. Al parecer, los canes también son capaces de almacenar en su cerebro el qué, dónde o cuándo de un acontecimiento, incluso aunque no sea importante o esencial para su supervivencia ni vaya a recibir ninguna recompensa por ello.

Como sabemos, desgraciadamente nuestros perros envejecen más rápidamente que nosotros. A partir de los ocho o 10 años, según las razas, pueden experimentar síntomas del llamado **síndrome de disfunción cognitiva** o Alzheimer canino. Primordialmente, afecta a la memoria y a la falta de concentración. Esto se puede notar cuando deja de obedecer las órdenes que antes cumplía sin problemas o no presta atención a los gestos de su dueño.

Respecto a la asombrosa **capacidad de adaptación** de los perros, poco hay que decir, teniendo en cuenta sus orígenes lobunos y cómo han llegado a convivir con nosotros en una sociedad humana, formando parte de nuestras familias y convirtiéndose en «el mejor amigo del hombre».

Autoconciencia
Una de las pruebas clásicas para medir la inteligencia animal es la conocida como «prueba del espejo» que ideó el estadounidense Gordon Gallup en 1970. El objetivo era medir si una criatura tiene conciencia de sí misma. Para ello, se dejaba al animal interactuar con el espejo durante un tiempo considerable; posteriormente, se le distraía mientras un asistente le pintaba

una marca con tinta inodora en alguna parte del cuerpo para, acto seguido, volver a enfrentarlo con su reflejo. Si el animal entonces veía la mancha y la tocaba, se daba por hecho que comprendía que la imagen del espejo no era él, sino una representación.

El test fue superado por chimpancés, delfines, orcas e, incluso, urracas, pero los perros fracasaron estrepitosamente. Los canes ni se reconocieron, ni confundieron el reflejo con otros congéneres intentando saludarles o atacarles. Simplemente se limitaron a olisquear el espejo y orinar a su alrededor. ¿Significa esto que son tontos de remate y no saben diferenciarse de los demás?

Los que convivimos con perros sabemos que no es así. El problema es que la prueba fue diseñada «para nosotros», es decir, para animales fundamentalmente visuales. Y, como ya hemos visto, el perro percibe el mundo a través del olfato. Afortunadamente, alguien reparó en este «pequeño» detalle y diseñó un test a medida para ellos. Tomó muestras de la orina de varios canes sobre un algodón y las escondió en un bosque. A continuación, paseó a uno de los animales por el lugar y comprobó que este no miccionaba sobre su propia marca, sino sobre las de los demás, lo que indica que tiene algún tipo de conciencia de sí mismo. Aunque, si somos mínimamente observadores, ya nos habremos dado cuenta de esto en nuestros paseos diarios.

Teoría de la mente
Otro signo de inteligencia, que hasta hace relativamente poco tiempo se creía exclusiva del ser humano, es la teoría de la mente. Este nombre tan complejo hace referencia a la capacidad de saber que otros tienen estados mentales diferentes de los nuestros, como creencias, atención, intenciones, emociones o conocimientos, así como la facultad de utilizar esa información para **comprender y predecir la conducta** de los demás.

Si vemos a alguien en la carretera, junto a un coche parado, y agitando insistentemente los brazos, podemos deducir que está pidiendo ayuda porque su vehículo se ha estropeado y seremos capaces de imaginar su angustia.

En los niños esta teoría de la mente se desarrolla durante los primeros cuatro o cinco años de vida, y recientes estudios sobre la inteligencia perruna han desvelado que estos animales tienen también esta capacidad. Para muchos, esto no es ninguna novedad, ya que están convencidos de que sus perros pueden identificar a alguien con malas intenciones que ande cerca.

Nuestros perros saben que es más productivo pedir comida a alguien que esté atento, y también llevan a cabo conductas «prohibidas» cuando no les estamos mirando.

LA CONDUCTA PROHIBIDA DE CHIARA

Chiara, una spaniel bretón de poco más de un año, tiene fijación por el cubo de la basura. En presencia de su dueño ni se acerca a los desperdicios, pero cuando sabe que este no la vigila, porque se haya ausentado o ido a dormir, sigilosamente entra en la cocina y revuelve el interior del cubo, lleno de interesantes olores y sabores.

Los propietarios perrunos suelen reunirse en parques para que sus animales disfruten con otros congéneres. Si se dedican algunos minutos a observarlos, nos daremos cuenta de cómo, para iniciar el juego, lo primero que hace un perro es intentar llamar la atención de otro. Para ello, se pondrá en su campo de visión inclinando la parte delantera del cuerpo, en una especie de reverencia, y moviendo la cola. Si esta estrategia no funciona, procederá a ladrar o a intentar mordisquear para incitar a la acción. También parecen ajustar su expresividad a la audiencia, modificando sus vocalizaciones y gestos en función de lo que ve o no ve y oye o no oye quien los acompaña.

Se realizó un experimento en el que a varios perros se les ponía delante una salchicha, indicándoles claramente que no la tocaran. Aunque les costó contenerse, los canes fueron obedientes. Sin embargo, en un momento dado apagaron las luces quedándose a oscuras, y los animales, que sabían que los humanos no podían verlos, aprovecharon para dar buena cuenta del premio. Posteriormente, se repitió la prueba, pero esta vez una única luz iluminaba la comida; los peludos, probablemente conscientes de que las personas podían verla, la dejaron intacta.

Por lo tanto, nuestros mejores amigos son capaces, al menos, de evaluar el estado de atención tanto de los humanos como de sus congéneres y tienen una facilidad única en el mundo animal de atender las indicaciones cuando señalamos algo con el dedo, además de poder seguirnos la mirada.

También **saben diferenciar cuándo algo es intencionado o no.** Aparte de que pruebas científicas lo demuestren, si voy paseando por el campo, en un sendero estrecho, y al andar le doy un pequeño golpe accidentalmente a mi perro, él sigue su camino como si nada. Pero si le doy un pequeño toque a propósito, me mirará con gesto interrogante para saber qué es lo que ocurre.

Curiosamente Yelmo, cuando ha enterrado algún «tesoro» como un hueso, acude a revisarlo los días posteriores y, muchas veces, procede a cambiarlo de lugar, como si supiera que otro animal puede descubrirlo y tener la intención de quitárselo.

Empatía

Muy ligada a la teoría de la mente y a la inteligencia emocional está una cualidad tan humana como la empatía. Sabemos que nuestros canes conectan inmediatamente con nuestro estado emocional e, incluso, van más allá, porque intentan consolarnos si estamos tristes o compartir nuestra alegría. Mi perro mueve el rabo, contento, cuando me río, y si lloro, se acerca despacito a lamerme las lágrimas y buscar contacto físico.

Es cierto que la empatía perruna es mucho más primitiva que la nuestra, por lo que los etólogos se refieren a ella como «**contagio emocional**» y la equiparan a la de un niño de tres años. Es decir, nuestros mejores amigos quizá no saben exactamente cómo nos sentimos, pero sí que sentimos algo bueno o malo. Y llama la atención la facilidad con la que los perros se «contagian» de nuestras emociones, casi como si formaran parte de nosotros.

A lo largo de los miles de años que llevamos juntos, los canes se han especializado en conocernos. Al fin y al cabo, en buena medida su supervivencia depende de nosotros y, como ya hemos comentado, se pasan largo rato mirándonos. Gracias a ello son capaces de distinguir a través de nuestras expresiones, voz o lenguaje corporal si nos encontramos contentos o tristes. Además, su portentoso olfato les ayuda a captar los cambios bioquímicos relacionados con nuestros estados anímicos.

Otro indicador es el **contagio del bostezo.** Para que se produzca, es necesaria cierta estructura cerebral, además de neuronas espejo. Se realizó una prueba en la que casi el 70 % de los perros estudiados abrió la boca a la par que los humanos. Pero ojo, porque nuestros compañeros caninos pueden bostezar no por hambre, sueño y aburrimiento como nosotros, sino, principalmente, por ansiedad.

Estas formas podríamos decir que rudimentarias de empatía presentes en nuestros canes implican en todo caso que son conscientes de sí mismos y también de los sentimientos de los demás, por lo que se podría afirmar que tienen una teoría de la mente.

Inteligencia espacial

Los perros son capaces de trazar **mapas mentales** de su entorno, combinando algunas referencias y reconocimiento de lugares que les sean familiares con puro cálculo para determinar su situación y la orientación de sitios de interés, incluso en recorridos con los que no estén familiarizados. Así, además de conocer el emplazamiento de su casa, su cojín, comedero o las camas a las que no debe subir, tienen una asombrosa capacidad para orientarse, mucho mejor que la nuestra. Saben ir de un punto a otro, aunque no utilicen siempre la misma ruta. También conocen cuál es el camino más rápido a casa, aunque anteriormente no lo hayan transitado.

¿Cuántas veces hemos oído hablar de canes que se han perdido y después de recorrer cientos de kilómetros han conseguido volver a su hogar? No nos engañemos, **se orientan mucho mejor que nosotros.** Reconozco que alguna vez que me he desubicado en el monte, he confiado en mi perro para que me señalara el camino de vuelta hacia el coche. Y lo ha hecho sin dudar.

Existen otros muchos tipos de inteligencia en los perros. La corporal es indudable, no hay más que verlos cazar, pastorear o desenvolverse en pruebas de *agility*, un nuevo deporte que consiste en superar un recorrido de obstáculos en un tiempo determinado.

La comunicación también se considera otra importante cualidad de la inteligencia, pero merece que le dediquemos un apartado entero.

Comunicación inteligente

Seguramente en algún momento hemos soñado que nuestro perro, a veces (y quizá solo a veces), pudiera hablar y expresar qué siente o qué quiere. Aunque, si en algún momento pronunciara una palabra, seguramente nos daría un susto enorme.

Desgraciada o afortunadamente, porque a saber qué nos contarían, nuestros compañeros perrunos carecen de capacidad física para el habla. No pueden vocalizar como nosotros, pero eso no quiere decir que no se comuniquen, más bien todo lo contrario.

La comunicación no es solo hablar, ni siquiera entre los humanos. Una caricia o una sonrisa son también formas de expresión. Los canes no necesitan articular palabras, ya que disponen de un amplio repertorio de **señales,**

gestos y sonidos para hacerse entender. Y, por supuesto, muchas veces, quizá más de las que nos imaginamos, comprenden lo que les decimos.

Recientes investigaciones confirman que los perros **procesan** algunas partes del habla humana de forma muy similar a como lo haría una persona, y entienden palabras, frases, posturas y entonaciones. No solo diferencian lo que decimos y cómo lo decimos, sino que también son capaces de combinar las dos cosas para una correcta interpretación de lo que esas palabras significan realmente. Aunque, si tienes una estrecha relación con tu perro, este hallazgo no te resultará sorprendente en absoluto. Los perros nos entienden como ninguna otra especie, en ocasiones mejor que otros humanos. Su domesticación pudo haber influido en la aparición de una estructura cerebral que les permite esta capacidad.

Quizá has oído hablar del caso de Chaser, una border collie que a lo largo de su vida fue capaz de interpretar el significado de nada más y nada menos que 1 022 palabras, cuadruplicando la mejor de las cifras que se pensaba que sería capaz de entender un perro (alrededor de 150 palabras). También hay que tener en cuenta que su dueño dedicaba de cuatro a cinco horas diarias a este entrenamiento.

Por supuesto, el caso de Chaser es excepcional, al margen de que los border collie tienen fama de ser los perros más listos del mundo. Sin embargo, seguro que tu compañero perruno reconoce, sin que se lo hayan enseñado, el significado de algunas palabras como «calle», «comer» o «aquí». Incluso conocí a un zorro tan acostumbrado a los humanos que acudía cuando escuchaba «toma».

No obstante, no se puede decir que todos los perros comprendan literalmente las palabras, sino que **asocian** los sonidos con acciones, que también dependen del contexto. Si sostenemos su correa y le decimos «valle» en vez de «calle», él no lo diferenciará.

Cada propietario establece, de manera más o menos consciente, un diccionario único con su animal. Si te has observado hablándole a tu perro, te habrás dado cuenta de que normalmente utilizamos el mismo tono ridículo con el que nos dirigimos a los bebés: con frases simples y en un tono agudo. Pese a que lo hacemos prácticamente sin darnos cuenta, resulta que es la mejor forma para que los canes nos presten atención. Pese a todo, ellos confían más en los gestos humanos que en nuestras palabras.

¿Les entendemos?

Parece claro que los perros se esfuerzan por entendernos y hacerse entender, ya que viven rodeados de humanos y lo necesitan para satisfacer sus necesidades. Pero, ¿y nosotros?, ¿intentamos realmente comprenderles?, ¿sabemos cómo hacerlo? Cuanto mejor sea la comunicación que tenemos con nuestro compañero, más reforzaremos el vínculo con él.

Para mí, una de las mejores formas de **«descifrar»** lo que quieren o necesitan es hacer lo mismo que ellos con nosotros: **observar.** Sin haber leído ni estudiado nada al respecto, poco a poco fui aprendiendo mucho sobre mis perros gracias a la observación. Su forma de mirarme atentamente cuando quieren algo, lo que significan sus gestos y posturas o sus diferentes sonidos. Y me parece maravilloso que nos entendamos así.

La tecnología intenta siempre hacernos la vida más cómoda. Cada vez con más frecuencia aparecen en internet o las redes sociales imágenes de perros comunicándose con sus propietarios a través de un tablero con botones, cada uno de los cuales emite palabras pregrabadas. Así, enseñan a sus animales a pulsar el botón de «calle» cuando quieren salir o «comida» cuando tienen hambre. Pero eso no es todo, ya que algunos afirman que los canes pueden incluso construir frases complejas pulsando varios botones seguidos. Esto se ha interpretado como que cualquier perro algo entrenado puede mantener una conversación con nosotros. No parece algo descabellado, ya que distintos investigadores lo habían intentado antes con otros animales, como el bonobo Kanzi o la chimpancé Washoe obteniendo buenos resultados. Kanzi aprendió a comunicarse presionando símbolos en un teclado que correspondían a objetos o ideas. Por su parte, Washoe consiguió hablar mediante el lenguaje de signos.

Sin embargo, en el caso de los perros, aún no se ha validado científicamente y las grabaciones están cortadas y editadas. Es posible que el perro haya aprendido que cuando pulsa el botón adecuado se juega con él, aunque no comprenda realmente la palabra, y simplemente asocie un comportamiento con una consecuencia.

De igual manera, no se puede decir que yo tenga una comunicación con los gorriones que viven en los alrededores de casa, pero cuando por la mañana subo la persiana de la cocina, todos vuelan para posarse en la verja frente a la ventana, esperando que les llene el comedero. Simplemente, asocian el sonido con su desayuno.

Instinto e inteligencia

Además, la interpretación de las frases de estos perros que «hablan» es más o menos libre. Por ejemplo, si presiona la tecla de «jugar» seguida de «quiero comer», su dueña lo «traduce» como que el can quiere que se introduzca comida en su juguete. Pese a todo, no es imposible que ciertos canes utilicen los teclados como lenguaje, pero a falta de más pruebas científicas, hay que ser cautos. Mientras decides si comprar o no un teclado perruno, intenta poner en práctica la observación y presta atención a las señales que ellos envían, ya que está demostrado que funciona muy bien.

Los perros utilizan todo su cuerpo para comunicarse, tanto con otros congéneres como con las personas, y para comprenderlos es fundamental conocer su **lenguaje corporal.** Ellos no hablan, no lo necesitan. En silencio, dicen mucho a través de sus posturas, especialmente con las orejas, cola, hocico y, también, con su mirada. Cuando están alerta o se sienten amenazados, intentan parecer más grandes, estirándose hasta ponerse casi de puntillas y tensando los músculos del cuerpo. Además, su pelo se eriza en un acto reflejo, lo que puede indicar que tienen miedo, se han asustado o están dispuestos a atacar. Pero si lo que pretenden es evitar un conflicto tienden a «hacerse más pequeños», bajando el cuerpo y la cola y aplanando las orejas.

Los humanos, mediante la **selección artificial** de las razas que se ha llevado a cabo durante muchos años, hemos producido cambios en la anatomía de los perros que les perjudican a la hora de expresarse físicamente y socializar. Por ejemplo, los braquicéfalos (aquellos de hocico corto y achatado como el bulldog) han perdido la capacidad de mostrar expresiones faciales. También está mermada su facultad de comunicar en los canes a los que les han cortado las orejas o la cola.

LA COMUNICACIÓN CORPORAL DE YELMO

Mi anterior compañero de cuatro patas era un spaniel bretón rabón. No me di cuenta de la importancia de este apéndice hasta que llegó Yelmo a mi vida, con su larga cola de podenco con la que tira al suelo cualquier objeto que se encuentre sobre la mesita del salón. Esta me proporciona una información valiosísima, tanto cuando la mueve contento como si la mete entre las patas por miedo, la mantiene en alto cuando está con confianza, rígida en caso de ansiedad o la arquea de una manera peculiar si se encuentra físicamente mal.

Habitualmente interpretamos que cuando un perro mueve **el rabo** está contento, pero no siempre es así. Es bastante más sutil. Y hay que prestar atención a la casi imperceptible dirección de esos movimientos. Si va más hacia el lado derecho, no hay problema, están felices, pero si se mueve más hacia el izquierdo, quizá sea porque se aproxima un perro desconocido y puede haber conflicto.

Las orejas también juegan su papel en la expresión de emociones, debido a que pueden adoptar muchas posiciones diferentes, cada una con su significado. Aunque en algunos perros esto es más fácil de reconocer que en otros, ya que las orejas largas y caídas de un cocker spaniel o un basset hound son mucho menos expresivas que las de un pastor belga.

Por regla general, si las tienen erguidas y hacia delante, significa que están prestando atención o estudiando una situación nueva. En ocasiones, cuando les hablamos, adoptan esta postura y ladean la cabeza, como intentando entender nuestras palabras, algo así como «parece muy interesante lo que dices, pero no comprendo nada».

La mayoría de los perros puede retirar hacia atrás las orejas en varios grados. Desde un poco, para transmitir una señal de calma, o bastante hacia atrás, en una señal de ansiedad o agresividad, hasta pegadas al cráneo, cuando están asustados o como respuesta a una amenaza. Cuanto más miedo tenga el animal, más presionadas hacia atrás estarán, lo que le lleva a adquirir un aspecto semejante a una foca.

Los canes también usan **la mirada** para comunicarse con los humanos. Seguro que muchas veces te has sentido fijamente observado por tu perro. A veces, incluso durante mucho tiempo, si eres capaz de soportarlo sin reaccionar. Desde luego, si una persona nos mirara de esa manera, casi sin pestañear, nos sentiríamos sumamente inquietos e incómodos.

Ellos, desde cachorros, tienden a observar caras humanas y hacer contacto visual, algo que la mayoría de animales salvajes evitan. Es su forma de intentar captar nuestra atención, y son muy pacientes. Quizá tengan hambre, necesiten salir a la calle, busquen unas caricias o soliciten nuestra ayuda. A veces, alternan su mirada entre nosotros y aquello que quieren para hacérnoslo saber. Cuando mi perro quiere salir a la terraza, me mira, y cuando le atiendo, él mira a la terraza y me vuelve a mirar.

Que lleve a cabo estas señales también depende de la capacidad de su dueño para entenderle. Si tienen éxito, serán persistentes.

Sus ojos son también un excelente centro emisor de emociones o estados de ánimo. Sin embargo, saber «leer» la mirada de un perro puede ser complicado excepto para su dueño que, gracias a la relación de complicidad con el animal, entenderá lo que significa cada forma de mirar. Si te fijas bien, cuando los canes están relajados, se podría decir que sus ojos son «suaves», mientras que se pueden volver «duros» si están soportando altos niveles de tensión.

Tanto los perros como los humanos somos hábiles a la hora de comprender las emociones de otras especies contemplando sus rostros. De hecho, no solamente el contacto físico, sino también el visual con nuestro amigo libera oxitocina, la «hormona del amor», igual que cuando una madre observa a su bebé.

Todas estas señales (cuerpo, cola, orejas, mirada) deben analizarse en conjunto y dentro de un contexto para poder interpretar correctamente el estado emocional de nuestro amigo peludo.

Cómo interpretar sus sonidos

Si le preguntamos a un niño qué sonido hacen los perros, nos diría que ladran, igual que los gatos maúllan y las vacas mugen. Pero esta respuesta básica no deja de ser una generalidad, ya que los canes tienen en realidad un amplio repertorio vocal que se enriqueció durante todo el proceso de domesticación, precisamente con la intención de mejorar su comunicación con el ser humano.

El ladrido constituye la señal acústica más típica del perro y difiere según las razas (está claro que no es lo mismo el sonido que produce un mastín al que emite un chihuahua) e, incluso, los individuos. Puede superar incluso los 100 decibelios y resultar realmente molesto si tenemos al perro del vecino ladrando sin cesar.

Pero este «ruido» que a nosotros nos llega a importunar, está cargado de información. Y para poder descifrarla, debemos atender principalmente al tono y la frecuencia. Cuando se sienten amenazados, los ladridos son graves, «secos», casi enlazados uno con otro y se podría decir que suenan agresivos. Durante el juego, en cambio, son agudos, frecuentes y van variando el tono y el volumen. Si lo que le ocurre al animal es que se siente solo, también son agudos y de tono variable, pero más espaciados en el tiempo, un poco lastimeros.

LOS SONIDOS DE YELMO

Yelmo apenas ladra en casa, a menos que ronde algún animal silvestre. Pero cuando estamos en el monte, sé diferenciar perfectamente por su sonido si lo que ha visto es un jabalí o un ciervo, en cuyo caso su vocalización será grave, para parecer más grande, o un conejo, al que perseguirá con cortos y agudos ladridos de excitación.

En alguna ocasión, cuando está malo de la tripa y necesita salir a la calle de madrugada, emite un pequeño y apagado ladrido, lo justo para llamar mi atención sin despertar al vecindario.

Algunas razas primitivas, como el basenji o el chow-chow, apenas utilizan el ladrido para comunicarse, aunque pueden emitir otro tipo de sonidos. Y es que, como hemos mencionado anteriormente, los canes poseen una gran **variedad de vocalizaciones.** Si accidentalmente le pisamos la cola o una pata a un perro, este lanzará un agudo y estridente alarido de dolor. El mismo sonido que hará si se lleva un susto repentino.

También son muy característicos **los gemidos,** agudos y suaves, que utilizan tanto para solicitar atención por parte de su propietario, como durante el ritual de saludo o a causa de situaciones de miedo, frustración, ansiedad o dolor. **El gruñido** es un sonido de tono bajo que suele transmitir un mensaje de amenaza. A menudo se asocia con la conducta de enseñar los dientes u otras señales corporales que nos advierten de que algo no les gusta. Pero los perros también gruñen, en un tono más alto, cuando jugamos con ellos intentando quitarles el peluche que tienen entre los dientes.

Al igual que nosotros cuando nos metemos en la cama después de un largo y ajetreado día, los canes pueden soltar una especie de suspiro-gruñido de satisfacción al tumbarse a descansar. Yelmo también lo hace cuando, en los fríos días de invierno, le pongo la manta por encima.

Aunque el sonido más característico de los lobos es **el aullido,** que utilizan con fines sociales como reunir a la manada, los perros no son tan propensos a ello. Pueden emitir este sonido cuando se quedan solos o si oyen a otros perros (o humanos, puedes comprobarlo) aullar. También lo hacen al escuchar sonidos especiales, como una sirena o un violín.

Algunos expertos afirman que los perros se ríen. No lo hacen a carcajadas, como nosotros, sino en forma de **jadeo.** Se trata de una fuerte espiración que los perros producen durante el juego o antes del mismo, cuando están en un estado de excitación positiva. Y es diferente a los jadeos producidos por estrés o a causa del calor.

Hay una regla general que ayuda a interpretar el sentido de los sonidos de nuestros amigos perrunos: uno grave suele expresar amenaza y, si es agudo, puede significar miedo, ansiedad o ganas de jugar. Sin embargo, existen muchas más vocalizaciones caninas y hay perros que parecen querer hablar.

Una vez más, añadir que todo hay que interpretarlo dentro de un contexto y que cada animal es diferente. Por lo tanto, es muy importante observarlos para poder descifrar correctamente sus señales.

EL UNIVERSO
EMOCIONAL CANINO

El que ha sido considerado como el padre de la etología moderna, Konrad Lorenz ya afirmó a finales del siglo XX que «cualquiera que haya convivido con un perro y no esté convencido de que estos animales tienen sentimientos como nosotros, es alguien psicológicamente trastornado e incluso peligroso».

Previamente, en 1872, Charles Darwin había indagado acerca del tema de las emociones en los humanos y algunos animales, sobre todo en pájaros y mamíferos, en su obra *La expresión de las emociones en el hombre y en los animales*.

Aunque actualmente existen numerosos estudios que respaldan la existencia de un universo emocional canino, todavía hay quien lo niega. Pero para los que convivimos con perros esto resulta, cuando menos, ridículo. Sabemos de primera mano que nuestros compañeros perrunos pueden sentir, por ejemplo, miedo o alegría, y eso no tiene discusión posible.

Emociones

Las emociones son reacciones psicológicas y fisiológicas que ocurren ante un estímulo y generan un comportamiento. Tienen un **componente subjetivo,** que hace que el perro relacione lo que percibe con sus recuerdos; un **componente expresivo,** que es la conducta que manifiesta el can; y un **componente fisiológico.** Así, si el animal está asustado, acelerará su ritmo cardíaco y, si está contento, liberará endorfinas.

Afortunadamente, tras múltiples investigaciones, la comunidad científica por fin da por hecho que los perros poseen algunas emociones básicas como alegría, miedo, sorpresa, ira o calma. El debate ahora se centra en si son capaces de sentir aquellas más complejas.

La estructura cerebral, las hormonas, los procesos neurológicos y los cambios químicos que suceden en los canes son muy semejantes a los de las personas. Cuando un perro sufre ansiedad, se le administran ansiolíticos, igual que a nosotros. Con todo esto, no tiene sentido negar de entrada que puedan poseer algunas emociones secundarias, aunque sin caer en una excesiva antropomorfización.

Como dice el etólogo Carl Safina: «ya sabemos que no hay que asignar a los animales sentimientos que no tienen, pero tampoco les neguemos los que sí poseen. Si nuestro perro actúa como si nos quisiera y su cerebro, comportamiento e historia evolutiva sugieren que puede hacerlo, aceptemos que exista la posibilidad de que lo haga».

La realidad es que el aspecto emocional juega un papel importantísimo en el comportamiento de nuestro mejor amigo, por lo que es muy importante conocer cómo se siente para poder comprenderle y ayudarle a que sea más equilibrado y feliz.

Según algunos estudios, los canes procesan las emociones casi de la misma manera que un niño de dos o tres años. Hasta esa edad, los bebés humanos experimentan una gama mucho más reducida de emociones que los adultos. Además de las básicas, anteriormente mencionadas, pueden sentir celos, curiosidad, estar ansiosos, frustrarse o aburrirse. ¿Has detectado alguna de estas conductas, o quizá todas, en tu perro?

Miedo

El miedo es posiblemente una de las emociones más comunes y fácilmente observables en nuestro compañero. Un perro siente miedo cuando se expone a una situación que cree que puede ser peligrosa para él, como los ruidos fuertes, la presencia de personas o animales desconocidos y el enfrentamiento a situaciones inusuales.

A veces, con la mejor intención del mundo, forzamos en exceso a nuestro can a acercarse aquello que le atemoriza, ya sea otro perro o simplemente una bandera que ondea a causa del viento. Pretendemos que se dé cuenta de que no es nada que le pueda hacer daño, pero si le presionamos mucho, él luchará con todas sus fuerzas para no hacerlo y lo asociará con algo negativo. Por eso, siempre hay que ser muy sutiles.

El miedo tiene su función en todos los seres, incluidos nosotros. Sin él, no seríamos capaces de sobrevivir. Pero si se convierte en terror, es negativo. Cada perro tiene un **umbral de reacción** ante los estímulos del entorno. Hay perros muy asustadizos que intentan huir de todo, y frecuentemente esto se da en perros adoptados con un historial de abuso o maltrato, y en los que no se socializaron adecuadamente de cachorros.

YELMO Y SUS MIEDOS

Cuando Yelmo llegó a casa por primera vez, estaba aterrorizado. Había permanecido al menos dos meses viviendo en el monte, completamente salvaje. No sabía caminar sobre el suelo de parqué ni comer o beber en su cuenco.

Nada más entrar se pasó varias horas de pie, con el cuerpo completamente atenazado por el miedo. A veces se le cerraban los ojos y se caía hacia un lado, pero rápidamente recuperaba la posición. Finalmente, el cansancio y el sueño le vencieron y se tumbó en la colchoneta.

A partir de ahí, comenzó un enorme trabajo de cariño, paciencia y atención para que recobrara su confianza y seguridad. Al principio, cuando alguien quería acariciarle, él hacía un quiebro, porque no estaba seguro de las intenciones de esa persona. Poco a poco se fue dando cuenta de que no todos los humanos éramos malos.

Trece años después, es un perro prácticamente normal que ha superado sus temores. Sin embargo, pese al tiempo transcurrido, cuando está comiendo siempre mantiene las patas traseras algo flexionadas y bastante retrasadas para poder huir en cualquier momento.

Ansiedad

Muy relacionada con el miedo está la ansiedad, de la que derivan muchos de los problemas de conducta de algunos canes. Principalmente sienten esta emoción cuando se quedan solos en casa, lo que se conoce como **ansiedad por separación.**

Son unos animales tan sumamente sociales que el aislamiento les produce angustia y una enorme tensión interna. Para tratar de aliviar este malestar algunos ladran sin parar, rompen cosas, arañan paredes o muerden lo primero que encuentran en un frenético intento de escapar de su solitario confinamiento.

Nuestros perros pasan buena parte del día simplemente observándonos y se dan cuenta de cosas que nosotros casi no percibimos. Por eso, si ven que tomamos las llaves del coche y nos ponemos el abrigo, pueden predecir que nos vamos a marchar dejándolos en casa, y eso puede hacer que sientan una ansiedad anticipatoria.

Algo que los propietarios no saben, o no suelen tener en cuenta, es que los perros son animales de **rutina.** Cualquier cambio, ya sea una mudanza, una persona nueva que llega a la familia o tener horarios variables, produce en ellos una **incertidumbre** que puede desembocar en ansiedad.

Si no tenemos unas horas fijas para pasear a nuestro perro, posiblemente todas las veces que vea que nos levantamos del sillón, él se incorporará de su sitio para seguirnos, con la esperanza de que sea su momento de salir. Y cada vez que cree que va a ir a la calle y no es así, va aumentando su inquietud y ansiedad.

Si la situación se prolonga, el animal se desestabiliza emocionalmente y puede convertirse en un ladrador crónico o tener un problema de exceso de energía nerviosa. Otros signos de ansiedad son los bostezos repetidos y rascarse o lamerse demasiado. Si queremos evitar estos problemas, es importante que, dentro de nuestras posibilidades, establezcamos unos hábitos de paseo, alimentación, descanso, juego, etc.

Alegría

Llegamos a casa después de un duro día de trabajo, o simplemente de haber estado fuera media hora para hacer la compra, y al abrir la puerta nos recibe nuestro perro moviendo el rabo y saludándonos como si llevara años sin vernos. Es innegable que los canes experimentan una intensa alegría con el **reencuentro.**

Un estudio publicado en la revista *Current biology* afirma que los ojos de nuestros compañeros caninos se llenan de lágrimas cuando se reúnen con sus dueños. Esas lágrimas no caen como a menudo lo hacen en los humanos, pero ellos sí tienen los ojos llorosos. Al parecer, la oxitocina desempeña un papel importante en la producción de esas secreciones acuosas cuando los perros y sus dueños vuelven a estar juntos. Es sabido que, al interactuar con nuestros canes, tanto ellos como nosotros liberamos esta «hormona del amor».

Aún queda por saber si los perros también producen **lágrimas** como respuesta a emociones negativas o cuando se alegran por juntarse con otros de su misma especie. Porque nosotros no somos la única causa de su alegría, aunque posiblemente sí la principal, y es un disfrute ver a los canes felices corriendo, jugando o regocijándose mientras se restriegan sobre la hierba.

Aburrimiento

Aunque tu perro no te lo diga, porque no puede, también se aburre a veces. Sobre todo, cuando pasa largas horas completamente solo, aislado en casa sin nada que hacer o cuando carece de estímulos e interacción social. A nuestros amigos les gusta la rutina y lo conocido, pero también necesitan cierta dosis de novedad y estar ocupados.

Si no pueden descubrir nuevos aromas, escarbar o retozar con sus congéneres, entre otras actividades perrunas, se inventarán alguna forma de entretenerse, ya sea mordiendo nuestras mejores zapatillas o haciendo trizas el mando de la tele. En casos extremos, los perros pueden desarrollar **comportamientos compulsivos,** como perseguirse la cola constantemente o ladrar sin cesar.

No solamente son necesarios los paseos. Algunos perros muy activos si solo se ejercitan físicamente, en vez de agotarse se pueden activar aún más, y cada vez necesitarán de un mayor tiempo en la calle, ya que estarán en mejor forma. Por eso es importante cansarles también mentalmente. Y para ellos, olfatear es una de las cosas que más les agota.

Además de enseñarles diferentes trucos, como sentarse, tumbarse, dar la patita o hacer el pino puente, estimular su nariz y su mente con diversos juegos es muy efectivo. Podemos jugar a trileros, escondiendo una sabrosa golosina perruna debajo de tres vasitos de yogur y que nuestro perro lo encuentre. O distribuir esos premios por la casa y animarle a que los busque. A los canes les encanta aprender cosas nuevas y compartir estas actividades ayuda a fortalecer el vínculo con ellos.

Y, para esos momentos en que no tienen más remedio que quedarse solos, si dejamos a su disposición varios juguetes, además de unas cuantas chucherías de perro escondidas por distintos rincones del hogar, se entretendrá, usará su olfato y es posible que la espera se le haga más corta.

Frustración

Se trata de una desagradable sensación de impotencia por algo que no podemos realizar u obtener. Y los perros la sufren cuando no son capaces de satisfacer un deseo o una expectativa, exactamente igual que nosotros.

Se pueden frustrar cuando pasan demasiado tiempo encerrados detrás de una valla. Mucha gente se cree que un perro tiene suficiente con poder correr por una parcela y que no es necesario pasearles. Es un error, puesto que estos animales necesitan encontrarse con otros congéneres y recorrer lugares diferentes con nuevos olores y toda la información que ello conlleva.

Esta emoción aparece igualmente si siempre les paseamos atados y no les permitimos olisquear o saludar. En general, nuestros perros pueden frustrarse cuando algo les impide **interactuar** con algunos estímulos ambientales. También en los casos en que nuestras órdenes son confusas y no saben qué esperamos de ellos, cuando no seguimos una rutina diaria, en caso de que no puedan desarrollar la función para la que se los educó o si pasan demasiado tiempo solos.

Cada perro tiene su nivel de tolerancia a la frustración. Algunos son muy pacientes y entienden que a veces no se puede conseguir lo que quieren, pero otros, más caprichosos, llegan a chantajear vilmente a su dueño, llorando o temblando hasta que obtienen lo que reclaman. Generalmente, la baja tolerancia es culpa del propietario que, harto de tanto gemido, termina cediendo y refuerza ese comportamiento.

Algo semejante ocurre con los niños. ¿Cuántas veces habremos visto en el pasillo de un supermercado a un pequeño humano pataleando para que le compren una chocolatina? Si los padres consienten el capricho de su hijo, este repetirá la actuación cada vez que quiera conseguir algo.

Curiosidad

Los perros son curiosos por naturaleza: ellos huelen y escuchan detalles ínfimos que a nosotros se nos escapan y quieren comprobar lo que pasa al otro lado de esa verja o si esa visita que acaba de llegar es amigable. Cuando llegan a un sitio nuevo, lo primero que hacen es explorar cada rincón con su nariz para reconocerlo (ya sabemos que su cerebro es olfativo). Gracias a sus portentosos sentidos, detectan cualquier cambio o novedad y acuden raudos a investigar.

A veces, ser tan fisgones puede ponerles en peligro. Por ejemplo, pueden encontrar alimentos en mal esatdo o, aún peor, dar con orugas de procesionaria (*Thaumetopoea pityocampa*) ya que se sabe que sus pelos urticantes pueden causar graves lesiones en los ojos, la piel o la lengua del perro si este se acerca lo suficiente o si intenta comerlo.

También hay que tener cuidado con los sapos, ya que estos anfibios, cuando se sienten amenazados, segregan como defensa una sustancia tóxica (bufotoxina). En caso de que el perro chupe o muerda al sapo, el contacto de esta sustancia con las mucosas puede ser irritante y causar otros problemas.

Quiero destacar que de ninguna manera hay que hacer daño a orugas ni sapos, ellos simplemente se defienden como pueden. Si les dejamos tranquilos y evitamos que nuestro perro vaya hacia ellos, todo solucionado.

LA CURIOSIDAD DE YELMO

Me gusta poner a prueba la curiosidad de Yelmo. Durante los paseos, en ocasiones finjo estar interesadísima en cualquier cosa, una roca, por ejemplo, y me acerco a observarla más de cerca. En cuanto se da cuenta, mi fiel compañero perruno acude raudo a cotillear con su olfato, por si hay algo interesante.

Sin embargo, los insectos no suelen llamar su atención, por lo que en el momento en que me agacho y saco la cámara para fotografiar una mariposa o una hormiga, él se sienta y bosteza, lo que interpreto como una mezcla de «¿otra vez? ¡me aburro!». Pero siempre espera pacientemente y nunca me ha espantado ningún animalito.

Celos

Los celos son comunes en los animales gregarios, como el ser humano o el perro, y poseen una **función adaptativa** importante. Derivan de un instinto de protección, como ya comentamos en un capítulo anterior, cuyo fin es preservar la relación que tienen con su familia frente a posibles rivales.

Nuestros canes experimentan celos hacia otros individuos, pero no hacia objetos inanimados. Pueden tener pelusa de un cachorro u otro perro, y también de un bebé o un niño si no han sido presentados correctamente, e incluso de nuestra propia pareja.

Normalmente el perro se pone celoso cuando ve resentida su estabilidad cuando le prestamos menos atención de lo habitual.

Culpabilidad

Llegamos a casa y nuestro perro no sale a saludarnos. Cuando entramos, está en el salón, mirándonos con lo que para nosotros es una indudable cara de culpabilidad. A su alrededor encontramos hecho añicos aquel libro que nos prestaron a condición de que lo cuidáramos, el cubo de basura volcado y todo salpicado con el relleno de un cojín destrozado. Estamos convencidos de que sus ojos le delatan: sabe que ha hecho mal y se siente culpable.

Sin embargo, esta explicación que encontramos seguramente no sea más que una antropomorfización, sesgada por nuestra tendencia a explicar realidades animales desde la óptica humana. ¿Saben los perros diferenciar entre lo correcto y lo incorrecto, entre lo que pueden o no deben hacer en ningún caso?

Un niño de dos años no tiene esa capacidad y nuestro can tampoco. Al fin y al cabo, lo que es correcto e incorrecto son conceptos abstractos definidos por la cultura en la que nos hayamos criado. Por lo tanto, la «mirada de culpabilidad» en los perros procede más de su **asociación** con la regañina del amo que con el acto en sí mismo. Posiblemente el perro no sepa que se ha portado mal, sino que la simple aparición de su dueño la identifica con el castigo mucho más estrechamente que el hecho de haber volcado el cubo de la basura unas horas antes. Por eso, muchas veces los propietarios se frustran al ver que las reprimendas a sus traviesos o aburridos canes no obtienen ningún resultado positivo. En esos momentos, el perro puede que intente evitar a su dueño o adoptar una posición sumisa y mirarle con esos irresistibles ojitos tiernos. Pero tiene más que ver con miedo y sumisión que con culpabilidad.

Optimistas o pesimistas

Aunque nos resulte extraño, los animales también pueden ser optimistas o pesimistas. Estudios científicos han demostrado que ratas, vacas, abejas y, por supuesto, los perros, pueden mostrar estos estados de ánimo y ver, en este último caso, el cuenco medio lleno o medio vacío.

En una de esas investigaciones se enseñó a varios canes a asociar dos sonidos diferentes separados por dos octavas. En función de uno u otro, recibían una recompensa de rica leche o de la menos apetecible agua. Una vez que los perros aprendieron a identificar cada nota con el correspondiente líquido, se les expuso a tonos ambiguos, diferentes de los anteriores. Algunos animales reaccionaron con ilusión ante la novedad, lo que indica que eran optimistas, ya que esperaban que pasara algo bueno, es decir, encontrar la leche, mientras que los supuestamente pesimistas de aquel grupo, ni siquiera se inmutaron.

Los expertos sacaron la conclusión de que un can con una personalidad optimista espera que pasen más cosas buenas y menos malas, por lo que se arriesgará más y será más confiado, lo cual a veces puede resultar desaconsejable.

Si el perro es un pesimista, ocurre al revés, cree que van a suceder más cosas malas. Esto podría hacerlo cauteloso y reacio a asumir riesgos, lo cual puede ser positivo en algunos casos, por ejemplo, para ejercer de perro guía, ya que les hace más prudentes. Aunque también tendrá una mayor tendencia a estresarse.

Depresión

Las investigaciones científicas más recientes, a través de escáneres cerebrales, señalan que los perros pueden experimentar **emociones negativas** igual que lo hacen los humanos. Esto incluye el equivalente de ciertas enfermedades psicológicas crónicas y agudas como, por ejemplo puede ser la depresión.

Los cambios en el entorno, como una mudanza o una modificación en sus horarios, pueden desencadenar un **trastorno afectivo.** Esto se hizo muy patente cuando terminó el confinamiento, debido a que nuestros amigos perrunos pasaron de estar acompañados todo el día a verse solos durante interminables horas, lo que produjo serios problemas de ansiedad y desánimo.

Pero sin duda alguna, la pérdida de un compañero es la primera causa de depresión. Los perros crean fuertes lazos emocionales tanto con sus congéneres (y en algunos casos con otros animales) como, sobre todo, con los humanos. La muerte del dueño les provoca tal grado de abatimiento que muchos de ellos terminan muriendo poco después. No importa que el resto de la familia se vuelque con el animal, nada parece sacarlo de su extrema tristeza. No demuestran interés por nada, están apáticos y se niegan a comer y relacionarse con otros perros, abandonándose hasta morir.

La falta de respuesta ante estímulos tan potentes como la comida o el cariño solo puede deberse a una depresión del sistema nervioso central. La fuerza de la emoción tiene que ser demoledora para que el can renuncie a su instinto básico de supervivencia.

Desde hace unos años, los síntomas de depresión clínica, neurosis, fobias o estrés postraumático han sido aceptados dentro de las emociones caninas.

Este tipo de problemas parece ser que están ligados a la larga y estrecha relación entre perros y humanos.

Contagio emocional

La conexión emocional entre humanos y perros es la base de la relación, y entre las dos especies existe lo que se conoce como contagio emocional: una forma de empatía básica en la que un individuo comparte emociones con otro. Si estamos alegres, ellos también lo estarán, y si nos sentimos ansiosos, igualmente se lo transmitiremos.

Sin embargo, para tener la capacidad de contagiarse de nuestras emociones, de alguna manera los canes tienen que reconocerlas y sentirlas. El eminente psicólogo, psicobiólogo y neurocientífico de origen estonio Jaak Panksepp afirmó que: «las semejanzas entre las emociones básicas de los animales y las humanas son verdaderamente extraordinarias».

Sin duda, no somos los únicos seres que sienten emociones.

«Perronalidad»

¿Cómo definirías a tu perro? ¿Es tímido, independiente, activo, perezoso o gruñón? Si has convivido con varios canes te habrás dado cuenta de que cada uno tiene su propia personalidad o, mejor dicho, «perronalidad». Está compuesta por el **temperamento** (conjunto de rasgos genéticos, heredados y que no se pueden modificar) y el **carácter** (conjunto de rasgos que son fruto de la relación del individuo con el entorno, que son aprendidos y susceptibles de ser modificados).

Habitualmente presuponemos que un perro se mostrará de una determinada manera según su raza: un pitbull destacará por su agresividad, mientras que un labrador será bonachón y un perro lobo checoslovaco independiente y solitario. Pues no es del todo cierto.

Por este motivo, muchas personas se equivocan a la hora de elegir un can, y luego vienen las decepciones al comprobar que su border collie no es tan listo como el de la película, ni su pastor alemán obedece como el del vecino.

Si bien **la raza** nos asegura una apariencia física concreta y nos permite dar un primer paso para conocer algo sobre él, no es suficiente para predecir el carácter de un perro. Es cierto que existen algunos rasgos de «perronalidad», como la docilidad, que podrían pasar a la descendencia con más facilidad que otros y que marcan determinadas tendencias, pero solo eso. Según un estudio publicado en la revista *Science*, la raza únicamente explica el 9 % de la variación de comportamiento en los canes.

El carácter se irá forjando, sobre todo, según **las experiencias** que tenga el animal, exactamente igual que en los humanos. Un cachorro es la base a partir de la cual se irá desarrollando un sujeto único. Nace con una serie de rasgos marcados por la genética, pero a medida que pasa el tiempo muchas de estas características se irán potenciando o inhibiendo según sus vivencias, dentro de las cuales nosotros, sus dueños, tenemos una enorme influencia.

Si a un cachorro miedoso se le expone al mayor número posible de situaciones (viajar en metro, asistir a un cumpleaños infantil, compartir con otros perros, etc.) se rebajará su timidez, mientras que, si a uno sociable se le mantiene alejado de todo contacto humano, se volverá insociable y temeroso.

Un ejemplo frecuente es cuando se adopta un perro de un refugio. Probablemente será difícil cambiar algunos rasgos del animal, pero al transformar su entorno por otro en el que se sienta querido y protegido, con el tiempo se irá volviendo más tranquilo y sociable. Canes dominantes se pueden convertir en dóciles y otros con grandes cualidades como perro de compañía, en expertos escapistas.

El ser humano, en un intento de clasificarlo todo, ha establecido cuatro **tipos de «perronalidades»** muy comunes, que definen parte de los rasgos de conducta del animal: sociables, tímidos, agresivos y tímidos-agresivos.

- Los **sociables** suelen ser simpáticos y amistosos, tanto con otros perros como con las personas; el único problema es que tienden a irse con cualquiera que les preste atención o brinde cariño.

- La **timidez** que caracteriza este tipo puede ser hereditaria y reafirmarse a causa del aprendizaje, experiencias traumáticas o falta de contacto social.

- El carácter **agresivo** de algunos canes también tiene un componente genético, aunque su expresión final depende, una vez más, de las vivencias y la educación recibida, es decir, de que se potencie este rasgo o se disminuya.

- Por último, los **tímidos-agresivos** son animales en los que se mezclan estas dos sensaciones: la parte tímida hace que cualquier cosa les atemorice, mientras que la parte agresiva los induce a atacar como forma de luchar contra ese miedo.

Esto es solo orientativo ya que, como decía Carl Jung: «cada individuo es una excepción a la regla». Todos los perros tienen, por una parte, rasgos propios heredados, y por otra, su personalidad también está marcada por la influencia de sus dueños.

La personalidad perruna también va cambiando con **la edad,** igual que nos ocurre a nosotros. El envejecimiento en los perros suele aparecer de manera progresiva. Además de la pérdida de masa ósea y muscular, sus sentidos empiezan a fallar y el can no percibe tan claramente lo que sucede a su alrededor. Puede que se asuste si vamos a acariciarlo y no nos ha oído llegar o que su falta de visión haga que se choque contra diversos obstáculos en la calle. Todo ello le hace sentir vulnerable y puede volverse más gruñón, presentar una conducta agresiva a modo de defensa o solicitar más cariño del habitual.

CAMBIOS EN LA PERSONALIDAD DE YELMO 🐾

En los últimos meses, Yelmo ha perdido prácticamente toda su capacidad auditiva y casi no ve. En casa se pasa la mayor parte del día durmiendo y apenas se entera de lo que ocurre. Cuando salimos a la calle y nos cruzamos con otro perro, antes de olerle lo primero que hace es gruñir debido a su inseguridad, especialmente si está atado. Eso le ha costado algunos mordiscos de congéneres susceptibles.

¿Se parecen a nosotros?

Perro y dueño somos una díada, una pareja de seres estrechamente vinculados. Nosotros sabemos que están todo el día observándonos y que son muy empáticos. Por tanto, no es de extrañar que al final nos acabemos pareciendo, sobre todo en la personalidad, aunque, ¿quizá también en el físico? Este mimetismo es como el que se produce en las parejas que, al cabo de los años, acaban por asemejarse en el carácter y forma de actuar.

Según distintos estudios, existen más **similitudes entre perros y dueños** de lo que pensamos. Además, nuestra personalidad influye tanto en la suya como en la manera en que los vemos. Los propietarios más extrovertidos tienden a percibir a sus animales como nerviosos y activos, mientras que aquellos amos con emociones negativas consideran a sus compañeros perrunos como miedosos y poco obedientes.

Lo que parece ser cierto es que, en función de cómo seamos y cuál sea nuestra relación con ellos, iremos configurando sus «perronalidades», ya que los canes a menudo asumen elementos de nuestro carácter. Los perros de dueños ansiosos y neuróticos tienden a desarrollar cualidades negativas, incluso agresividad, mientras que los que conviven con alguien relajado suelen ser tranquilos.

Hay que tener en cuenta que los canes, aparte de ser muy habilidosos para comprender nuestros estados de ánimo y gestos, son capaces de oler distintas hormonas, como el cortisol que segregamos cuando estamos nerviosos o las endorfinas, cuando nos sentimos felices. Además, como animales sociales que son, poseen en su cerebro unas neuronas, conocidas como **neuronas espejo,** responsables de la sincronía y contagio emocional dentro del grupo.

Estos factores, unidos a la casi constante atención que nos prestan debido a que dependen de nosotros, hace que sean más propensos a adoptar nuestros rasgos de personalidad, y no tanto nosotros los suyos.

Cuántas veces habré oído que me parezco físicamente a mi perro. La próxima vez que saques al tuyo, observa a los canes con los que se cruzan y a sus propietarios. Seguro que les encuentras algún parecido: un hombre de melena rizada acompañado por un perro de aguas, un fortachón con un american stafford y esa chica delgada de pelo largo junto a su galgo afgano. En ocasiones, el parecido es más sutil y se limita a la forma de los ojos.

Esto puede ser solamente fruto del empecinamiento que tiene nuestro cerebro en dar sentido a cualquier imagen. Sin embargo, los investigadores han descubierto que, al escoger un animal de compañía, de manera inconsciente buscamos en él rasgos que nos resulten familiares, que tengan algún tipo de parecido con nosotros. Aunque, a veces, no los elegimos. Simplemente se cruzan en nuestro camino y pasan a formar parte de nuestras vidas.

Pensamientos y sueños perrunos

Si decir que los animales no humanos son inteligentes y tienen emociones ya levanta ampollas en algunos sectores, plantearse si poseen capacidad para pensar puede ser tomado como una ofensa. De hecho, es muy frecuente hablar de animales racionales refiriéndose a las personas, mientras que el resto se consideran **animales irracionales.**

René Descartes, gran filósofo del siglo XVII, argumentaba entonces que los animales «inferiores» no son poseedores de una mente y, por lo tanto, todas sus acciones eran explicables por un automatismo físico.

Sin embargo, un siglo después, otro filósofo, David Hume, en su obra *Tratado de la naturaleza humana*, se atrevía a afirmar: «Muy próximo al ridículo de negar una verdad evidente se halla el tomarse los más grandes trabajos para defenderla, y ninguna verdad me parece más evidente que la de que los animales se hallan dotados de pensamiento y razón lo mismo que los hombres. Los argumentos son en este caso tan manifiestos, que no escapan nunca a la atención del más estúpido e ignorante».

Hoy en día hay quienes alegan que los animales solo actúan por mero instinto o asociación, ya que las facultades de **pensar y planificar** son el sello distintivo de la mente humana, por lo que nos diferencia del resto de seres. Pero desde hace algún tiempo esta hipótesis de superioridad intelectual se ha visto sometida a un escrutinio cada vez más escéptico. En la actualidad, la mayoría de investigadores al menos contempla la posibilidad, antaño herética, de que algunos animales sean capaces de hacer algo parecido a pensar.

Antes de nada, hay que puntualizar qué significa realmente pensar. Se define como: «formar o combinar ideas o juicios en la mente», «tener la intención de hacer algo», «recordar o traer a la mente algo o alguien», «formar ideas y representaciones de la realidad en la mente, relacionando unas con otras», «considerar un asunto con atención y detenimiento, especialmente para estudiarlo, comprenderlo bien, formarse una opinión sobre ello o tomar una decisión».

Hay algunos animales que nos sorprenden con sus capacidades mentales. Los cuervos de Nueva Caledonia resuelven rompecabezas complejos que requieren de cierto razonamiento y resultan imposibles para un niño de cuatro años. Los chimpancés arrancan ramitas para usarlas como palos con los que sacar insectos de los troncos de árboles, además de fabricar lanzas para cazar, y los pulpos pueden abrir botes de píldoras a prueba de niños o esconderse debajo de una cáscara de coco.

Estos comportamientos abren la puerta a la posibilidad de que tengan representaciones abstractas y conceptuales de la realidad, basadas en las actividades que son fundamentales para su supervivencia. El problema es que el humano todo lo compara consigo mismo. Y como el resto de seres parece que no tiene un pensamiento complejo, como es el nuestro, simplemente les hemos negado tajantemente la capacidad para pensar.

Creo que todos los que convivimos con perros tenemos la sensación de que, al menos a veces, algo pasa por su cabecita. Es indudable que nuestros compañeros perrunos tienen una mente que les capacita para realizar procesos cognitivos básicos, como prestar atención o memorizar. Pero puede que también lleven a cabo actos más complejos, ya que está demostrado que poseen inteligencia, capacidad de aprendizaje y comprensión, además de que se forman una representación del mundo que los rodea, en función de la cual toman decisiones.

LOS PENSAMIENTOS DE YELMO

A menudo, Yelmo se queda parado de pie entre la terraza y su camita. A mediodía, si el día está despejado, el sol entra por la cristalera y a él le encanta tumbarse y recibir los rayos del astro rey. Observo cómo, durante un rato, mira alternativamente a su sitio y a la terraza, parece que valorando si hace suficiente calor para salir o, por el contrario, es mejor quedarse entre las mantas. Normalmente, si luce el sol, gana la terraza.

Para poder elegir entre varias opciones, un perro debe tener una información adquirida sobre situaciones similares que le sirvan como referencia a la hora de decidirse por una u otra ante una situación concreta. El hecho es que son capaces de discernir entre distintas posibilidades y eso requiere un proceso cognitivo, que posiblemente entraña un análisis de la situación.

La ciencia cada vez está profundizando más en la mente canina. Según un estudio reciente, los perros fabrican **imágenes mentales** de los objetos que les son familiares, como sus juguetes, y pueden reconocerlos aun a oscuras. Los autores afirman que, al «pensar» en un objeto, los canes imaginan sus diferentes características sensoriales, como la forma que tiene o cómo huele.

No podemos preguntar a un perro qué piensa, porque no puede contestarnos. Pero el ámbito de la cognición canina y la tecnología avanzan de la mano y aún queda mucho por descubrir. Quizá en un futuro no demasiado lejano podamos resolver muchas de las dudas que tenemos todavía.

El universo emocional canino

¿Qué sucede durante el sueño?

Lo que les ocurre a los animales mientras duermen ha despertado la curiosidad humana durante miles de años. Ahora se sabe que las ratas sueñan, y si ellas, con un cerebro más pequeño que el de los perros, lo hacen, es razonable asumir que los canes también.

CUANDO YELMO DUERME

Observar a mi perro mientras duerme me produce una mezcla de paz, ternura y dulzura. Enroscadito, descansando completamente confiado. Pero, de pronto, se acelera su respiración, empieza a mover los pies, como si corriera, así como la naricilla a modo de olfateo. Incluso a veces lanza algunos ladridos apagados o gemidos. Está soñando.

Al dormir, los perros pasan por los mismos procesos neurofisiológicos que nosotros e idénticas fases. Empiezan con el **sueño ligero,** en el que la respiración se ralentiza y desciende la temperatura. Es el periodo de transición entre estar despierto y el sueño profundo. Este último es conocido por los científicos como **fase de onda lenta o SWS** (*Slow Wave Sleep*), durante el que el cuerpo se relaja por completo, los músculos se reparan y se fortalece el sistema inmunológico. Dicho sueño lento del perro se interrumpe cada cierto tiempo por las llamadas **etapas REM** (*Rapid Eye Movement*), o movimiento rápido de ojós, momento en que el cerebro tiene mucha actividad.

En el caso de los humanos, se cree que la fase REM desempeña un papel en la consolidación de la memoria, y existen algunas pruebas de que funciona de la misma manera en los perros.

Hay que tener en cuenta que nuestros amigos caninos suelen dormir mucho más que nosotros: entre 12 y 14 horas al día, es decir, alrededor de un 75 % de la jornada, y si son cachorros, llegan a las 18 horas. En ese tiempo se alternan las fases REM y no REM.

Las sacudidas musculares involuntarias, breves y rápidas que les ocurren en esta etapa del sueño, se llaman **mioclonías** y son comunes tanto en perros como en humanos. Además de movimientos repentinos, si levantamos en ese momento los párpados de los canes, o se les ha quedado un ojo medio abierto, veremos cómo los globos oculares se mueven de un lado a otro.

Durante la fase REM la mente canina se muestra muy activa, pero existe una estructura en su cerebro (el puente de Valorio, situado en el tronco encefálico) que se encarga de ejercer cierto control para evitar que esa actividad llegue a los músculos y provoque el movimiento de todo el cuerpo. Este mecanismo, sin embargo, no es perfecto, y ese es el motivo de que se «escapen» los pequeños espasmos, más frecuentes en perros de avanzada edad y cachorros ya que, en los primeros, dicho control comete más errores de ejecución, debido a la edad, y en los más jóvenes aún no está completamente desarrollado.

De todas formas, aunque el sueño perruno se parece mucho al de las personas, hay algo que lo distingue: el animal se despierta con frecuencia durante su descanso y alterna el sueño con la vigilia, igual que su ancestro el lobo.

Nuestros perros duermen entre cinco y 20 minutos seguidos, para luego desvelarse unos minutos y volver a coger de nuevo el sueño. Este comportamiento es una reminiscencia de su antepasado, el lobo. En el medio natural, dormir demasiado profundo podría resultar peligroso para un animal, por lo que aun durante el descanso debe mantenerse alerta por si surge alguna amenaza.

Por lo tanto, sabemos que sueñan, pero desconocemos el contenido. Aunque no se puede afirmar científicamente que los perros tengan experiencias como las nuestras mientras duermen, con las pistas que nos dan sus movimientos es difícil imaginar que no lo hagan. Posiblemente estén rememorando experiencias cotidianas, recuerdos y lo que ha sucedido durante el día, como una carrera por el parque o la emoción del reencuentro con el dueño. Puede ser como un repaso de lo que ha acontecido en forma de historia simbólica mezclada con deseos, miedos y estímulos. Igual que nosotros.

También sufren **pesadillas,** como las personas. Al parecer, la causa de las mismas se encuentra en cualquier experiencia negativa que hayan vivido, como una pelea con otro perro, no encontrar su juguete favorito, haberse asustado o perdido, etc. No hay que alarmarse. Por un lado, los sueños más placenteros pueden parecer a nuestros ojos una horrible pesadilla. Pero si estamos convencidos de que está pasando un mal rato, es importante no despertarle de manera brusca, aunque sea nuestro primer impulso para intentar ayudarle, porque se asustará y puede reaccionar inesperadamente, propinándonos un mordisco. Lo más apropiado es dejarle, ya que estos sueños perturbadores no suelen durar mucho. Pero en caso de que no podamos remediarlo, tenemos la posibilidad de despertarle dulcemente, hablándole en un tono suave y siempre sin tocarle.

En definitiva, da la sensación de que el universo onírico de los perros es muy parecido al de los humanos. Sin embargo, queda una duda en el aire. Sabemos que el cerebro canino es olfativo y que ellos «ven» los olores, por lo que también deben recordar a través de ellos. Entonces, ¿estarán sus sueños formados por aromas en vez de por imágenes, como los nuestros?

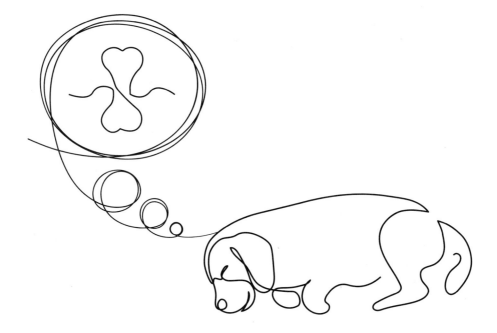

TIEMPO Y PAZ

El reloj canino

El tiempo es un concepto difuso y muy difícil de definir. Es algo que a la sociedad actual se nos escapa entre los dedos, y que va indisolublemente unido al cambio. Para explicarlo y tratar de entenderlo, hablamos del paso de los segundos, minutos, horas, días, etc. Esto es solo un invento humano que nos permite delimitar hechos de distinta duración con los que nos organizamos la existencia.

Nuestros antepasados no sabían la hora del día. No tenían relojes, ni agendas, ni calendarios. Solo conocían y se guiaban por los ciclos del sol, la luna y las estaciones del año. La capacidad de medir distintos periodos era limitada en la antigüedad, y se hacía mediante relojes de arena y solares. Hasta los siglos XIV y XV no se pudo medir el tiempo con precisión. Desde entonces, el reloj ha pasado a dominar nuestra vida.

No ocurre así en el mundo animal. Los perros no saben, ni les importa, cuántos años tienen o si hace un mes y medio que no van al veterinario. Pero sí les afectan, igual que a nosotros y a la gran mayoría de seres vivos, los **ritmos circadianos,** unos procesos naturales que responden a la luz y a la oscuridad en un ciclo de 24 horas y producen cambios biológicos, neurológicos y del comportamiento.

Dichos ritmos dirigen las acciones diarias en función de unos horarios internos, en este caso, perrunos. Ya hemos comentado que los canes son animales de rutina, a los que los hábitos cotidianos proporcionan estabilidad y seguridad, por lo que tienen las mismas costumbres a diario, sobre todo en cuanto a alimentación, sueño y, seguramente, paseos.

Esto no significa necesariamente que tengan noción del tiempo. Sabemos la alegría con que nos reciben los perros al llegar del trabajo, pero esta celebración es exactamente igual cuando, en vez de horas, nos hemos ausentado cinco minutos escasos. Sin embargo, en otros casos, nos asombran cuando se despiertan todos los días por la mañana un minuto antes de que suene la alarma o saben exactamente el momento en que va a llegar alguien de la familia a casa. Sin consultar el reloj.

Los humanos tenemos que adaptarnos a distintos horarios: el del trabajo, reuniones, actos sociales, etc., mientras que a nuestros animales les organizamos su jornada adecuándola a la nuestra. Decidimos cuándo tienen que comer, dormir o salir a la calle. Como ellos son grandes observadores, conocen a la perfección los pequeños rituales que, a veces inconscientemente, llevamos a cabo a lo largo del día, desde el instante en que nos levantamos hasta que volvemos a la cama por la noche.

EL RELOJ DE YELMO

Yelmo sabe exactamente cuándo es su hora de comer. Y si se me ha pasado porque estoy absorta delante del ordenador escribiendo estas líneas, se levanta y me mira intensa y fijamente. Es posible que en ese preciso momento no pueda ponerle la comida porque me haya venido una oleada de inspiración; entonces le digo «hay que esperar», y él, resignado, vuelve a su sitio. Pero ya no se duerme profundamente y en cuanto me oye trastear en la cocina, acude raudo.

Igual ocurre con los paseos. Diez minutos antes levanta la cabeza y comienza a desperezarse, atento a cualquier movimiento mío, y ya no vuelve a relajarse del todo, sino que espera paciente y sin perderme de vista a que empiece a prepararme. Cuando cojo la correa, salta de su cama moviendo el rabo.

Según un estudio de la Facultad de Veterinaria de la Universidad de Carolina del Norte, los perros tienen dos picos de actividad durante el día: de 8 a 10 de la mañana y de 5 a 11 de la noche, dependiendo de si es invierno o verano (por la luz solar). Entre ambos periodos, se echan largas y plácidas siestas que muchas veces nos producen una gran envidia.

Por un lado, los hábitos que muchas veces tenemos tan marcados les dan pistas sobre nuestros horarios y, por tanto, también los suyos. Pero esto no explica al cien por cien cómo saben exactamente cuándo regresamos a casa, aunque siempre lo hagamos aproximadamente a la misma hora. Y ello tiene mucho que ver con su portentoso olfato.

Nosotros no lo percibimos ni nos fijamos, pero para los canes cada estación del año, e incluso cada momento del día, huele diferente. No es lo mismo el aroma del aire en primavera, cargado de un cálido dulzor floral, que el del otoño, repleto de humedad, o el del invierno, cuando los vientos norteños arrastran los olores a toda velocidad. Tampoco huele igual la mañana, que aún guarda algo del frescor de la noche, que la tarde ya caldeada por el sol.

Lo mismo ocurre en las habitaciones, cuyo aire va variando según el punto de la jornada en que nos encontremos. Para los humanos es imperceptible, aunque mediante aparatos muy sensibles los científicos han conseguido detectarlo. Pero a la prodigiosa trufa de los perros no se le escapa casi nada.

Gracias a esos ciclos de olores pueden **anticipar** las actividades diarias que se producen en horas establecidas. Según afirma Alexandra Horowitz, profesora de la Universidad de Columbia además de especialista en comportamiento animal y cognición canina, «si fuéramos capaces de visualizar el movimiento del aire en casa, podríamos también visualizar el paso del tiempo por cómo varía el olor a lo largo de las horas».

Cada persona tiene un olor único y característico. Los canes son capaces de captar esas partículas olorosas y, además, calcular su concentración. En función de la misma sabrán cuánto tiempo ha pasado desde que alguien se marchó y, según los hábitos de la familia, cuándo es probable que regrese.

Por ejemplo, si nosotros vamos y venimos de trabajar todos los días más o menos a la misma hora, llega un momento en el que el perro sabe cuál es el nivel de **concentración de partículas** de nuestro olor que hay en el ambiente cuando volvemos a casa. Si ese nivel es muy bajo, entiende que ha pasado más tiempo de lo normal. Ahora bien, si el olor no se dispersa, probablemente nuestra llegada lo pille por sorpresa y necesite unos segundos para sacudirse, estirarse y correr hasta la puerta.

EL EXPERIMENTO CON JAZZ

Para demostrarlo, se realizó un experimento no científico con un matrimonio y su can, llamado Jazz. Cada mañana ellos se van de casa a la misma hora, dejando al perro solo. Por la tarde, la mujer regresa a las cuatro en punto y, poco después, unos 20 minutos antes de que llegue su dueño, Jazz se sube al sofá y mira por la ventana, esperándole ansiosamente.

Es posible que ver aparecer a su propietaria despierte el reloj interno del animal que, por otra parte, tiene todas sus necesidades cubiertas, puesto que ya ha salido a la calle y comido. Lo que podría ocurrir es que mientras el dueño está ausente, su esencia baja hasta ciertos niveles, siempre los mismos, que son los que le indican a Jazz que está a punto de aparecer.

Pero un día, justo antes de volver a casa, la mujer pasa a recoger un par de camisetas sudadas de su marido y, ya en el hogar, las reparte por el salón, aireándolas para que las partículas olorosas se queden en el ambiente.

Cuando llega el momento en que el perro normalmente se levanta para aguardar la llegada de su dueño, por primera vez Jazz se queda tranquilo en su cama sin apenas levantar la cabeza ni mostrar ninguna inquietud. A la hora de siempre, aparece por la puerta el hombre, pillando desprevenido al can, que no se lo esperaba. Quizá en este comportamiento intervengan más factores que desconocemos, pero parece ser que la concentración de partículas odoríferas tiene gran importancia.

Se podría decir que, para los perros, **los olores marcan las horas,** ya que se mueven, y desaparecen. Aquellos que se han suavizado, atañen al pasado. Los más intensos corresponden al presente y la brisa trae los del futuro.

Por lo tanto, pese a que algunos lo duden, los canes saben distinguir entre el hoy, el ayer y el mañana y pueden prever su futuro inmediato. Son capaces de anticipar que los vamos a llevar al veterinario en función de la ruta que tomemos, aunque vayamos en coche, y en la mayoría de los casos este anticipo les produce ansiedad y temblores.

Y aunque se trate de un comportamiento instintivo, el hecho de enterrar los huesos que encuentran también implica una noción de porvenir ya que, al parecer, los almacenan por si vienen malos tiempos y escasea el alimento.

En cuanto al pasado, entre otras muchas cosas, los perros saben bien con qué congénere tuvieron un rifirrafe durante el último paseo y, cuando menos, se vuelven cautelosos con él cuando se lo vuelven a encontrar.

Sin embargo, eso no es todo, ya que un estudio publicado en una prestigiosa revista científica demuestra, por vez primera, que los animales pueden calcular el tiempo. En este caso se hizo con ratones, pero es aplicable también a nuestros compañeros perrunos.

Los investigadores descubrieron un conjunto de neuronas que se activan cuando un animal está esperando, por lo que aseguran que es uno de los experimentos más convincentes a la hora de demostrar que los animales tienen en sus cerebros una representación explícita del tiempo.

El análisis se centró en el lóbulo temporal del cerebro, que está asociado a la memoria y a la navegación, siendo asimismo el responsable de la codificación del tiempo. Para probar su hipótesis, los expertos pusieron a un ratón a correr por una cinta real en un entorno virtual. El ratón aprendió a correr por un pasillo hasta llegar a una puerta que se encontraba ubicada aproximadamente hacia la mitad del camino. Después de seis segundos, la puerta se abría y el ratón podía seguir corriendo por el pasadizo hasta llegar a su recompensa.

Tras varias sesiones de entrenamiento, los investigadores hicieron la puerta invisible en la escena de realidad virtual. En el nuevo escenario, el roedor sabía exactamente dónde se encontraba la puerta, aunque no la veía, basándose en las diferentes texturas del suelo y esperó seis segundos antes de atravesarla para recoger su recompensa.

Lo importante es que el ratón no sabía cuándo estaba abierta o cerrada la puerta porque era invisible, tampoco olía ni la podía tocar, al ser virtual. Por lo tanto, la única forma de resolver esta tarea de manera eficiente era utilizando el **sentido interno del tiempo** de su cerebro.

El estudio no se basa solo en la observación. La actividad cerebral del animal estaba monitorizada mediante una técnica conocida como microscopía de excitación de dos fotones, que permite obtener imágenes en alta resolución de un tejido vivo.

Así, mientras el ratón corría, los investigadores veían la actividad de las células que controlan la codificación espacial. Cuando se detuvo ante la supuesta puerta, esas células se apagaron y se encendió un nuevo conjunto de ellas. Los autores percibieron que estas últimas no solo están activas durante el descanso, sino que codifican el tiempo que el ratón ha permanecido en reposo. Lo mismo ocurre en el cerebro canino.

Por lo tanto, se puede afirmar que los perros son conscientes del paso del tiempo, aunque su concepto del mismo no sea igual que el que tenemos los humanos. Ellos no tienen reloj, ni lo entienden, pero a cambio, poseen otras herramientas como el olfato, los ritmos circadianos, las rutinas establecidas y su percepción interna.

Maestros zen

*«Los perros son nuestro vínculo con el paraíso.
No conocen el mal, la envidia o el descontento. Sentarse con un perro en
una ladera en una tarde gloriosa es estar de vuelta en el Edén, donde no
hacer nada no era aburrido: era la paz».*
MILAN KUNDERA

Se dice que todos venimos a esta vida a aprender y enseñar. Si estamos receptivos a lo y los que nos rodean, podremos absorber información valiosa. Todos los animales tienen algo que enseñarnos y resulta que convivimos con unos auténticos «maestros zen»: nuestros perros (y también los gatos).

Tenemos la suerte de poder compartir nuestra vida con ellos. Pero claro, no nos queda tiempo para observarlos y conocerlos, y el maestro no puede hacer nada si el discípulo no está receptivo.

Vivimos en una sociedad cada vez más estresada y sobreestimulada. Vamos contrarreloj y queremos abarcar tantas cosas que todo lo hacemos deprisa. No disponemos de la calma suficiente para pararnos a charlar con desconocidos, perdernos por las calles o, simplemente, observar. Al final, acabamos enfermando de ansiedad o depresión y tomando medicamentos para combatirlo.

Por eso, algunas disciplinas como el *mindfulness* o el yoga, que nos invitan a parar y a ser más conscientes, se han vuelto muy populares en los últimos tiempos en el mundo occidental. La primera de ellas está basada en técnicas milenarias de meditación. Se fundamenta en prestar atención a las sensaciones, emociones y pensamientos que suceden en el momento presente.

Pues resulta que **los canes practican *mindfulness*** todo el tiempo (estamos hablando de animales emocionalmente sanos). Están plenamente inmersos en la actividad que realizan en ese preciso instante. No pierden el sueño, preocupados por lo que pasó o lo que vendrá, simplemente duermen.

Podemos caer en la tentación de pensar que su vida es fácil, ya que tienen todas sus necesidades cubiertas por nosotros. Sin embargo, un perro podría preocuparse por si al día siguiente lloverá y no podrá salir a la calle, o por si el próximo verano su familia se irá de vacaciones y lo dejará en una residencia canina. Pero no es así. Ellos están totalmente presentes. Cuando juegan, juegan, cuando duermen, duermen, cuando comen, comen. Disfrutan cada cosa intensamente. También pasan horas tumbados sin hacer nada, porque ellos no necesitan ver una película ni consultar el móvil. Eso es algo terriblemente difícil para la mayoría de nosotros ya que, erróneamente, lo consideramos una pérdida de tiempo. Sin embargo, este afán por no parar quizá lo que realmente esconde es un miedo inconsciente a estar a solas con nuestros pensamientos.

Un paseo cualquiera de un perro con su compañero humano podría ser así: el can sale de casa feliz, dispuesto a la aventura. Está alerta y atento a todos los estímulos. Esa multitud de olores que trae la suave brisa, dentro de los que acierta a descubrir el del verdor de los cercanos jardines. Mientras atraviesa la calle, puede distinguir entre el ruido de los coches o el canto de un pájaro.

Ya suelto por el parque, tras registrar con su nariz cada tronco de árbol centrando toda su atención en las moléculas odoríferas, y comprobar que todo anda bien por el vecindario, reclama al humano que le tire la pelota y corre tras ella. En ese momento, no existe nada más en su mundo que una bola de tenis amarilla. Al rato, cansado de la frenética persecución, se revuelca feliz en el césped para luego tumbarse y disfrutar de los rayos del sol sobre su cuerpo.

El humano comienza a hacer el mismo recorrido mirando el móvil. Acaba de sonar un wasap y hay que consultarlo inmediatamente, no sea que se trate de algo importante. Aunque casi nunca lo es. Después de revisar todos los mensajes de todas las redes sociales y tropezarse tres veces, se ve obligado a guardar el teléfono para mantener su integridad física.

Entonces, se pone a pensar en la bronca que ha tenido horas antes con su jefe. Lo que no debía haber dicho y lo que sí debía y no se le ocurrió en ese momento. Luego, pasa a imaginarse cómo se comportará al día siguiente ante él y cuál será su relación a partir de entonces. Y siente cómo el corazón se le encoge. Mira el reloj, se da cuenta de que se le hace tarde para ir al gimnasio y se agobia.

Este humano sigue viendo, andando y tirando una pelota a su can, pero todo de manera mecánica. No se está enterando ni del bonito atardecer, ni ha sentido el sol en sus mejillas, ni vio la ardilla en el árbol. No atiende a sus sentidos porque está centrado en los pensamientos, que saltan continuamente del pasado al futuro sin detenerse a saborear el presente.

En realidad, ambos, perro y amo, comparten la misma experiencia, pero cada uno lo vive de manera diferente. Y parece que el can le saca el máximo partido.

Esta cualidad de prestar atención al ahora, hace que los animales se adapten mucho mejor a las circunstancias o situaciones adversas.

YELMO SE ADAPTA A LA NUEVA SITUACIÓN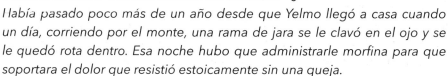

Había pasado poco más de un año desde que Yelmo llegó a casa cuando un día, corriendo por el monte, una rama de jara se le clavó en el ojo y se le quedó rota dentro. Esa noche hubo que administrarle morfina para que soportara el dolor que resistió estoicamente sin una queja.

A la mañana siguiente, antes de que le operaran, ahí estaba, en su colchoneta moviendo el rabo cuando me vio aparecer. Tras la intervención quirúrgica pasamos unos meses muy duros, muchos medicamentos, gotas, collar isabelino, paseos cortos con cuidado de que no se le metiera nada en el ojo. Todo ello nos unió. Él se dio cuenta de que era querido y cuidado y eso era lo que más le importaba.

Yo tenía el corazón encogido, mi perro ya no sería el mismo, se había quedado tuerto. Pero a Yelmo no se le pasaba eso por la cabeza. Simplemente era consciente de una nueva situación y, a partir de ella, intentaría ser lo más feliz posible.

Se adaptó rápidamente. Si bien es cierto que no calculaba bien las distancias y nunca volvió a saltar por las rocas como antes del accidente, seguía siendo un perro alegre pese a sus limitaciones.

Si a una persona le hubiera ocurrido lo mismo, probablemente su cabeza daría mil vueltas, preguntándose por qué le había ocurrido a ella, preocupándose por cómo sería su vida a partir de entonces u obsesionándose con pensamientos rumiatorios como si se hubiera podido evitar de alguna manera. Y quizá, o muy probablemente, acabaría deprimiéndose.

Los perros, no. Ellos intentan sacar el mayor provecho a la vida sean cuales sean las circunstancias. Tienen una capacidad de adaptación admirable. He visto canes a los que han tenido que amputar una pata cómo se adaptan rápidamente y corretean felices. No piensan en lo desgraciados que son, sino que celebran cada momento de la vida. Los animales tampoco se quedan «enganchados» en situaciones pasadas.

EL ENEMIGO DE YELMO

Yelmo tiene un enemigo histórico en el vecindario. Desde que se conocieron, hace muchos años, no se llevan bien. Quizá porque el otro perro siempre va atado, por lo que yo también sujeto al mío, y nunca han tenido la oportunidad de conocerse oliéndose tranquilamente el trasero.

Lo cierto es que cuando se cruzan, ladran fieramente y tiran de las correas, como si se fueran a despedazar el uno al otro (cosa que, por otro lado, estoy segura de que no sucedería). Pero en cuanto cada uno seguimos nuestro camino en direcciones opuestas, los dos perros siguen andando pacíficamente como si nada hubiese sucedido. Esa historia forma parte del pasado, e inmediatamente están inmersos en lo que ocurre en el momento.

Una mente humana, mantendría viva la pelea en sus pensamientos durante horas, días, meses o años, tejiendo historias como: «Ese pequeñajo es un chulito, no me puedo creer que pasee tan cerca de mi casa, está provocándome. Me ladró enseñándome los dientes, quién se cree que es. Claramente lo hace para molestarme. La próxima vez, se va a enterar de quién soy yo».

Los animales en general, y los perros en particular, también **son unos excelentes terapeutas** y, en gran medida, eso es gracias a que ellos no juzgan. Les da igual si eres hombre o mujer, guapo o feo, rico o pobre, o tienes alguna discapacidad. Por eso establecemos con ellos unas relaciones afectivas tan profundas. A su lado nos sentimos aceptados, amados y acompañados.

Ellos, por su parte, necesitan poco para ser felices. Cosas sencillas como una carrera por un prado de hierba, tumbarse al sol, encontrarse con ese otro amigo perruno o recibir unas caricias, es suficiente. Es el placer de las pequeñas cosas y su alegría es espontánea y contagiosa.

Al revés de lo que ocurre con muchas personas, los perros no quieren ser otra cosa distinta a lo que son, no quieren ser un ágil gato ni parecerse a ese bonito y peludo pastor australiano del vecino que, con todo ese pelo, debe estar muy calentito. En todo caso, lo que sí pueden hacer es que, cuando se cruzan con un «forastero» de cuatro patas, durante unos instantes caminan de puntillas y se les eriza el pelo para parecer más grandes e intimidatorios.

Nuestros compañeros expresan sus emociones de manera sencilla y natural, mostrando lo que sienten en cada momento, por lo que en ellos no caben los prejuicios, la hipocresía ni las comparaciones.

Cuando un perro se pone contento, lo vive plenamente, mientras que el humano está condicionado por pensamientos complejos, preocupaciones y creencias limitantes que el can no tiene (y si tiene, serían de menor grado).

Sin embargo, quizá la cualidad más conocida de nuestros perros es la lealtad y ese amor incondicional que nos ofrecen. De hecho, en Nepal, celebran un festival, «Kukur Tihar», que tiene como finalidad agradecer **la fidelidad canina.**

Todos hemos leído noticias de perros que, cuando sus dueños fallecen, van a su tumba y permanecen sobre ella, sin que nadie pueda impedirlo, hasta su propia muerte. O el legendario Hachiko, que durante 10 años esperó a su amo en la estación de tren sin saber que nunca volvería. Otros se pierden y recorren cientos de kilómetros para reunirse con su familia.

Existen diversas opiniones sobre el motivo de esta fidelidad. Algunos aseguran que la única razón es que los alimentamos y cuidamos. Sin embargo, si solo valoran eso, ¿por qué se quedan el resto de su vida en un cementerio, un hospital o una estación aguardando a su dueño?, ¿por qué hay perros que se niegan a comer o beber cuando sus propietarios están ausentes?

Hay científicos que apuntan a que la lealtad perruna está causada por la mutación de un gen o por la segregación de la ya varias veces mencionada oxitocina u «hormona del amor». Otra explicación es el instinto de manada que tienen, procedente de los lobos, según el cual necesitan formar parte de un grupo, en este caso, humano. Y llevamos miles de años juntos.

En definitiva, parece que los perros pueden mostrarnos cómo ser más felices y mejores personas. Su pureza, alegría de vivir, estado de presencia, aceptación, perdón, ausencia de juicio, amor y lealtad son algunas de las enseñanzas que, si somos observadores y estamos receptivos, podemos obtener de ellos.

SERES EXTREMADAMENTE SOCIABLES

Sabemos que los perros son unos seres hipersociables, dotados de una pasmosa capacidad de establecer lazos afectivos con otros animales ya sean humanos, de su propia especie o de otra diferente. Internet está lleno de vídeos en los que aparecen canes jugando o acurrucados junto a humanos, gatos, caballos, pájaros o cabras. Incluso los hay que se lanzan al agua para retozar con un delfín.

A los canes, generalmente, les encanta saludar a otras personas, aunque no las conozcan de nada, simplemente porque se cruzan en su camino y, a veces, la efusividad del cariño que muestran puede poner en un compromiso al dueño. Su actitud amistosa y su deseo de pertenecer a un grupo son factores que han influido en nuestra estrecha relación con ellos, así como en su éxito evolutivo.

YELMO Y CHIARA

Yelmo y yo solíamos pasear solos, aunque, para su alegría, últimamente se nos une Chiara, una bretona jovencita y llena de vitalidad a la que adora, pero no puede seguir su ritmo. Mientras nosotros andamos, ella va haciendo una especie de parkour, dando saltos y subiéndose por las rocas. En el momento en que ve que vamos a buscarla, él se pone como loco, moviendo el rabo y dando saltitos. Va más feliz en compañía, así que, si alguien más se apunta a la caminata, ya tenga dos o cuatro patas, él se pone aún más contento, y cuanto más amplio sea el grupo, casi mejor.

¿El secreto está en los genes?

Recientemente se ha descubierto que este comportamiento tan sociable tiene, al menos en buena medida, un origen genético. Según una investigación liderada por Bridgett von Holdt de la Universidad de California, los responsables son varios genes de extraño nombre para los profanos en la materia, entre los que me incluyo, concretamente WBSCR17, GTF2I y GTF2IRD1.

Los científicos llegaron a esta conclusión tras analizar el ADN de 225 lobos y 912 perros de 85 razas para poder comparar unos y otros, con el objetivo de dilucidar si se produjeron cambios en el mismo como consecuencia del proceso de domesticación. O, en otras palabras, si las **variaciones genéticas** fueron las responsables del origen de los perros a partir de su antepasado lobuno.

Y, efectivamente, las diferencias que se encontraron entre **perros y lobos** en el trío de genes anteriormente mencionado demuestran que los canes sufrieron un cambio en los mismos a lo largo de su evolución que los llevó a convertirse en una especie distinta al lobo.

A pesar de ello, Von Holdt recalcó que su equipo no ha descubierto un gen social, sino «un componente importante que da forma a la personalidad animal y ayudó al proceso de domesticación».

El estudio contradice de esta manera una de las teorías del origen de los perros, que sugería que los humanos buscaron a los lobos más amigables para domesticarlos. En cambio, apoya la idea de que fueron los animales los que se acercaron a los campamentos de nuestros antepasados en busca de alimento.

Parece ser que los humanos primitivos entraron en contacto con aquellos lobos que tenían una **personalidad más sociable y amistosa** con ellos, y solo criaban a los animales que tenían mejor carácter con lo que, paulatinamente, se fue exagerando ese rasgo de sociabilidad.

Sin embargo, el resultado de estos análisis deparó más sorpresas inesperadas, ya que hallaron una mutación parecida al gen responsable del síndrome Williams-Beuren de los humanos. Se trata de una rara enfermedad que, curiosamente, se caracteriza por la gran sociabilidad, personalidad extrovertida y amable de quienes la padecen, que muestran un interés extremo hacia otras personas y tratan a los desconocidos como si fueran amigos de toda la vida. ¿Te suena?

Y no solamente eso. Según el estudio, las diferentes razas poseen versiones distintas de esos tres genes, los cuales determinan si son más amistosas o distantes. Por si esto fuera poco, se sabe que entre las personas afectadas por el síndrome de Williams-Beuren existe una pequeña minoría que no muestra los altos niveles de sociabilidad característicos, y analizando su

ADN se vio que dicha minoría presenta una versión normal en los mencionados genes.

Así, se podría decir que los perros han nacido para estrechar lazos y regalar afecto por doquier algo que, en una sociedad humana cada vez más individualista, desgraciadamente se ha convertido en un don raro y escaso. Por lo tanto, es fácil comprender por qué estos seres de cuatro patas y nariz húmeda han pasado a formar parte de nuestras vidas como uno más de la familia y se han hecho un enorme hueco en nuestro corazón. Y es que todos necesitamos sentirnos queridos.

¿Cómo aprenden a relacionarse los perros?

Hemos visto que los perros tienen una disposición, se podría decir que anormal, para formar fuertes lazos emocionales con casi cualquier cosa que se cruce en su camino. Esto hace posible que sean capaces de convivir pacíficamente con prácticamente cualquier animal, aunque según la especie a la que pertenezca, interactuarán más o menos (no es lo mismo que tengan como compañía a una tortuga que a otro congénere o a un gato).

Los perros son muy **adaptables** en este sentido, ya conocemos de su desproporcionada sociabilidad y no hay que olvidar que ya antiguamente los perros vivían con los humanos, rodeados de caballos, ovejas, cabras o vacas, además de los gatos que rondaban las casas al acecho de algún roedor.

El etólogo Konrad Lorenz, Premio Nobel de Medicina en 1973, afirmaba: «Resulta sorprendentemente fácil enseñar incluso a un perro vivaz y dotado de un fuerte instinto cazador, que tiene que dejar tranquilos a los animales que conviven con él en el hogar. Ni siquiera siendo enemigos encarnizados de los gatos, por lo que no se consigue arrancar su costumbre de perseguir a los felinos por el jardín y, como es natural, mucho menos en espacios abiertos, sienten deseos de importunar a uno de estos en el interior del hogar».

Debido a sus estudios sobre comportamiento animal, en casa de Lorenz convivieron canes, gansos, hámsteres, conejos, cuervos, tejones, monos capuchinos y lémures, entre otras muchas especies, todos en armonía.

Uno de los conceptos más importantes desarrollados por el científico austriaco es el de **la impronta.** Se trata de un proceso biológico de aprendizaje que es relativamente irreversible. Mediante el mismo, las crías se identifican con los adultos de su especie y aprenden de ellos, a través de la observación e imitación, los distintos métodos de búsqueda de alimento y refugio, así como modelos de defensa, ataque, convivencia, apareamiento, etc.

Entre los años 1940 y 1950, Lorenz describió cómo los patitos que nacieron en su jardín lo tomaron como su mamá pata, siguiéndolo a todas partes. A causa de la mencionada impronta, los palmípedos vienen al mundo con una **disposición innata** a considerar madre al animal, o incluso artilugio, relativamente grande que se mueva cerca de ellos, sin fijarse si es de su propia especie o no.

Durante el resto de sus vidas, preferirán seguir a ese objeto más que a cualquier otro, incluida su progenitora. Cuando el animal llega a su madurez, estos curiosos lazos que se forman hacen que lleguen a cortejar a miembros de la especie de sus padres adoptivos, incluidos humanos si se diera el caso.

En la naturaleza es un **instinto de supervivencia** de los recién nacidos, que necesitan reconocer rápidamente a sus padres, ya que serán ellos quienes los protegerán en caso de ataque y servirán como un ejemplo de comportamiento. Este proceso de aprendizaje temprano también actúa al contrario, permitiendo que los progenitores identifiquen a sus descendientes para lograr que las familias se mantengan unidas, como en el caso de los rebaños.

En muchas aves, esto ocurre durante las 24 o 48 horas tras la eclosión y, como sucedió con el científico, aunque en ese caso fue planificado, se puede producir una **impronta accidental** si un hijo de ganso, por ejemplo, sale del cascarón y da sus primeros pasos en presencia de un ser humano.

Este proceso biológico también se produce en mamíferos, pero es más visible en las aves, pues se acentúa en aquellos animales que nacen con la capacidad de moverse y alimentarse por sí mismos. Es el caso de las aves nidífugas, que nada más salir del huevo abandonan el nido debido a que son capaces de llevar una vida prácticamente independiente, incluso controlando su propia temperatura corporal.

Estudios posteriores a los de Lorenz afirman que este proceso acontece durante un determinado periodo muy sensible de la vida, correspondiente a un momento concreto del desarrollo del sistema nervioso central. La duración del mismo es extremadamente variable según la especie de que se trate. En los mamíferos oscila entre meses y años tras su llegada al mundo, ya que la mayoría de esos neonatos son totalmente dependientes de la madre durante bastante tiempo.

En los perros, la **impronta** dura aproximadamente desde la tercera hasta la duodécima semana de vida. Si durante esta etapa se comete algún error grave, tanto por vivencias negativas como por ausencia de experiencias, es probable que esos canes, cuando se hagan adultos, tengan problemas de agresividad, fobias, miedos, ansiedad por separación, etc. Estos comportamientos insanos que fueron adquiridos por el cachorro, será muy complicado modificarlos una vez se haga adulto.

Para poder comprenderlo más visualmente, imagínate que tienes ante ti un bloque de arcilla para modelar y empiezas a dejar tus huellas en él, algunas más profundas, otras más suaves. Se podría decir que el cerebro de los perros menores de cuatro meses es algo parecido. Aún se está desarrollando, por lo que es mucho más moldeable y cualquier acontecimiento que les suceda, ya sea bueno o malo, se le quedará marcado.

Pasado este periodo crítico, el cerebro ha madurado, lo que trasladado a la arcilla corresponde al momento en que esta se seca y endurece. Las marcas que estaban se quedan grabadas, la mayoría para siempre. Sin embargo, en la superficie ya dura es difícil dejar unas nuevas, porque hay que apretar mucho.

Por eso es muy importante que **los cachorros** permanezcan con su madre y hermanos hasta, por lo menos, las ocho semanas de vida, ya que separarlo de la camada antes de tiempo puede traer consecuencias fatales para su futuro carácter. Es precisamente durante esa etapa cuando el cachorro aprenderá a identificarse con los de su especie, comunicarse con ellos, comprender su repertorio gestual y, mediante la observación, se aventurará a imitar los distintos comportamientos de los adultos, que son su referencia. Aprenderá quién es y cómo debe relacionarse con sus congéneres para, en el futuro, convertirse en un perro sociable y equilibrado.

Posteriormente, sería ideal ir exponiendo al joven can, siempre de forma paulatina y controlando la intensidad para no estresarle, a todo tipo de situaciones (ir en coche, andar entre peatones, bicicletas o patinetes), ruidos (electrodomésticos, gritos, tráfico, pitidos, ambulancias), personas diferentes (de todas las edades y ambos sexos), lugares distintos (monte, masas de agua, parques, espacios cerrados, ascensores e, incluso, texturas del suelo), otros perros grandes y pequeños, además de, si es posible, animales de otras especies.

¿CUÁL FUE LA IMPRONTA DE YELMO?

Desde que conocí a Yelmo me ha intrigado cómo habría sido su vida anterior, qué experimentó a lo largo de esos dos primeros años y, aunque creo que lo haría si pudiera, desgraciadamente es imposible que me lo cuente. Así que opté por observarle e intentar deducir a través de su comportamiento.

Llegué a la conclusión de que procedía de una rehala de caza, porque estaba bien socializado con otros perros, no así con los humanos a quienes tenía pánico (especialmente a los hombres). Quizá escapó asustado por los disparos o, simplemente, se perdió.

Estoy convencida de que nunca había estado en una casa ni pisado un suelo de madera o una alfombra, no conocía lo que eran las escaleras, ni mucho menos los ascensores, y prefería beber del charco de la puerta antes que en su cacharro, por no hablar del miedo que le producen (más bien le producían, puesto que ahora apenas oye) los fuertes sonidos de la ciudad, como el tráfico o las sirenas.

Recuerdo por ejemplo la primera vez que lo llevé de visita a casa de mis padres. Era Navidad y hacía apenas dos semanas que lo había recogido. Tuve que arrastrarlo suavemente por todo el portal, ya que mi perro era incapaz de caminar sobre las brillantes baldosas del suelo. Le daban miedo, tensaba las patas sacando las uñas y se resbalaba torpemente como si estuviera en una pista de patinaje sobre hielo. Subir andando los dos pisos fue todo un espectáculo que debió durar unos quince minutos, así que llegamos a cenar completamente agotados. Él ni se movió de la cocina y, tras quedarse dormido de pie y caerse varias veces, se tumbó en una mantita y allí permaneció hasta que nos marchamos.

La impronta es fundamental a la hora de relacionarse, pero si nuestro perro va a convivir con otro animal, ya sea un nuevo miembro de la familia humana como un bebé, de su especie o de otra diferente, las presentaciones son imprescindibles para una convivencia pacífica. Tanto si hay algún cachorro como, sobre todo, si son adultos, es necesario permitir que los futuros compañeros puedan olerse mutuamente para conocerse y saciar la curiosidad inicial que sienten el uno por el otro.

Dicho primer contacto es preferible que sea paulatino, en un entorno neutral, y además que esté controlado para así poder reaccionar a tiempo y evitar sorpresas inesperadas. Al principio es importante no dejarlos solos y premiarlos para reforzar su buen comportamiento, hasta que notemos que el perro se muestra tranquilo y relajado, sin miedo ni intención de atacar. Y normalmente, si se hacen las cosas bien, es más que probable que en el hogar reine la paz.

Relación con otros perros

Los perros nacen sordos, ciegos e indefensos, por lo que dependen completamente de la madre, junto a la que permanecerán durante sus primeras semanas de vida. A medida que crecen, pasarán por ese periodo crítico y muy importante de aprendizaje que es la impronta. Durante el mismo, se muestran más que predispuestos a formar **vínculos sociales** y aprenden a relacionarse adecuadamente **con miembros de su propia especie,** así como a conocer las normas básicas de conducta social.

Al igual que ocurre con los lobos, sus antepasados salvajes, los perros son animales de manada con sus **normas específicas de comportamiento.** Estas están regidas por diferentes señales, tanto visuales como auditivas y olfativas que, si son bien interpretadas, pueden evitar conflictos mayores. Cuando un perro arruga el labio superior y le enseña los dientes a otro, es un signo inequívoco de amenaza y, posiblemente, una forma de ahorrarse una pelea.

Por este motivo es importante que el perro esté acostumbrado a tratar e interactuar con sus congéneres y sea capaz de captar adecuadamente los signos que le transmiten. En caso contrario, no entenderá o no se comunicará de manera eficaz con ellos, lo que dará pie a inseguridades o malentendidos que pueden originar desavenencias.

La mayoría de las señales de comunicación perruna están directamente relacionadas con cuestiones de **jerarquía:** el dominio (mostrar los colmillos o mirar fijamente) y la sumisión (orejas contra el cráneo y el rabo entre las patas). En los lobos estos comportamientos generalmente no tienen como finalidad una lucha por el poder sino el mantenimiento del orden social.

Los perros son menos conflictivos entre sí, porque se juegan menos. A fin de cuentas, tras los encuentros que puedan tener durante el paseo, cada uno volverá a su casa donde le pondrán la comida y descansará plácidamente.

Aun así, los canes tienen reminiscencias de su pasado, como la territorialidad y acatar un orden jerárquico en el que existe un líder. También para ellos se trata de una estrategia social, que sirve para resolver posibles conflictos entre compañeros sin necesidad de recurrir a la agresividad. Además, un perro no tiene por qué ser siempre dominante o sumiso, sino que, dependiendo del contexto, puede mostrar un rol u otro.

Lenguaje corporal

Cuando un perro quiere mostrar su **dominio** suele estirarse hacia arriba, para aparentar ser más grandullón, como un humano sacando «musculito» con objeto de intimidar al rival antes de una confrontación. A la vez se le eriza involuntariamente el pelo, lo que no solamente contribuye a darle más tamaño, sino que con ello también liberan el olor de sus glándulas cutáneas. En ocasiones, para demostrar su poder, puede colocar la cabeza o patas sobre el otro.

Por su parte, el animal sumiso, con las orejas agachadas y el rabo entre las patas, se acercará al dominante haciendo un recorrido diagonal, nunca de frente, y se tumbará boca arriba, mostrándole el vientre, que es su parte más vulnerable.

He podido comprobar en varias ocasiones cómo algún can de pequeño tamaño planta cara a otro diez veces mayor, mientras los propietarios contemplan la escena divertidos ante la osadía del canijo y comentan algo así como «se cree más grande de lo que es».

En realidad, los perros no se fijan demasiado en eso, ya que prestan más atención a la postura que a las dimensiones de su posible rival. Para ellos, un tamaño mayor no es un signo de dominio. Lo que importa es la pose que se adopte.

En el apartado dedicado a la comunicación, ya dimos algunas pinceladas sobre cómo podemos interpretar los gestos de nuestros compañeros peludos, ya que ellos se expresan igual con nosotros que entre ellos. Ahora profundizaremos un poco más, siempre teniendo en cuenta que su lenguaje gestual es muy sutil, está lleno de matices que apenas empezamos a conocer, y siempre debe interpretarse en conjunto dentro de un contexto.

Aunque a veces no nos demos cuenta, su **boca** puede transmitir muchas cosas. Cuando está cerrada y algo rígida, significa alerta o tensión, pero si manteniéndola así parece que esboza una sonrisa, eso quiere decir que está sumiso. Por el contrario, si la mantiene abierta, es posible que esté contento o excitado. En caso de que arrugue los labios y enseñe los colmillos, ya sabemos que hay que prestar atención, porque está avisando de unas intenciones poco amistosas.

Los lobos, y en general los animales salvajes, evitan el **contacto visual** directo. Incluso a nosotros nos resulta harto incómodo mantener la mirada con un desconocido, por lo que solemos acabar desviándola. Los perros clavan sus ojos fijamente en los humanos cuando quieren llamar nuestra atención, pero si lo hacen con otro de su misma especie, tiene un significado de amenaza. Por su parte, un can inseguro o miedoso, esquivará constantemente la mirada de otro y, si se atreve a echarle un vistazo, será de reojo.

La cola de los perros, con sus múltiples posturas y movimientos, es muy significativa. Si la lleva baja y relajada, indica que está tranquilo y muy a gusto, pero si desciende más, hasta casi arrastrarla, es una muestra de inseguridad, y si la mete entre las patas expresa miedo o sumisión.

Cuando un can se siente dominante, seguro de sí mismo y confiado, su rabo está hacia arriba y curvado. Otras veces, si está pendiente de algo interesantísimo para él y que llama poderosamente su atención, lo mantendrá extendido en horizontal. Sin embargo, si en esta posición la cola está tensa y tiene el pelo erizado, cuidado, porque se puede estar preparando para un enfrentamiento.

EL LENGUAJE CORPORAL DE YELMO

No sé si ocurrirá igual con otros perros, pero en el caso de Yelmo he aprendido que cuando adopta una postura semejante a la de sumisión, pero con la base de la cola bien separada del trasero formando un arco, es sinónimo de esfuerzo o malestar físico. Se pone así cuando está comiendo de manera furtiva un hueso que ha encontrado en el monte; no obstante, si agacha las patas delanteras con el culo en pompa, es que no se encuentra bien.

Respecto al **movimiento,** siempre hemos creído que si mueven el rabo, aunque nos estén enseñando los colmillos, es que están contentos. Craso error, porque con lo que está relacionado ese vaivén es con el grado de excitación del animal. Sacuden su cola cuando están alegres, pero también cuando siguen un rastro o acorralan a una presa.

Si los movimientos son cortos y rápidos, quiere decir que el perro está en tensión y puede significar tanto un ataque como una huida inmediata. Además, la oscilación de la cola o, simplemente, el gesto de levantarla, les ayuda a transmitir el olor de las feromonas de las glándulas anales. Así que no siempre es sinónimo de felicidad.

Más allá de la velocidad, otro factor a tener en cuenta para conocer el estado de ánimo del perro es la **dirección** hacia la que dirige la cola. Y esto tiene que ver, de manera inversa, con los dos hemisferios cerebrales: el izquierdo asimila las reacciones positivas, mientras que el derecho lo hace con las negativas (igual que en los humanos).

Así pues, no es lo mismo una cola que se mueve sobre todo hacia la derecha que una que lo hace algo más exageradamente hacia el lado opuesto. Es decir, cuando se activa el hemisferio izquierdo, el de las emociones positivas, y está moviendo el rabo, lo hará de manera más amplia hacia la derecha, y viceversa.

Un estudio ha demostrado que los perros se dan cuenta perfectamente de esta oscilación en sus congéneres. Cuando es algo más marcada hacia la izquierda (siempre desde el punto de vista del can), genera en otros una reacción de tensión, mientras que si, por el contrario, va más hacia la derecha, la sensación que transmite es de tranquilidad y puede manifestarse como atracción o indiferencia.

Para ello, los científicos mostraron a varios perros vídeos de otros canes que movían la cola de manera asimétrica, unos más a la derecha y otros más a la izquierda, tras lo cual observaron las reacciones. Cuando los perros veían a otro can moviendo la cola a la izquierda, su ritmo cardíaco aumentaba y parecían ansiosos. Pero si el movimiento de la cola era a la derecha, permanecían relajados.

Es difícil que nosotros podamos darnos cuenta de este movimiento desigual; sin embargo, la investigación demuestra que los canes lo perciben perfectamente y reaccionan de manera distinta ante un encuentro con otro según esos parámetros.

En resumen, los perros tienen una compleja forma de comunicarse por medio de la cola, combinando dirección, altura, amplitud y recorrido concreto. Después de miles de años juntos, los humanos estamos comenzando a descifrarla.

El juego

Para nuestros perros, el juego entre ellos es casi tan importante como comer y dormir. Son los cánidos que más lo practican y no únicamente en su juventud, sino también cuando son adultos, algo muy poco frecuente en el mundo animal. Incluso Yelmo, a sus quince años, si tiene un día bueno no se resiste a pegarse una carrerita con algún amigo de cuatro patas.

Jugar es una forma de comunicación en la que aprenden códigos y límites de conducta, así como a asociar gestos y movimientos con emociones y sentimientos, por lo que también tiene una **función social.**

Todo comienza con una «reverencia», es decir, una postura por parte del incitador en la que agacha las patas delanteras manteniendo el trasero levantado y moviendo la cola. Esto implica que, lo que venga a continuación, ya sean saltos, dentelladas o carreras, es totalmente lúdico. Sin dicha invitación a la diversión, un bocado es considerado una agresión.

Mientras juegan, ambos perros suelen adoptar posturas dominantes o sumisas, independientemente de cuál sea su rango real. Hasta el mayor líder puede ponerse patas arriba con objeto de invitar al subordinado a simular un ataque.

A buen seguro que has observado numerosas veces estas escenas junto a otros propietarios perrunos, todos con una sonrisa algo bobalicona, semejante a la de los padres que se reúnen en el parque para ver cómo se divierten sus hijos en los columpios.

Persecuciones, volteretas, saltos, empujones, mordiscos controlados, todo es muy exagerado y con movimientos repetitivos. Se podría decir que se trata de un ritual teatralizado que puede durar desde unos pocos a bastantes minutos. De repente, en medio de la actividad más frenética, algo ajeno llama la atención de alguno de los canes o de ambos, y todo se para. Puede ser un ruido, un olor u otro perro que aparezca. Tras unos instantes de calma, un nuevo gesto, un ladrido o simplemente una mirada entre ambos puede reanudar la acción.

Alexandra Horowitz, psicóloga cognitiva, se dedicó a analizar estos momentos lúdicos de los perros, grabándolos en vídeo para posteriormente visualizarlos a cámara superlenta: «Percibí conductas que jamás había visto en todos mis años de convivencia con perros. Los juegos más simples, cuando los analizaba detenidamente, se tornaban en una vertiginosa serie de comportamientos sincronizados, de activos intercambios de papeles y de variaciones en las exteriorizaciones comunicativas».

El juego canino carece de una causa aparente y es espontáneo. No tiene como objetivo obtener comida o territorio. Para algunos etólogos, la finalidad del mismo es perfeccionar algunas habilidades motoras, como controlar la fuerza de la mordida o de determinados movimientos, así como crear cohesión social y estar preparados para acontecimientos inesperados, que de esta manera podrán afrontar mejor.

Jugar es divertido, desprende endorfinas y propicia la liberación de toda la energía reprimida de nuestros canes. Y, además, verlos nos alegra la vida.

Gruñidos y ladridos

Los perros también se entienden mediante señales sonoras, tanto intencionadas como involuntarias y, según la forma en que se emitan, además del contexto, tienen múltiples significados.

Un **gruñido** es universalmente entendido como una advertencia, un «no me gustas» o «me estás molestando», que es captado rápidamente por el otro perro, quien normalmente opta por la retirada. Sin embargo, no solo indica enfado o frustración, sino que también pueden gruñir por inseguridad, miedo, protección (especialmente de comida), incluso por placer o durante el juego e, igualmente, si viven una situación inesperada que los descoloca.

Se han realizado varios experimentos que demuestran el elaborado lenguaje que existe entre los perros. En uno de ellos, los científicos grabaron a dos canes gruñendo por diferentes motivos: uno mientras protegía su comida y el otro porque se le acercaba un desconocido.

Posteriormente, a otros perros les colocaron a corta distancia un jugoso e irresistible hueso. El problema es que cuando se aproximaban a él, los investigadores reproducían las grabaciones anteriores. Al escuchar el «gruñido por la comida», los canes dudaban si acercarse a la golosina, pero no vacilaban si escuchaban el sonido causado por la presencia del extraño.

Con el **ladrido** sucede algo semejante. Su finalidad última es llamar la atención, pero existen múltiples variaciones en función de lo que quieran expresar. Un perro que ladra a otro cuando se cruzan por la calle, puede hacerlo debido a varios motivos: frustración porque quiere saludarlo y no puede al estar atado, reactividad debida a problemas de socialización, que tenga miedo e intente alejar a su congénere o una incitación al juego.

YELMO SE UNE A UN CORO DE LADRIDOS

En mi barrio, especialmente durante las noches de verano, cuando las ventanas permanecen abiertas y los sonidos se cuelan por ellas rompiendo el silencio, se escuchan varias tandas de serenatas perrunas que abarcan desde el ocaso al amanecer. Quizá sea porque ronda una piara de jabalíes y algún can en un jardín comienza a ladrar. Rápidamente se le va uniendo el resto de congéneres del vecindario, incluido Yelmo, que en esos momentos yergue las orejas, levanta la cola, estira mucho el cuello y se incorpora al coro. Parece un comportamiento sumamente contagioso que no pueden evitar. Es una forma de alertar y llamar la atención sobre algo que está ocurriendo, que además reivindica su pertenencia a un grupo y puede transmitirse a kilómetros de distancia.

Durante otro experimento canino similar al anterior, se grabó el ladrido de un perro cuando se sentía solo y también cuando se le aproximaba un extraño. Al reproducir los sonidos ante otros canes, se comprobó que todos se ponían alerta al escuchar el ladrido al desconocido, pero no en el otro caso. Por tanto, según los investigadores no hay duda de que los perros pueden distinguir entre ambos y comprender su significado.

Se cree que el ladrido es una consecuencia de la domesticación, ya que los lobos raramente lo hacen. Estableciendo paralelismos con sus antepasados salvajes, estos aúllan con fines sociales como reunir a su manada, aunque también para atraer una pareja, defender un territorio, celebrar una buena jornada de caza, ahuyentar a los enemigos o indicar su posición.

Lametones

Entre los cánidos salvajes es común que los cachorros laman las comisuras de los labios de su madre cuando esta regresa a la madriguera después de cazar, con objeto de estimular la regurgitación de la comida a medio digerir. No suena muy apetecible para nosotros, pero forma parte del proceso de cambio de dieta de las crías, cuando pasan de ingerir la líquida leche materna a la sólida carne.

Entre animales adultos este comportamiento también se emplea **para saludar.** Perros y lobos lamen el hocico de sus congéneres para darles la bienvenida y, de paso, saber dónde ha estado el recién llegado y si ha comido algo.

Asimismo, un perro joven o tímido de menor rango, extenderá suavemente su lengua alrededor del hocico de otro dominante, o que se muestre agresivo, para mostrar deferencia y apaciguarlo.

En el caso de dos canes que ya se conozcan, esto puede ser sencillamente una demostración de cariño. Lamer también les ayuda a relajarse y establecer un vínculo, ya que este acto libera endorfinas tanto para el que lengüetea como para el que lo recibe. Y si va asociado a la reverencia lúdica citada anteriormente, puede ser una invitación al juego.

En otras ocasiones pueden lamer a otro para acicalarle, igual que lo hacen consigo mismos, o porque su congénere tenga una herida, debido a que su saliva es muy beneficiosa para que cicatrice pronto (pero ojo, no en el caso de los humanos). Con este acto pretenden reconfortar y aliviar el posible dolor.

El acto de olfatear

Si observamos y conocemos a nuestros perros, podemos ver y entender las anteriores formas de relacionarse entre ellos, que son muy similares a cómo lo hacen con los humanos. Sin embargo, tienen otra manera de interactuar en la que nosotros estamos al margen, porque somos ignorantes en esa materia: los olores.

Dado que ellos reconocen el mundo principalmente a través del olfato, es lógico que sea una de sus principales fuentes de comunicación. Se intercambian mensajes gracias a unas sustancias químicas (feromonas) que poseen un aroma único, el cual identifica a cada can. Están contenidas en diversas glándulas situadas principalmente en la cara, las almohadillas plantares, entre las mamas, en la región anal y la zona urogenital.

Dichas **feromonas,** que también podrían llamarse «hormonas de la comunicación», son únicas para cada especie, por lo que solo funcionan entre congéneres. Según la región en la que se encuentren, esas sustancias químicas tienen distintas finalidades.

Por ejemplo, las glándulas sebáceas que existen entre las mamas de las perras secretan la conocida como feromona apaciguadora canina. Es producida por la madre cuando tiene cachorros lactantes, con el fin de tranquilizar y dar seguridad a sus crías. Su efectividad es tal que se ha conseguido sintetizar y se utiliza como tratamiento complementario para aliviar algunos problemas de comportamiento, entre los que se encuentran la ansiedad por separación, fobias e hiperapego.

Los «aromas feromónicos» son los causantes de que, cuando dos perros se encuentran, se reconozcan mutuamente olisqueándose el trasero. Aunque a nuestros ojos pueda parecer algo socialmente incorrecto, ya que no concebimos saludarnos así, para ellos es imprescindible. Es su manera de obtener información particular sobre el can que acaban de conocer (sexo, edad, estado reproductivo y anímico, etc). Sería como una tarjeta de visita que contuviera datos básicos sobre cada uno.

Además, entre ellos se produce un tipo de comunicación indirecta a través de la orina, las heces y las secreciones de las glándulas interdigitales de las patas. Saber quién ha pasado por allí y en qué momento, si es una hembra y está en celo, o si hay un nuevo can en el vecindario, son datos muy útiles para estos animales. No solo para quien recibe las señales, sino igualmente para quien las emite, porque le interesa exhibirse en el odorífico tablón de anuncios vecinal.

Una eficaz forma canina de transmitir mensajes es **la orina.** Quien tenga un perro macho habrá comprobado lo desesperante que puede llegar a ser un paseo que en principio parecía apacible: el animal huele cualquier objeto, lo examina exhaustivamente, y cada dos pasos se detiene a orinar, ya sea en el tronco de un árbol, la farola, el contenedor de la basura o la pierna de una señora que pasaba por ahí. Especialmente si hay un perro nuevo o una hembra en celo, todo es susceptible de ser marcado, y mejor si son puntos prominentes o altos, pues así se distribuye su olor a mayor distancia.

De esta manera, va dejando notas como si fueran pósit a lo largo de todo el camino. Esto es posible gracias a la vejiga de los perros, que les permite eliminar un poco de orina cada vez. Este marcaje no lo hacen solo para reclamar la propiedad del territorio, sino que asimismo se ofrecen y se recopilan otros datos, como la frecuencia con que pasa por ese lugar, la disponibilidad sexual, la edad o confianza social.

Así, mientras nosotros nos impacientamos, ellos van leyendo y mandando mensajes como si de un wasap oloroso se tratase. Además, como los aromas perduran en el ambiente durante un tiempo considerable, también suelen tapar la orina más antigua de otros con la suya, reclamando de esta forma su superioridad.

Si alguna vez te has preguntado por qué los machos (aunque también algunas hembras rebeldes) levantan la pata cuando orinan, la respuesta es que esta es la mejor manera para poder dirigir el flujo de orín y que caiga en un punto concreto, bien visible y alto.

Nos guste o no, **las heces** también forman parte de su lenguaje, no por el excremento en sí, sino por la acción de unas glándulas llamadas sacos anales. Están situadas a ambos lados del ano y almacenan en su interior una sustancia lubricante y apestosa cuyo olor es único para cada perro. Esta se segrega para ayudar a los canes a defecar, pero también para dejar su seña de identidad.

Los sacos anales pueden aliviarse involuntariamente cuando el perro está atemorizado, como ocurre frecuentemente en las visitas al veterinario. Recordemos que los aromas permanecen en el aire durante un largo tiempo, así que es fácil imaginar la bofetada de olor a miedo que se puede llevar un can al traspasar la puerta de la clínica, aunque solo vaya a que le corten las uñas.

Sin embargo, estas glándulas también se bloquean con facilidad, produciendo primero molestias y luego un fuerte dolor en la zona. Ellos tratan de aliviarse arrastrando insistentemente el trasero por los suelos, sin importarle que sobre él haya una carísima alfombra pakistaní. En ocasiones, los dueños menos escrupulosos tienen que mitigar esa incomodidad exprimiendo el hediondo contenido a mano.

Comportamiento sexual

Cuando las perras alcanzan la pubertad, etapa que puede oscilar entre los siete meses de edad y los dos años, empiezan a entrar en celo con una frecuencia de unas dos o tres veces anuales y una duración de entre 15 y 18 días cada una, aunque depende de la edad y la raza, entre otras cosas. El comienzo de este ciclo presenta algunas características como la inflamación de la vulva y sangrado abundante, por lo que el animal dedica mucho tiempo al lamido y limpieza de su zona genital.

Más allá de los cambios físicos, también varía el comportamiento, ya que ellas empiezan a interesarse más de lo habitual en los machos y se muestran muy juguetonas. Vamos, un flirteo en toda regla. Para difundir más fácilmente su mensaje, en esta fase las perras orinan con más frecuencia y hasta levantan la pata al hacerlo.

Por su parte, ellos perciben las feromonas sexuales de las hembras. De hecho, los perros con experiencia sexual saben detectar la diferencia entre la orina y las secreciones vaginales de las hembras que están en celo y las que no lo están.

Durante los primeros 10 días, aproximadamente, aún no están receptivas y, aunque aceptan que los machos olisqueen su región genital, si alguno se muestra demasiado interesado, ella lo rechaza. Puede «darle calabazas» de forma pasiva, como sentándose o alejándose, o si esto no funciona, porque se pone muy pesado, no tiene más remedio que amenazarle o lanzarle alguna tarascada.

En la siguiente fase, que puede llegar a durar hasta tres semanas, la secreción vaginal deja de ser tan sanguinolenta y adopta un tono más marrón. Las perras ya se muestran receptivas ante los intentos de monta, y lo demuestran apartando la cola a un lado de una forma muy peculiar. Sin embargo, no todos los candidatos son aceptados, ya que prefieren interactuar con machos familiares antes que con desconocidos.

Si el elegido no está muy motivado, será la hembra quien tenga que cortejarle, acercando su región genital al hocico de él para a continuación apartarse, y aproximarse de nuevo olisqueándole el morro y sus genitales.

Los machos pueden mostrar interés hacia una hembra en celo en cualquier momento del año. Como los mensajes olfativos alcanzan kilómetros de distancia, cuando detectan una perra en celo, si no están castrados, es fácil que se escapen en su busca y la deleiten con serenatas de aullidos bajo su balcón. También aumenta el marcaje territorial, incluso a veces dentro de casa, al tiempo que se vuelven más desobedientes.

EL PRETENDIENTE DE CHIARA

Cuando Chiara entró en celo, apareció por el vecindario un bodeguero que montaba guardia frente a su casa noche y día. Se sentaba frente a la puerta y de ahí no se movía hasta que la bretona salía. Daba igual la hora a la que pasase, a las tres de la tarde o las siete de la mañana: ahí estaba él esperándola. Una vez que pasó ese periodo reproductivo, no he vuelto a ver a su pretendiente.

Durante el cortejo, el macho invita a jugar a su amada, olfatea sus orejas y analiza con detenimiento la región genital. También examina la orina de

Seres extremadamente sociables

la hembra, llevando a cabo un comportamiento conocido como lengüeteo en el que, mediante rápidos movimientos de la lengua, lleva las moléculas de feromonas a la entrada de su órgano vomeronasal (ya hablamos sobre él en el capítulo del olfato). Después, levanta la pata y orina justo encima, al parecer para esconder el olor de ella y reducir el número de aspirantes, mejorando sus propias expectativas.

Con una perra en celo cerca, los machos se muestran más tensos y hasta agresivos en presencia de otros posibles adversarios. Si la hembra acepta los requerimientos de uno de ellos, se inicia el apareamiento, aunque solo los más expertos lo harán de forma correcta, ya que otros pueden intentar la monta desde un lado o por la cabeza.

En la cópula, el macho agarra a la hembra con sus patas anteriores y la cubre. Entonces ocurre algo peculiar: debido a un mecanismo fisiológico, durante un tiempo que normalmente oscila entre 10 y 30 minutos, pero que en algunos casos llega a la hora, el macho y la hembra se quedan unidos. Algo que es muy importante de entender es que cuando esto ocurre, es fundamental no intentar separarlos, ya que pueden lesionarse, así que hay que esperar a que acabe de forma natural. En ese periodo, el macho normalmente cambia de postura y acaba con las cuatro patas en el suelo, mirando en dirección opuesta a su amante.

Debido a la explosión hormonal que sucede en su interior, aquellos que no pueden acceder a la hembra sufren hasta el punto de llegar a una apatía total, dejando incluso de comer, mientras lloran desesperadamente debido a la frustración y a un altísimo nivel de ansiedad.

LAS HORMONAS DE YELMO

Es lo que le ocurría a Yelmo. Durante los paseos desaparecía, y me avisaba algún vecino de que le había visto por la carretera a varios kilómetros. En casa no dejaba de aullar angustiosamente y la situación era insoportable. Casi tuve que hacerle una castración de urgencia.

Pero doce años después, durante el primer celo de una perrita vecina con la que íbamos Yelmo y yo, me despisté fotografiando una libélula y, de pronto, los vi enganchados. No podía hacer nada y, en cualquier caso, tampoco existía riesgo de embarazo indeseado. La escena duró pocos minutos porque ella, con un movimiento brusco y un grito de dolor, logró separarse. «A la vejez, viruelas».

Como el perro y el gato

No se puede decir que perros y gatos sean precisamente los mejores amigos, pero sí son los animales domésticos más populares del mundo. Al parecer, según algunas cifras, los felinos son preferidos en 91 países (entre los que sobresalen Canadá, Rusia y China), mientras que los canes se llevan la palma en 76 naciones, con Estados Unidos, Australia y Reino Unido a la cabeza. Por continentes, los perros dominan en América, Oceanía y África, y los gatos en Europa y Asia.

De la supuesta enemistad entre estos dos animales que se han colado en los hogares de todo el mundo, deriva la conocida expresión «llevarse como el perro y el gato». Para quien no la conozca, esta define la relación entre dos personas que discuten, nunca se ponen de acuerdo y no soportan estar juntas.

No hace falta echarle demasiada imaginación para suponer que el dicho se le ocurriese a alguien cuando los felinos y los canes no eran cuidados y mantenidos dentro del hogar, sino que tenían un trabajo que realizar y, en la mayoría de los casos, se buscaban el sustento por sí mismos.

Entonces, el perro vería al gato como un intruso en su territorio y una presa a la que perseguir. A alguna persona, acostumbrada a lidiar continuamente con este comportamiento, se le ocurriría la frase que, por lo gráfica y fácil de entender, se fue difundiendo rápidamente.

Hablamos de gatos

Se cree que, igual que ocurrió con los canes, el gato también se autodomesticó, y lo hizo relativamente tarde en comparación (hace unos 9 000 años). Según los análisis de ADN, el gato doméstico (*Felis catus*) desciende del gato salvaje africano (*Felis silvestris lybica*), *una subespecie que se encuentra en el norte de África y Oriente Próximo. Se trata de un felino de hábitos solitarios y muy territorial,* adaptado a vivir en un clima semiárido en el que tiene acceso a enormes territorios de caza.

Aunque aún existen muchas incógnitas al respecto, parece claro que existen dos importantes linajes de gatos. El primero es el **de Oriente Próximo,** donde el desarrollo de la agricultura facilitó una relación de mutuo provecho. Cuando los humanos se hicieron sedentarios y empezaron a cultivar, se abastecían de grano que almacenaban para todo el año. Estas despensas propiciaron la posterior aparición de roedores, que diezmaban los frutos de las cosechas, lo que resultó un reclamo para los gatos salvajes. En un proceso similar al de los perros, algunos de estos felinos, los que eran más tolerantes a la presencia humana, encontraron en ese entorno una buena fuente de alimento fácil y abundante, y aceptaron voluntariamente renunciar a parte (y destaco solo parte) de su espíritu salvaje, dando lugar a una beneficiosa asociación.

Por otro lado, está el **linaje de Egipto,** del que todavía no está claro si sus representantes descienden de gatos importados desde Oriente, o si en la tierra de los faraones tuvo lugar un segundo proceso de domesticación. Debió ocurrir sobre el año 3000 a. C., y allí el animal adquirió una notable importancia religiosa, convirtiéndose en la mascota favorita de algunos miembros de la realeza.

Esta estirpe se expandió por el Mediterráneo y gran parte del Viejo Mundo en torno al 1500 a. C. Los gatos viajaban a bordo de barcos de comercio, donde eran utilizados para mantener a raya a ratas y ratones. Es decir, los gatos tenían claramente una función o un trabajo.

La Asociación de Criadores de Gatos reconoce actualmente 45 razas, así como lo que denominan «gatos de compañía sin pedigrí». Los felinos muestran menos variación entre sí, respecto al tamaño corporal y la forma del cráneo, que la existente entre los perros, y esto sugiere que existe una genética más uniforme.

Un nuevo análisis revela también que la mayoría de estos antiguos gatos tenían rayas: las manchas en el pelaje fueron poco comunes hasta la Edad Media, lo que demostraría que durante la mayor parte de su historia los ejemplares se seleccionaron por su comportamiento y no por su estética, tendencia esta última muy reciente.

Fue precisamente durante el siglo XV cuando estos animales se asociaron a ritos demoníacos, especialmente aquellos de color negro, y se les colgó el estigma supersticioso que aún hoy perdura.

Diferencias entre perros y gatos
Cánidos y félidos no solamente son dos especies distintas, sino que pertenecen a diferentes familias dentro del orden *Carnivora*, por lo que no es de extrañar que ambos, pese a ser nuestros queridos compañeros, sean tan dispares.

Konrad Lorenz aseguraba que «no existe un animal que haya cambiado tan radicalmente su modo de vida y su campo de acción, es decir, que sea tan doméstico como el perro», ni hay ninguno que «haya cambiado tan poco como el gato».

La principal diferencia entre ellos radica en **la sociabilidad.** Hemos hablado de la tremenda necesidad de los canes de establecer lazos de amistad con todo lo que les rodea, así como de su tendencia a vivir y trabajar en grupo, igual que los lobos cazan en manada. Están estrechamente unidos a su familia, a la que seguirían al fin del mundo y con la que necesitan contacto casi permanente, por lo que sufren si pasan mucho tiempo solos.

En general, de los gatos casi se podría decir que son todo lo contrario. Como cazadores solitarios, son independientes y apenas nos necesitan para cubrir sus necesidades básicas, especialmente si pueden salir a la calle. No tienen problema en quedarse solos hasta tres días mientras tengan comida, agua, bandeja de arena y un lugar cómodo donde acurrucarse.

Los felinos llevan inscrita en sus genes la **territorialidad.** La casa en la que viven es su espacio y les gusta tenerlo todo controlado. De ahí su costumbre de encaramarse a lugares altos, como el respaldo del sofá, porque así tienen una mejor perspectiva de su propiedad. Pero también poseen un instinto especial, mejor aún que el de los perros, para elegir en verano el lugar más fresco de la vivienda, y en invierno, el más cálido.

Por lo tanto, son muy autosuficientes y felices dentro de su territorio, mientras que, por el contrario, los perros son felices en prácticamente cualquier entorno siempre y cuando su familia o humano de referencia esté con ellos.

Hemos visto que los canes tienen **instinto cazador,** especialmente algunas razas en las que este se ha reforzado, pero muchos de ellos se conforman con perseguir pelotas. Los gatos poseen ese instinto mucho más fuerte, son auténticos maestros en este arte y casi se podría decir que adictos.

Da igual que tu felino esté sobrealimentado porque, si tiene la oportunidad, se lanzará a por cualquier presa que localice, como roedores, reptiles, aves e, incluso, conejos. El acto de cazar no solo le sirve para comer, sino que, para él, la búsqueda, el rastreo, la localización, el acecho y el ataque final suponen una emoción irresistible. Lo peor es que, en muchas ocasiones, llevan a casa alguna víctima, como un ratoncillo destripado. Los dueños entonces se debaten entre el horror de la escena y la confusión, pues creen que la presa es una ofrenda del gato, un símbolo de gratitud hacia ellos. En realidad, según los etólogos, no es así, sino que el felino se lleva el trofeo a casa porque es su lugar seguro de descanso, pero resulta que no tiene hambre, así que no se lo come.

No es un secreto que estos animales no son tan cariñosos como los perros. Un can es muy raro que rechace una caricia, mientras que el gato la aceptará solo cuando a él le apetezca y se agobia cuando se le mima en exceso. Esto no significa que algunos no sean sumamente cariñosos y apegados a sus compañeros humanos. Ese es el motivo por el que algunos criadores de gatos están poniendo el énfasis en que algunas razas sean cada vez más dóciles, promoviendo la perpetuación de genes con características como la sociabilidad. Pero, en ningún caso un felino podrá ser entrenado como un can para responder a nuestras órdenes. Entre otras cosas, carecen de ese deseo perruno de agradar.

Gatos y perros también difieren en **horarios.** Los primeros duermen o dormitan prácticamente todo el día, para espabilarse al caer el sol, que es cuando les entran ganas de «marcha». Sus llamativas pupilas (de un tamaño casi igual que las humanas) les permiten adaptarse a la oscuridad y, cuando están completamente dilatadas, su visión nocturna es ocho veces mejor que la nuestra. La otra cara de la moneda es que se deslumbran si hay mucha luz. Para regularla, y que el exceso de luminosidad no dañe su retina, contraen verticalmente la pupila, que llega a verse como una fina rendija perpendicular. Este tipo de pupila parece que también les permite calcular mejor las distancias cuando están agazapados acechando a su presa.

Todos sabemos que a la mayoría de los canes les encanta revolcarse en excrementos o bichos muertos, así como chapotear en los charcos y no les importa mancharse las patas de barro. La fama de limpios de los gatos obedece a la realidad, ya que se podría decir que están obsesionados con mantener su cuerpo y entorno impecable. Por ello, dedican muchas horas al día a lamerse para conservar impoluto su pelaje y piel.

Tampoco soportan estar en un entorno sucio, como demuestran sus arraigados **hábitos higiénicos:** utilizan el arenero para hacer sus deposiciones que luego entierran, y rechazan comer o dormir en lugares desaseados (para descansar, si pueden, eligen nuestras camas). Ni siquiera beberán agua si en su cacharro hay una pelusa.

Sin embargo, son muy reacios a bañarse. Hay que tener en cuenta que su antepasado vivía (y vive) en un clima semiárido, donde el acceso al agua es escaso. Además, disponen de un tipo de saliva que elimina la grasa, y de una lengua con una textura que facilita que puedan acicalarse, deshaciéndose de la posible suciedad de su cuerpo, sin necesidad de pasar bajo el grifo.

¿Has observado alguna vez cómo come un perro y cómo lo hace un gato? Los canes engullen literalmente lo que tengan delante, tragándose las bolas de pienso de seis en seis como si fuera una competición consigo mismos por acabar lo antes posible. Los gatos olisquean primero lo que tienen en el plato y, después, van cogiendo y masticando bolita a bolita. Ellos necesitan alimentarse varias veces al día, aunque con poca cantidad cada vez.

Además, son bastante exquisitos y, si tienen la posibilidad de elegir, no ingieren cualquier cosa, sino lo que realmente les agrada. De lo contrario, pueden ignorar de manera despectiva la comida, con la consiguiente preocupación de su propietario, que acaba cediendo al chantaje y comprándoles una latita de paté de esas que tanto les gustan.

Otra diferencia sustancial entre los gatos y los perros se refiere a su **dieta.** Los gatos son estrictamente carnívoros. La razón es que en la naturaleza, tienen que comer carne para sobrevivir, mientras que los perros son omnívoros, lo que significa que pueden alimentarse tanto de fuentes animales como vegetales.

Tampoco coinciden en su **capacidad atlética.** Mientras que los canes se podrían definir como corredores y andarines, los felinos son acróbatas cuyo físico está excelentemente diseñado para saltar y trepar, por lo que son mucho más ágiles, sobre todo en las alturas.

Con todas estas diferencias, es normal que a perros y gatos les cueste congeniar. Otra cosa es que se odien, ya que ese es un sentimiento exclusivo de los humanos. Las razones por las que un can persigue a un gato son bien sencillas: los mininos son solitarios, y además de depredadores también pueden ser presas, por lo que tienen muy acentuado su instinto de huida.

Por su parte, los perros, especialmente los de caza, no pueden evitar perseguir todo aquello que se mueva, aunque no siempre tienen intención de atacar y, a veces, lo único que pretenden es darse una carrera, igual que harían detrás de una pelota o un palo, o intentar jugar con el propio felino. Es algo parecido a lo que sucede cuando, en las películas, los policías buscan a un delincuente entre una multitud de gente. El culpable, al verlos, se delata al salir corriendo impulsivamente, y los agentes emprenden la persecución.

Pero los gatos no son amantes de las carreras de fondo y llega un momento en el que, si no pueden esconderse, se plantan. Y ¡ay de los canes cuando esto ocurre! Los felinos se quedan inmóviles, con la mirada fija en su «atacante», aplastan sus orejas contra el cráneo, ladean y arquean su cuerpo mientras el pelo se les eriza. Entonces, lanzan un gruñido amenazador y muestran los colmillos. Todo esto es un aviso, porque si su adversario sobrepasa la distancia crítica, lo siguiente que harán será lanzar un peligroso zarpazo para clavar sus uñas retráctiles, afiladas como puñales en los puntos más sensibles del perro, a ser posible ojos u hocico.

Con estas armas los felinos son capaces de enfrentarse incluso a osos o lobos, sobre todo si tienen crías que defender. Yo misma he presenciado cómo un gato joven y enfermo defendía su comida ante un zorro adulto, a quien acabó echando del territorio.

Los perros suelen ser conscientes de que pueden salir malparados, por lo que acaban retirándose. En caso contrario, además de llevarse unos dolorosos arañazos capaces de causarles una importante infección, pueden sufrir úlceras en la córnea y llegar a perder un ojo.

La convivencia
Sin embargo, en múltiples hogares conviven pacíficamente estos animales, si bien la imagen de la armonía no siempre es completa. Para una buena relación, normalmente prima la comodidad del gato, ya que los perros se adaptan mejor.

En general, los mininos son más reticentes a compartir casa, al menos, en un primer momento. Un can bienintencionado y juguetón puede resultar malinterpretado y, por lo tanto, invasivo para el gato, amante del control. Además, estos dos animales poseen lenguajes corporales diferentes, por lo que no siempre se entienden bien. De ahí que la impronta sea muy importante, ya que si conviven juntos **desde pequeños** es más fácil que se comprendan mutuamente.

Aunque un perro viva con gatos de forma amigable, con aquellos ajenos al entorno familiar aflora su instinto de caza y los persigue. Incluso hay casos en que el can que convive en el interior con un felino, si se encuentra con este en un entorno abierto, pueda llegar a matarlo. De igual forma ocurre con los mininos: si están en un entorno que consideran «no seguro» o en época de crianza, es posible que ataquen al perro con el que comparten el día a día.

EL CASO DE PAQUITO, MIMOSA Y YELMO

En mi caso, he tenido una gata que ha convivido con dos perros. La encontré casi moribunda en la calle, ya adulta, y tras pasar por el veterinario, vino a casa. Paquito, el bretón que tenía entonces, ya era mayor y él no pasaba a una determinada zona de la casa, que incluye el baño y el dormitorio. Ese fue el territorio de Mimosa, donde dormía, comía, y acudía cuando no quería ser molestada. No jugaban entre ellos, más bien se ignoraban, sobre todo al principio, porque después solían acurrucarse juntos en la colchoneta del perro.

Unos meses después de morir Paquito llegó Yelmo. Tan asustado, tan prudente y recatado que jamás tuvo un mal gesto hacia la gata, ni ella hacia él. Tampoco tenían ningún tipo de relación, aunque de vez en cuando se olisqueaban o se tumbaban cerca. Estaban tranquilos. Ella seguía teniendo su territorio al que no accedía el podenco y donde se sentía segura. Pese a su comportamiento pacífico hacia Mimosa, tanto Yelmo como Paquito no dudaban en perseguir a cualquier otro gato fuera de casa.

Otro caso más espectacular es el de un husky siberiano que vivía en una urbanización con una importante colonia de gatos. Debía conocerlos a todos, ya que nunca persiguió a ninguno de ellos, ni siquiera fuera del recinto. Sin embargo, era una auténtica fiera con los felinos extraños.

Según un estudio publicado en 2020 en la revista científica *PLOS ONE* que entrevistó a 1 270 personas que vivían con ambos animales, estos tuvieron un **comportamiento mutuo pacífico** por norma general. La mayoría mostró una respuesta relajada al acercársele su compañero de otra especie. La investigación asimismo reveló que hay más perros que lamen al gato y más gatos que ignoran al perro que al revés, lo cual no es sorprendente sabiendo su sociabilidad. Pese a ello, la mayoría de los perros y gatos duermen juntos, al menos ocasionalmente, en un 68,5 % de las veces, y juegan el uno con el otro en un 62,4 % de las ocasiones.

Las conclusiones de otra encuesta se basan en las respuestas de 748 familias de Europa, Estados Unidos, Australia y Canadá, en cuyas casas habitan las dos especies de animales. Más del 80 % de los consultados afirmaron que viven en armonía, y solo un 3 % mencionó problemas en sus relaciones. Lo cual no quiere decir que no tengan sus diferencias, como en cualquier convivencia: el 57 % dijo que los gatos hicieron algún gesto agresivo contra los perros, y el 18 % que estos últimos amenazaron alguna vez a los felinos. Es decir, en general fueron pacíficos y los perros fueron más tolerantes.

Que haya una buena relación entre ambos dependerá mucho del perfil de los dos animales, si son más o menos miedosos, nerviosos o sociables, así como del entorno y de la manera en que hayan sido presentados, porque las primeras impresiones son importantes.

También existen casos en los que tener a un gato y un perro bajo el mismo techo acaba convirtiéndose en un infierno para todos. Una solución puede ser utilizar algún producto con feromonas calmantes (las hay específicas para cada una de las dos especies). Si bien es cierto que los resultados no son inmediatos y hay que perseverar con paciencia, algunos estudios afirman que después de unas seis semanas los animales consiguen estar juntos y tranquilos.

Como curiosidad, una investigación publicada en la revista científica *Pnas* afirma que la extinción hace millones de años de un gran número de especies de cánidos en América del Norte no fue a causa de un cambio en el clima ni ningún otro agente externo. La provocó la **competencia** de los felinos. En esa época convivieron allí, durante mucho tiempo, tres subfamilias principales de cánidos: *Hesperocyoninae*, *Borophaginae* (conocidos como «perros trituradores de huesos») y *Canidae*. Los dos primeros grupos se extinguieron en distintos momentos, sobreviviendo únicamente *Canidae*, que está integrada en la actualidad por perros, zorros, lobos, chacales, coyotes, dingos o licaones, entre otros.

Los científicos analizaron más de 2 000 registros fósiles de cánidos y otros grandes carnívoros, como los félidos, osos, los conocidos como osos perros, o también los llamados falsos dientes de sable. El objetivo era conocer cómo evolucionó y qué consecuencias tuvo la competencia entre ellos.

Descubrieron que hace aproximadamente 20 millones de años, la llegada a Norteamérica de félidos provenientes de Eurasia supuso un punto de inflexión. Se intensificó la competencia entre los distintos carnívoros que en aquella época habitaban la región, lo que contribuyó decisivamente a la completa extinción de la subfamilia *Hesperocyoninae*. Es más, esa inmigración de los félidos parece haber tenido también un papel decisivo en la desaparición de la subfamilia *Borophaginae*.

Una de las hipótesis de los investigadores para explicar el impacto mortal de la llegada de los félidos indica que estos animales podían haberse convertido en unos **predadores más eficientes** que la mayoría de los cánidos extintos. Al ser cazadores mucho más hábiles, en época de escasez de presas se hicieron con los pocos recursos disponibles, lo que dejó a sus adversarios sin sustento. Parece ser que mientras algunas especies de cánidos, como los lobos, eran muy hábiles a la hora de atrapar a sus presas en una carrera de velocidad, otras especies lo hacían preparando una emboscada (de manera muy similar a la de nuestros gatos), por lo que les ganaron la partida.

Hasta el momento en el que los félidos llegaron, en América del Norte vivían unas 30 especies de cánidos, una diversidad que alcanzó su culmen hace unos 22 millones de años. El linaje *Canidae* fue el único sobreviviente, pues aparentemente se vio afectado en menor medida, quizá porque su territorio, forma de vida, de cazar y sus presas eran diferentes a las de los félidos y las subfamilias extintas.

En una sociedad tan polarizada y enfrentada como la actual, no podía faltar el debate entre los defensores a ultranza de los perros y de los gatos. Generalmente, a las personas que prefieren los gatos, no les caen bien los perros y viceversa. Los amantes de los felinos suelen comentar todos los inconvenientes o incomidades del perro como: «los perros son babosos, sucios, ladran, te esclavizan porque no puedes dejarlos solos, y tienes que estar pendiente de ellos y sacarlos a pasear varias veces al día, aunque estés muy cansado o llueva». Mientras que los que prefieren a los canes suelen argüir: «los gatos son ariscos, indiferentes, altaneros y egoístas, solo demuestran cariño cuando quieren conseguir algo de ti. Además, son un peligro para la biodiversidad».

La verdad es que no tiene sentido **comparar a dos especies** tan distintas. Los propietarios saben que el pariente peludo de su familia es en realidad un ser único y especial, con sus propios talentos y debilidades. Perros y gatos, cada uno a su manera, nos brindan compañía y cariño. A ambos se les atribuyen propiedades terapéuticas para el ser humano y son grandes maestros, por lo que elegir solo uno no tiene por qué ser obligatorio.

Relación con otros animales de compañía

Perros y gatos no son los únicos animales con los que compartimos nuestros hogares. Muchas personas viven con hámsteres, cobayas, conejos, hurones, tortugas, peces y distintas aves, como canarios, agapornis o periquitos.

Existen múltiples ejemplos, en nuestro entorno o que vemos en vídeos por internet, de perros que se llevan bien e interactúan con todos esos animales. Excepto con los peces, claro, ya que la única relación aparente es la del can mirando al acuario como si fuera una televisión, lamiendo el cristal del mismo o, en el peor de los casos, tirándolo al suelo, seguramente llevado por la simple curiosidad.

Pero la realidad a menudo no es tan sencilla. Imagina un perro de caza al que soltamos dentro de su territorio unos roedores o un conejo. Su instinto es tal que, probablemente, no pueda comprender que se trata de un nuevo compañero y, en cualquier momento, si nos descuidamos, existe la posibilidad de que se abalance sobre él como respuesta a su selección genética.

En algunos canes es un impulso tan fuerte e incontrolable que la sola presencia de estos pequeños mamíferos les hace temblar de excitación y son incapaces de escuchar u obedecer nuestras órdenes. No hay que olvidar que algunas razas, como los terriers y los bodegueros, fueron criados específicamente para controlar plagas de roedores, mientras que otras, como los galgos y los podencos, se desarrollaron para perseguir conejos.

Incluso aunque a los **hámsteres o conejos** los mantengamos siempre enjaulados, es probable que el can los acose, acechando junto a ellos, intentando meter la pata entre las rejas o ladrando sin parar.

Exactamente igual ocurre con las **aves.** Si están libres volando por la estancia, un perro puede tener en un momento dado el instinto de cazarlas, mientras que, si las mantenemos en la jaula, ellas pueden sentirse estresadas por la presencia de un depredador.

El primer encuentro entre un can y un **hurón** puede ser muy variable, aunque el perro normalmente se queda algo desconcertado ante la apariencia, el olor y la peculiar forma de moverse de ese extraño ser. Los hurones también son sociables y juguetones, pero en ocasiones han llegado a morder a perros «mini» como chihuahuas o yorkshire, de la misma forma que ellos pueden convertirse en presa de los canes.

Desde luego, no es lo más habitual que desde el primer momento en que se conocen dos especies distintas se acepten mutuamente. Por un lado, depende mucho del carácter y la edad de uno y otro. Obviamente la impronta es muy importante, ya que cuanto más jóvenes sean ambos, más fácil y corta será la adaptación.

Por otra parte, la paciencia y la pericia del propietario son decisivas a la hora de lograr que la relación llegue a buen puerto. Los dos animales, aunque especialmente el perro, deben estar muy bien educados para acatar las normas. El problema es que hay que ser muy constante, y la gente se suele cansar antes de obtener resultados.

Algunas veces, ya sea por territorialidad, incompatibilidad, celos, dominancia o instinto, el que ya estaba en casa no acaba de tolerar al recién llegado. Una opción entonces es mantener un espacio diferente para cada uno, aunque esto generalmente es incómodo y no siempre funciona.

De todas formas, no está de más plantearse si realmente merece la pena mezclar a dos animales tan diferentes, teniendo en cuenta que quizá ninguno de los dos consiga disfrutar de una buena calidad de vida. Y aunque los foros y las webs están llenos de gente contando sus maravillosas vivencias de cómo su perro comparte y juega con cobayas, ratas, hámsteres, pájaros y otros pequeños vertebrados, a lo mejor deberíamos preguntarnos si es realmente necesario.

Lo que para nosotros puede ser una convivencia agradable y bonita, para esos otros seres puede significar un continuo estrés, enorme desestabilización, tensión y angustia que se traducen en una existencia infeliz.

Vida en la granja

Durante más de 20 000 años la vida de los perros consistía básicamente en cazar y ahuyentar animales salvajes. Sin embargo, poco a poco, los humanos fuimos domesticando algunos herbívoros que, agrupados en rebaño, se convirtieron en presa fácil para los depredadores.

Entonces, nuestros antepasados se dieron cuenta de que los canes, gracias a su enorme sociabilidad y deseo de complacernos, podían ayudarnos también custodiando al ganado. Así es como, paradójicamente, los cazadores pasaron a ser los guardianes de las que antes eran sus víctimas.

Protección y pastoreo

Se cree que hace unos 8 000 años los perros empezaron a cuidar a las cabras en Oriente Medio para, más tarde, hacer lo mismo con las ovejas en Persia. En China se domesticaron los cerdos, en India las reses, en Perú las llamas, y en Asia Central y España, los caballos. Y nuestros compañeros perrunos tuvieron un papel decisivo en todo ello.

La **protección del ganado** mediante el empleo de perros es una práctica casi tan antigua como la propia ganadería. Desde entonces, el «mejor amigo del hombre» ha ejercido esta labor con casi todo tipo de animales domésticos, desde caballos a pavos pasando por ovejas, cabras o vacas.

Después, el ser humano descubrió que, además de salvaguardar a esos animales, los canes también podían ayudar a los pastores con el manejo de los mismos. De este modo, junto a los guardianes, surgieron otros, conocidos como de arreo o control. Estos dos tipos de perros fueron especializándose cada vez más en sus respectivas labores.

Mientras que la misión de los primeros es cuidar al ganado sin asustarlo, la de los segundos es mover al rebaño, acercándolo al pastor o llevándolo del establo al pasto y viceversa. Existen grandes diferencias entre ambas tareas. Se podría decir que la principal es que los protectores están estrechamente unidos a otros animales, en tanto que los de carea; es decir, los que dirigen el ganado, lo están al ser humano.

Entre los **defensores** destacan el mastín español, montaña del Pirineo, dogo mallorquín, boyero o el pastor del Cáucaso. Suelen ser grandes o gigantes y poseen un fuerte instinto de protección, pero, en caso de amenaza, su aspecto bonachón y tranquilo se transforma en fiereza. Por supuesto, no deben tener propensión a la caza, debido a que eso les haría dejar a su suerte al rebaño ante el primer estímulo que encontrasen.

Entre el ganado se comportan como una vaca, cabra, oveja o caballo más, sin agrupar a los animales ni acecharlos; solo los acompañan y guardan, paseando entre ellos o por los alrededores, siempre atentos a cualquier señal de amenaza, pero sin interferir con sus congéneres de arreo. A este tipo de perros no se los cría para que obedezcan a sus amos, sino para que la verdadera relación la tengan con el animal a defender. El grupo al que cuidan es su familia, con la que conviven de manera permanente como un miembro más que se encarga de vigilar y marcar el territorio.

Su actuación suele ser simplemente disuasoria, ya que su sola presencia y sus profundos, graves y roncos ladridos son suficientes para evitar que los depredadores se acerquen, al tiempo que alertan al ganadero.

Más de una vez nos ha tocado darnos la vuelta, cuando paseábamos por algún camino rural, al escuchar de lejos a los mastines, que habitualmente están situados en lugares altos y estratégicos, rodeando a sus animales.

La fidelidad, atención y protección que muestran hacia su rebaño depende de la ya conocida **impronta,** mediante la que se alienta al cachorro a formar lazos con el ganado en vez de con las personas. Su territorialidad irá dirigida hacia cualquier intruso, de dos o cuatro patas, que amenace la integridad de su rebaño.

Para conseguirlo, las perras dan a luz en la majada o establo, donde a los pequeños se les junta con el ganado. Como los mastines suelen ser bastante prolíficos, y con objeto de que no agoten a la madre, alguno de los cachorros puede ser adoptado por una cabra u oveja recién parida, que les dará de mamar. El hecho de que una presa acoja como cría a un depredador no se consigue tan fácilmente; una práctica común es aplicar sal encima del cachorro para que su nueva madre lo acepte, lamiéndolo e interiorizando su olor.

De esta forma, desde el mismo instante del nacimiento, y antes incluso de abrir los ojos, los bebés perrunos se van familiarizando con los olores y la presencia del animal en cuestión al que estén destinados a cuidar en un futuro. Si durante este periodo no se garantiza el contacto estrecho entre el can y el ganado, se corre el riesgo de que se connaturalicen con sus hermanos, es decir, que formen una jauría.

Cuando alcanzan aproximadamente los 45 días de edad, los cachorros se empiezan a destetar y se interrumpe todo contacto con la madre. Desde entonces y hasta los tres meses, se comienza a fraccionar progresivamente la camada, separando a los pequeños hasta que finalmente se les va aislando para forzarles a que su interacción se limite a los miembros del hato.

En ocasiones tendrán que proteger rebaños mixtos, como los formados por ovejas y cabras, y en ese caso los cachorros deben estar desde el principio en contacto con ambas especies para que se acostumbren a ellas. En caso contrario, su tendencia será la de impedir que se mezclen o mostrarse agresivos ante aquella que consideren desconocida.

De hecho, se ha producido algún caso en el que un pastor de ovejas ha decidido por ejemplo comprar algunas cabras para aumentar su rebaño. El problema fue que al no haberse producido la impronta desde la infancia del perro y, seguramente, tampoco haber tenido una adecuada presentación, los mastines no reconocieron a estas últimas como parte de su manada o familia y acabaron matándolas en lo que, para ellos, era simplemente un cumplimiento de su deber.

A partir de los tres meses, paulatinamente, cada can comenzará a salir con su rebaño al monte, al principio guiados por un **perro veterano,** hasta que vayan aprendiendo a trabajar ellos solos y madurando, cosa que suele ocurrir a partir del año, aunque depende de cada animal.

También es importante que conozcan a los perros «conductores» para que no los perciban como intrusos. Después podrán convivir, porque los guardianes saben que no se trata de ningún extraño que vaya a poner en peligro a su familia animal.

Por su parte, **los perros de control o conductores** son los encargados de ayudar al pastor en el manejo del ganado. Físicamente son más pequeños que los guardianes, así como rápidos, ágiles y con un gran instinto de alerta y agrupación. Deben tener un fuerte carácter para transmitir su determinación al ganado y enfrentarse a él, además de demostrar inteligencia para resolver situaciones imprevistas. Su trato con el rebaño no es familiar, sino más bien depredador; no pierden de vista a los animales y sus movimientos intencionados se dirigen a controlar a los mismos.

Para el correcto desempeño de esta labor es necesario que, hasta cierto punto, las ovejas, cabras o vacas les teman, ya que de ello depende que se muevan en dirección opuesta a la del can. Además de ladrar, frecuentemente utilizan los dientes, propinando pequeños y controlados mordisquitos en las patas, orejas, cuello e incluso cuernos de los individuos más díscolos. Los perros menos valientes atacan el trasero, algo no deseable por el riesgo de desgarrar las ubres.

Entre sus funciones están la de vigilar para que el rebaño no se disperse, agrupando a los animales y dirigiéndolos hacia donde diga el guía, así como controlar la entrada y la salida del establo y buscar a aquellos que se hayan extraviado.

Es importante que realicen bien su trabajo, ya que cualquier tipo de estrés en el rodeo puede generar futuras pérdidas de productividad. Por ejemplo, si se arrea una vaca lechera asustándola mediante ladridos, seguramente se estrese y durante el ordeño se obtengan muchos menos litros de leche.

Estos canes trabajan únicamente cumpliendo los mandatos que reciben y se podría decir que son imprescindibles, puesto que ahorran mucho tiempo y esfuerzo al pastor, realizando el trabajo de tres o cuatro personas, con el consiguiente rendimiento económico. Debido a ello tienen que ser extremadamente disciplinados y siempre estar atentos a las órdenes de su amo. Antes de entrenarles para el pastoreo, hay que enseñarles los **ejercicios básicos** que todo perro debe aprender: caminar con la correa, no escaparse, acudir cuando se le llama, etc.

Cuando ya sepan obedecer, se puede empezar con el **entrenamiento específico.** Para ello, deberán aprender a diferenciar los tonos de voz y a reconocer varias indicaciones como los comandos de dirección (adelante, atrás, aquí, derecha o izquierda) con objeto de guiar al rebaño adecuadamente. Lo más efectivo es emplear palabras cortas y fuertes para que les resulte más fácil asimilarlas. Por ejemplo, si se quiere que el perro apure, habrá que usar un tono agudo y rápido. Si por el contrario lo que se desea es que vaya lento, es mejor utilizar un tono suave y tranquilo. Aunque entenderán perfectamente estas órdenes mediante la voz, si se les enseña bien también se puede lograr que aprendan a reconocer determinados gestos (por ejemplo, señalar con el brazo) o distintos silbidos. Existen silbatos exclusivos para este fin, que tendrán diferente sonido según el pastor coloque la lengua de una manera u otra.

Una vez que sepan esto, ya pueden empezar a salir con el ganado para **guiar, recoger y agrupar** a los animales. Al igual que ocurría con los defensores, al principio irán acompañados por otro perro experto que les irá mostrando cómo hacerlo.

El comportamiento y su eficacia para desplazar a un nutrido rebaño ovino es todo un espectáculo digno de ser visto, que ha asombrado incluso a matemáticos. Para estudiarlo, científicos de varios centros de investigación incorporaron mochilas con dispositivos GPS de gran precisión a algunos de estos perros.

Los resultados que obtuvieron indican que los canes siguen solo dos simples reglas: recoger a las ovejas cuando se encuentran dispersas, y llevarlas hacia adelante en el momento en que están juntas, lo que logran tejiendo un recorrido de ida y vuelta por detrás del hato. De hecho, durante la prueba, un único perro pudo guiar a un rebaño de más de 100 individuos con estas dos reglas, aunque habitualmente mueven una cantidad mucho menor.

Los investigadores creen que este comportamiento se debe a que el perro básicamente ve figuras suaves y blancas (de la lana de las ovejas) frente a él, pero si detecta huecos entre los animales, tiende a unirlos.

Existen varias razas de canes de control o arreo, como el pastor catalán, el vasco, el carea leonés o el perro de aguas, pero el más extendido y utilizado en todo el mundo es el border collie. Fue creado en Reino Unido a finales del siglo XIX, concretamente en la frontera entre Inglaterra y Escocia, de ahí su nombre (*border* significa 'frontera' en inglés y *collie*, 'útil' en gaélico). Desciende de perros pastores celtas, como el corgi, el rough collie o el bearded collie. Debido a que, mucho tiempo atrás, en las islas británicas se eliminaron los grandes depredadores, no se necesitaban guardianes, así que se dedicaron a perfeccionar a los canes de arreo. Esta raza es muy eficaz, ya que imita a los lobos acechando a su presa.

Hoy en día el **border collie** se ha puesto de moda, en buena parte debido a que está considerada la raza más inteligente del mundo. Cada vez son más abundantes, incluso en las ciudades, donde ejercen simplemente de compañeros. Sin embargo, fue criado para pastorear, por lo que lleva tras de sí siglos de selección con el fin de hacer de él un perro constante, entregado y resistente a actividades de larga duración en terrenos o climas adversos y, sobre todo, su principal deseo es colaborar con su guía. Esto hace que sea un can muy complaciente que busca constantemente la aprobación de su propietario, con el que suele desarrollar un vínculo enorme, pero, a la vez, sus inmensas ganas de trabajar y cooperar hacen que esta entrega se pueda convertir en enfermiza.

Su acecho y control lo han convertido en exageradamente sensible a cualquier movimiento, ya no solo de ovejas sino también de otros perros, bicicletas, coches, corredores, ciervos, pelotas, su propia sombra o un grifo goteando, por lo que se puede obsesionar y desestabilizar fácilmente. En su afán controlador, puede correr empujando o pellizcando con la boca a cualquier animal, persona u objeto que no coopere asustando a la gente o provocando incomodidad o incluso accidentes.

Son extremadamente activos y atléticos, por lo que no es una raza recomendable para cualquiera como animal de compañía. Requieren varias horas de paseos o deporte, además de estimulación mental, ya que les encanta aprender cosas nuevas. Así que no son aptos para personas que estén muchas horas fuera de casa o sean sedentarias, porque pueden volverse hiperactivos, obsesivos y destructivos. Algo parecido ocurre con otra raza, también ganadera e intensa: el pastor belga malinois.

La alta inteligencia significa que aprenden muy rápido, y entienden vocablos y gestos humanos, pero eso también puede tener su contrapartida, ya que son maestros de la fuga y el escapismo: escalan verjas y abren incluso picaportes.

A todos estos perros de ganado, tanto guardianes como «de pastor», igual que al resto de los canes trabajadores, como los de caza, de tiro de trineo en la nieve, etc., lo que más les gusta es cumplir con su tarea y son felices haciéndolo. Poseen una vida plena, ya que tienen una función que desempeñar.

Existe una disciplina, llamada **herding,** que consiste en el **pastoreo deportivo.** En ella, se tratan de demostrar las habilidades del guía y su perro para mover ganado. Surgió hacia el 1800 en Nueva Zelanda y, aunque al principio nació como un desafío entre pastores para ver quién tenía los mejores canes, fue creciendo poco a poco y extendiéndose a otros países como Canadá, Australia, Reino Unido, Irlanda o Sudáfrica. Posteriormente se convirtió en un deporte canino, haciéndose famoso entre los aficionados a las razas de perros pastores.

En el *herding* (que en inglés significa 'pastoreo') se realizan pruebas muy vistosas que pretenden simular la realidad de una forma más llamativa para el público. El perro debe seguir las instrucciones de su guía para llevar de un lado a otro al ganado, meterlo y sacarlo del redil o, incluso, a través de una carrera de obstáculos. En esta modalidad se trabajan diferentes aspectos para conseguir una coreografía perfecta entre canes, ovejas y personas.

Canes y equinos

Las relaciones entre canes y equinos pueden ser muy especiales. Aunque al principio, es normal que los perros ladren a caballos y burros, como harían con otro animal desconocido, y que estos puedan asustarse, si se supera esta etapa, pueden llevarse muy bien. Ambos son animales sociables, que disfrutan de la mutua compañía.

Son muchos los propietarios de caballos que poseen perros y salen **de ruta** juntos. En esas ocasiones, es frecuente que las monturas estén más confiadas cuando van acompañadas por el can, que suele ir por delante avisando de cualquier peligro.

En el siglo XVIII, los dálmatas eran muy apreciados por su extraordinaria afinidad con los caballos. Parece ser que su tarea era acompañar a los carruajes, a modo de escolta, avisando de los posibles peligros del recorrido para impedir que las caballerías se asustaran y pudieran desbocarse. También ejercían de guardianes de las cuadras.

Conozco el caso de un perro callejero que fue recogido y trasladado a una finca con un caballo enfermo. El can se convirtió en el mejor amigo y médico para el equino. Como este último apenas podía moverse, el can le acercaba la hierba para que comiese, al tiempo que le apartaba los excrementos para que pudiera acostarse y, cuando llevaba demasiado tiempo tumbado, le incitaba a ponerse en pie. Desgraciadamente, el caballo acabó muriendo, y el perro fue quien más lo sintió.

No es raro ver a canes y caballos **jugando** juntos, por lo que algunos investigadores se han dedicado a estudiar el comportamiento y los gestos de estos animales cuando retozan. Para hacerlo, recurrieron a la grabación de numerosos vídeos de esos momentos lúdicos. Al analizarlos a cámara lenta, observaron que perros y caballos han encontrado una forma de desarrollar el juego cómoda y divertida para ambos, en la que, de manera sincronizada, saltan, se empujan, se persiguen o hacen como que se muerden. Llegaron a la conclusión de que cada especie imita los movimientos y las expresiones faciales de la otra, un comportamiento que se había observado antes en otros animales, pero nunca entre un depredador y una presa.

Mientras se divierten juntos, perros y caballos frecuentemente mantienen la boca abierta y relajada. Esto podría parecer intrascendente, pero entre los etólogos, este signo es conocido como **ROM** *(relaxed open mouth display)*, y se sabe que, al menos en algunos primates, cumple funciones sociales importantes, como la sumisión, reconciliación, afinidad y tranquilidad. Cuando los canes juegan con sus congéneres, también realizan este gesto amistoso, que parece que ayuda a evitar malentendidos.

La diferencia de tamaño entre ambos hace que el perro sea vulnerable a que su compañero de juegos lo hiera, y el caballo tiene la tendencia arraigada de temer a los animales parecidos a los lobos. Pese a ello, y aunque han seguido vías evolutivas diferentes, parece ser que, a causa de la domesticación, se han vuelto capaces de reconocer las expresiones faciales de los humanos y de los otros animales con los que conviven, llegando a algo parecido a la empatía. Posiblemente estas curiosas amistades se producen porque esos animales viven en un entorno controlado por humanos, en relativa cautividad, con lo que se fomenta una búsqueda de consuelo y amistad en otros.

También un perro puede llegar a **estrechar lazos con un burro,** aunque desgraciadamente estos últimos cada vez son más escasos. Al igual que los canes, estos equinos no soportan la soledad, pudiendo llegar a dejarse morir de pena, por lo que compartir terreno o establo puede ser muy terapéutico para los dos.

En algunos lugares los asnos también son utilizados como defensores de un rebaño ante posibles depredadores, debido a que son animales grandes, con mucha fuerza, que pueden morder o matar de una coz y perseguir a perros asilvestrados, lobos o zorros. Sin embargo, para desempeñar esta función no vale cualquier burro, sino aquellos que tengan especial fobia hacia los cánidos, por lo que no son compatibles con los perros pastores, ya que los ahuyentarían. Ese es el motivo de que se utilicen sobre todo para cuidar el ganado vacuno en extensivo.

Comportamiento con la fauna salvaje

Es fácil comprobar que el número de practicantes de actividades al aire libre ha experimentado un gran auge en los últimos tiempos, particularmente tras la pandemia, y prácticamente no quedan lugares vírgenes del paso (y el peso) del ser humano. Como también ha crecido la cantidad de perros que viven en los hogares, es lógico que cada vez más gente salga a disfrutar del monte con su compañero canino.

Por lo tanto, ver zonas de escalada con canes corriendo a pie de vía, o excursionistas, ciclistas, corredores y esquiadores acompañados de sus perros, es una estampa habitual hoy en día. Ellos disfrutan sueltos en el campo, que al fin y al cabo es su hábitat. Para nosotros supone una delicia verlos disfrutar libremente, corriendo en pos de lagartijas, pájaros o conejos, pero no solemos ser conscientes de las consecuencias que esto puede tener para los ecosistemas, especialmente en los espacios protegidos. No nos engañemos, hasta el más dócil y hogareño de los canes tiene **alma de lobo.**

A muchos dueños de perros les molesta que en un **parque natural** o en una **zona ganadera** estén prohibidos o exista la obligación de llevarlos con correa, pero tiene su razón de ser. Un can que solo quiera jugar, es capaz de causar una estampida en un rebaño de ovejas, con el consiguiente estrés de los animales, que pueden dispersarse por el monte, sufrir abortos o una caída importante. Un perro más agresivo incluso llega a matarlas.

EL INSTINTO CAZADOR DE NUESTROS PERROS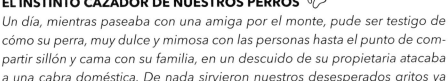

Un día, mientras paseaba con una amiga por el monte, pude ser testigo de cómo su perra, muy dulce y mimosa con las personas hasta el punto de compartir sillón y cama con su familia, en un descuido de su propietaria atacaba a una cabra doméstica. De nada sirvieron nuestros desesperados gritos ya que, en cuestión de segundos, se lanzó y de un certero mordisco en el cuello mató al herbívoro. Igual que un lobo. Aquello me causó tal impresión que se me ha quedado grabado para siempre. Y naturalmente, la perra no volvió a salir suelta por aquella zona.

Recuerdo también un vídeo de internet en el que una chica grababa a su galgo corriendo por un prado. De pronto, entró una liebre en escena y, naturalmente, el perro se puso a perseguirla. La amiga de la propietaria le instaba para que agarrara al perro, con el fin de no le hiciera daño al pequeño animal, pero la dueña, lejos de hacerlo, jaleaba a su can, asegurando que solamente estaban jugando. Tras varios minutos de carrera, la joven se dio cuenta de la realidad: su tierno galgo acababa de cazar a la liebre. De nada sirvieron los gritos desesperados de la mujer para que la dejase.

Por instinto cazador, los canes tienden a perseguir a los animales, domésticos o salvajes, así que aquellos que viven en la ciudad, donde habitualmente no pueden explayarse, están encantados de desahogarse en el medio natural. Allí, el aire está repleto de miles de olores de todo tipo de animales, que les recuerdan su instinto salvaje.

Sin embargo, un simple ladrido puede hacer que la fauna local, asustada, huya y se aleje de sus refugios y áreas naturales, lo que influye negativamente incluso en la reproducción. Cuando persiguen a ungulados como es el caso de las cabras montesas (*Capra pyrenaica*), ciervos (*Cervus elaphus*), corzos (*Capreolus capreolus)* o rebecos (*Rupicapra rupicapra*), aunque sea a modo de diversión y sin ninguna intención de hacer daño, pueden provocar que estos salten desde alturas considerables, con el consiguiente riesgo de accidente.

El ciervo no suele atacar, pero su gran tamaño hace de él un animal poderoso que se defiende de los lobos pateando y, en el caso de los machos, también con los cuernos. Si se ve en una situación límite, es capaz de utilizar estas armas contra los perros.

Con el **jabalí** (*Sus scrofa*), hay que tener especial cuidado. La explosión poblacional de esta especie ha provocado que, en algunas zonas, su densidad supere la capacidad del entorno para ofrecerle agua o alimento, por lo que se han acostumbrado a acercarse a zonas urbanas en busca de recursos. Normalmente, son más grandes y corpulentos que los que viven en el monte, porque están bien alimentados.

Estos cerdos salvajes se han acostumbrado a lidiar con el ser humano y no se asustan fácilmente, aunque, en un encontronazo con una persona o un can, su tendencia será la de huir. No obstante, no hay que confiarse porque si el jabalí está herido, se siente acorralado o tiene crías, es fácil que ataque, y sus consecuencias pueden ser fatales.

Las hembras de esta especie son madres abnegadas, capaces de dar la vida por su camada. No hay nada más peligroso en el monte que una jabalina que sienta que sus rayones corren algún tipo de peligro. Tienen arrestos hasta para enfrentarse a un lobo. En estas circunstancias los protegen con su propia vida, y no dudarán en embestir para asegurar el futuro de su descendencia. Ellas generalmente intentan morder, lo que puede ser muy doloroso y traumático, pero no llegan a ser tan peligrosas como los machos. Ellos están dotados de unos colmillos que pueden variar de tamaño según el ejemplar, pero a veces alcanzan los 15 centímetros. Los utilizan para enfrentarse con otros machos y para defenderse de sus depredadores, incluidos los perros, si se sienten amenazados.

YELMO Y LOS JABALÍES

Donde vivo, los jabalíes campan a sus anchas, las hembras pasean con su prole por las calles y derriban contenedores para hurgar en las bolsas de basura. Recuerdo una vez, al lado de casa, que Yelmo salió corriendo y se me escapó. Le vi persiguiendo un jabalí. Al cabo de unos segundos, la situación se invirtió, y era el animal salvaje el que perseguía a mi perro. No sé cómo ocurrió, pero de pronto me vi sentada en una rama de un árbol con los pies colgando. Afortunadamente, el jabalí al verme se detuvo en seco y se marchó. Desde entonces, siempre llevo a Yelmo a mi lado y, si me doy cuenta de que está siguiendo un rastro (porque veo que se pone nervioso, levanta la nariz, aligera el paso y, a veces, se le eriza el pelo del lomo), le ato inmediatamente.

Hablando de animales silvestres menos imponentes, otro problema es que los perros, además de cazarlos, pueden destruir las **puestas de pájaros** que anidan en el suelo, algunos tan vulnerables como el urogallo (*Tetrao urogallus*) o la perdiz nival (*Lagopus muta*); igualmente, pueden acabar con camadas de **pequeños mamíferos:** conejos (*Oryctolagus cuniculus*), liebres (*Lepus sp.*) o marmotas (*Marmota marmota*). En general, cualquier animal que vaya por el suelo es susceptible de ser descubierto por el perro.

En ocasiones, al perturbar a determinadas especies amenazadas o en peligro de extinción durante su época más sensible, llegan a impedir que críen. Y por si esto fuera poco, como algunos canes son portadores de parásitos intestinales, pueden transmitir ciertas enfermedades, además de actuar dispersando hongos, como el que produce la quitridiomicosis y que está causando el declive de las poblaciones de **anfibios.**

Ana Bernal es licenciada en Ciencias Ambientales y está concienciada de los problemas que Blacky, su compañero de cuatro patas, podría causar a la fauna silvestre. Veamos cómo lo explica con sus propias palabras:

«En una ocasión, llegando al final de una ruta, casi nos dimos de bruces con un macho de cabra montesa; el salto, susto y el chiflido que este soltó nos dejó claro que nuestra presencia era estresante para él. En ese momento pensé qué habría ocurrido si Blacky hubiera ido suelto y lejos de mí, ¿se habría producido una persecución con la consecuencia terrible de una caída?, ¿se hubieran enfrentado el perro y la cabra?».

Este tipo de cavilaciones debe hacérselas cualquier propietario de un perro que quiera respetar el entorno natural. La ambientóloga también tuvo otra experiencia similar, en esa otra ocasión fue con un lince y no tuvo ninguna consecuencia, porque ella siempre tiene la precaución de llevar a su can atado en territorios sensibles.

Si bien los mamíferos y las aves son los animales más llamativos, no son los únicos afectados por los perros. **Los insectos,** poco reconocidos pero fundamentales para el equilibrio natural, igualmente pueden sufrir las consecuencias de nuestros animales. Ana tiene una anécdota al respecto que vivió con su perro Blacky:

BLACKY Y LAS GARRAPATAS 🐾

«Una vez me di un paseo por una zona donde había cientos de garrapatas y Blacky acabó llevándose varias en su cuerpo. Eran tantas que fui al veterinario para que me ayudara a quitárselas, y en vez de eso me recetó una pastilla «milagrosa» que, según decía, se le administraba al can por vía oral y acababa con todas las garrapatas. Me dio la sensación de que ese medicamento no debía de ser muy bueno para la salud de mi perro, así que preferí no dárselo. Al día siguiente, salimos a correr y, como de costumbre, hizo sus necesidades; a la vuelta, reparé en sus heces y encontré en ellas varios insectos, sobre todo escarabajos coprófagos que estaban alimentándose. Posiblemente, si le hubiera dado la pastilla a Blacky habría condenado a muerte a esos pequeños e importantes escarabajos. Entonces me pregunto, ¿qué pasa con todos los excrementos y orina que dejan nuestros canes en el monte cuando están siendo sometidos a medicación?».

En América del Sur se han realizado distintos estudios sobre el **impacto de los perros en la naturaleza.** En Chile comprobaron que en las zonas donde se ha incrementado su presencia, la fauna silvestre es mucho menos abundante. Por eso, en algunas regiones patagónicas las autoridades han declarado a los perros como «especie exótica invasora».

En el brasileño Parque Nacional Tijuca, cerca de Río de Janeiro, una investigadora colocó cámaras en 2 400 hectáreas de bosque para comprobar que los perros no solo eran los mayores depredadores en número, sino que cazaban a tiempo parcial, puesto que todos tenían dueño.

Esta «invasión canina» ha obligado a algunas especies a alterar sus patrones de actividad para evitar encuentros. Los tapires de montaña (Tapirus pinchaque) se están volviendo totalmente nocturnos, mientras que los osos andinos (*Tremarctos ornatus*) y los ciervos ahora tienen más actividad a mediodía.

Generalmente estos problemas son más frecuentes en aquellas zonas donde los asentamientos humanos están muy cerca de las áreas naturales protegidas. Se podría decir que existen diferentes clases de canes «que deambulan sin supervisión». Por una parte, la mayoritaria, están los que, aunque tienen propietario, este les permite vagar sin ningún tipo de control, o directamente les abre la puerta de casa para que se paseen solos (conozco muchos casos de estos). Por otra, aquellos que no tienen dueño, y son callejeros puntualmente alimentados por alguna persona, y los asilvestrados, que prácticamente no tienen contacto con el ser humano.

Un caso especial: pastoreando pingüinos

Los perros no solo son capaces de guardar y pastorear a casi cualquier animal doméstico, sino que además pueden colaborar con la fauna silvestre salvando especies en peligro de extinción.

Eso es lo que ha ocurrido en Middle Island, una isla del sur de Australia, donde anidaba felizmente una nutrida y ruidosa colonia de pingüinos enanos (*Eudyptula minor*). Se trata de unas encantadoras aves de, aproximadamente, 33 centímetros de altura y un kilo de peso, con el dorso de un color azul grisáceo.

Ese país tiene un largo historial de **animales introducidos** con resultado catastrófico. Desde los famosos conejos convertidos en una plaga que aún hoy persiste y que se ha intentado erradicar con diferentes virus (siendo peor el remedio que la enfermedad), hasta gatos o camellos.

Los colonizadores británicos también tuvieron la «brillante» idea de llevar a Australia numerosos ejemplares de zorro rojo (*Vulpes vulpes*), simplemente para poder practicar allí la caza deportiva de este cánido. Pero los raposos son de las especies más adaptables del mundo y empezaron a encontrarse a sus anchas en el nuevo territorio, devorando animales autóctonos que se encontraban indefensos ante un depredador desconocido.

Los pingüinos enanos, que construyen los nidos en grietas entre las rocas, cuevas en el suelo o bajo la vegetación, se convirtieron en una presa fácil. Sus poblaciones fueron disminuyendo y los supervivientes tuvieron que trasladarse a los lugares más escarpados e inaccesibles de los acantilados, así como a las islas cercanas.

En Middle Island vivían a salvo hasta que, en la década de 1990, las cambiantes corrientes marinas arrastraron bancos de arena formando un istmo de tierra que, en los momentos de bajamar, conectaba la isla con el continente. En 2004 los astutos zorros encontraron su oportunidad para cruzarlo y acceder a las aves.

En el plazo de una década, la colonia de 800 individuos quedó reducida a solo 10. Entonces, a un vecino que era criador de pollos y utilizaba perros para protegerlos de los zorros, se le ocurrió hacer lo mismo con los pingüinos. Para ello, cedió a un par de pastores de Maremma, una raza de canes blancos, grandes y robustos de hasta 45 kilos de peso.

La cosa no funcionó del todo bien al principio, porque los perros echaban de menos a su amo, y acabaron volviendo a la granja con los pollos. Pese a todo, durante esa temporada, los zorros no cazaron ningún pingüino. Los isleños descubrieron que lo que le ocurría a los canes es que no habían estado con las aves durante su periodo de impronta, así que escogieron dos cachorros, Edy y Tula, para criarlos entre pingüinos. Ellos desempeñaron a la perfección su cometido durante ocho años, para después jubilarse y dejar el relevo a una nueva generación.

Hasta ahora los resultados han sido tan positivos que las lecciones aprendidas en Middle Island también se están aplicando en otros lugares. El zoológico de Victoria ha puesto en marcha un programa piloto que reúne a los canes con los diminutos bandicut, unos mamíferos marsupiales, parecidos a los roedores, que están en peligro de extinción en Australia.

Familiares salvajes: zorros y lobos
La relación que tienen los perros con sus dos familiares europeos, el lobo (*Canis lupus*) y el zorro *(Vulpes vulpes)* es bien diferente. Mientras que suelen temer a sus antepasados, a los raposos los persiguen y atacan.

No hay que olvidar que existen numerosas razas específicamente criadas para cazar zorros, como el beagle y el foxhound, y otras, como el teckel o el jadgterrier, para entrar en sus madrigueras o en las de los tejones.

El zorro es un carnívoro más bien pequeño, con una altura hasta los hombros de unos 40 centímetros y una longitud (cabeza y cuerpo) de entre 46 y 90 centímetros, más unos 50 centímetros de cola, mientras que su peso no suele superar los 10 kilos. Además, son animales solitarios con múltiples enemigos naturales en todo el mundo: el águila real (*Aquila chrysaetos*), el lobo (*Canis lupus*), el coyote (*Canis latrans*), el tejón (*Meles meles*), el lince boreal (*Lynx lynx*), el lince ibérico (*Lynx pardinus*) y el búho real (*Bubo bubo*).

Todo esto hace de ellos animales con un carácter tímido y astuto, que elegirán siempre la huida antes que el enfrentamiento. Y los perros les tienen bastante manía, quizá también influidos por la relativa semejanza que tienen los raposos con los gatos, o que siempre escapan corriendo; y ya sabemos que nuestros «mejores amigos» tienen un irrefrenable instinto de persecución, sobre todo si son cazadores o pastores. Como siempre, algunos perros lo harán por juego, pero otros lo tratarán de cazar.

Tristemente, me he encontrado en varios de mis paseos con bastantes ejemplares de zorros, tanto jóvenes como adultos, muertos por el ataque de un perro. No solo esto, sino que la abundancia de canes en una zona puede generar un fuerte estrés en las poblaciones zorrunas e, incluso, llegar a aniquilar a sus camadas.

Sin embargo, la mayor amenaza es que los perros les contagien algunas de sus enfermedades, como el moquillo, el parvovirus o la sarna. Aunque es obligatorio vacunar a nuestros canes de las dos primeras, no todo el mundo lo cumple.

Pese a todo, hace pocos años se confirmó en Croacia el primer caso conocido de **hibridación** entre perros domésticos y zorro común en un entorno silvestre. Es sabido que los canes pueden cruzarse con lobos y coyotes, pero nunca antes se había tenido constancia de que pudieran hacerlo con este animal.

Un grupo de cazadores, extrañado por la apariencia de dos de los animales a los que habían dado muerte, los llevaron a la Universidad de Zagreb, donde los investigadores, tras tomar muestras de tejido, los sometieron a pruebas cromosómicas y de ADN. El análisis confirmó que los ejemplares estudiados eran todos descendientes de zorros hembra y perros domésticos machos, lo que les convirtió en los primeros casos conocidos de tal mestizaje.

Por otra parte, se cree que, durante la Edad del Bronce, el zorro pudo ser domesticado. En aquellos tiempos, existía una práctica funeraria generalizada, consistente en enterrar a las personas junto a sus animales. En algunas tumbas descubiertas en el noreste de la Península Ibérica se han hallado, junto a restos humanos, los de una gran cantidad de perros y varios zorros. Los científicos han descubierto que ambas especies seguían una dieta muy similar a la de los humanos, por lo que se cree que vivían con ellos.

En concreto, destaca el caso de un viejo raposo que tenía una fractura en proceso de curación, con signos de haber sido tratado (entablillado) por alguien. Los investigadores están convencidos de su domesticación, ya que parece ser que pasó mucho tiempo entre las personas.

Pese al fuerte parentesco genético que tienen, perros y **lobos** tampoco se llevan bien. En zonas lobunas, durante las batidas de jabalí, no es raro que de vez en cuando aparezca algún can comido por su antepasado salvaje.

Se ha hablado de que este comportamiento era debido a la competencia interespecífica de los cánidos, pero los lobos no solo los matan, sino que con frecuencia se los comen. Aunque a algunas personas esto puede parecerles cruel, en el fondo es muy natural: es el instinto de supervivencia. Esos depredadores suelen ser ejemplares solitarios y hambrientos que ven en el perro simplemente una presa y alimento fácil.

A pesar de ello, no todos los canes temen al lobo, sino que esto dependerá mucho de la raza y el carácter de cada uno. Los teckel, por ejemplo, no parecen ser conscientes de su pequeño tamaño y son unos temerarios que se enfrentan sin dudar al poderoso carnívoro, ante el que tienen todas las de perder. Otros perros grandes y fuertes, como los pit bull o dogos argentinos, son capaces de amedrentarlo y hacerlo huir de su propio territorio.

Pero la relación más estrecha es la que mantienen los lobos con los **guardianes del ganado.** Nardi López Campano, ingeniero técnico forestal y celador de medio ambiente, está acostumbrado a observar a estas dos especies tan emparentadas. Asegura que, donde se solapan los territorios de una manada de lobos con una explotación extensiva de ganado, canes y lobos se conocen perfectamente por el olor y, hasta cierto punto, se podría decir que se toleran.

Los perros pasan días y días en el monte con su rebaño. Los lobos lo saben y los vigilan, esperando su oportunidad. Aunque, tanto unos como otros, si pueden, tratan de evitar el enfrentamiento.

«Los mastines, en su papel de defensores, no tienen miedo al lobo, lo persiguen y llegan a atacarlo, incluso pudiendo darle muerte en caso de que la confrontación se produzca y los mastines sean superiores en número. Pero también es cierto que he visto un rebaño guardado por diez perros, y los lobos se las ingeniaban para cazar a las ovejas», afirma Nardi López. «Cuando hay una oveja muerta o herida, los mastines la custodian durante horas o incluso días, sin moverse de su lado y ni siquiera comer o beber hasta que llega el pastor».

Se dice que, si hay abundante fauna silvestre, los animales domésticos suponen apenas el 20 % de la dieta del lobo. De todas formas, no hay que olvidar que es un depredador y una oveja o cabra es un bocado disponible (con permiso de los mastines, claro está) que generalmente no requiere tanto esfuerzo como un ciervo o un jabalí.

Responsabilidades de los dueños

Los perros necesitan correr al aire libre, olisquear, seguir rastros. Por supuesto, todos queremos que nuestro animal disfrute, pero no a costa del bienestar de otros. Por ello, debemos ser responsables.

Lo primero y básico es tener **las vacunas** en orden y seguir las pautas de **desparasitación** interna, aunque esto es algo que los propietarios tenemos que hacer, ya no solo por la salud de la fauna silvestre, sino por la nuestra propia.

Cuando visitamos un espacio natural protegido, en el que la prioridad es conservar las especies vegetales y animales que allí se encuentran, es fundamental llevar a nuestros canes controlados, lo que en muchos casos significa con **correa.**

Muchos alegarán que si su perro no va suelto y libre, no hace deporte y no se cansa. Pues una solución para que se ejerciten canes y dueños es ir caminando a ritmo rápido y sostenido, con el perro atado a la cintura tirando por delante. Se necesita poco material: un arnés de tiro para nuestro compañero, un cinturón de los que existen en el mercado para practicar *canicross* (una disciplina deportiva que consiste en correr con un perro) y una cuerda con amortiguación, por eso de los tirones, que nos una.

En realidad, lo importante es tratar de sacar a nuestro perro a hacer ejercicio a diario, no esperar a que llegue el fin de semana para que se desfogue, y mucho menos en un lugar donde pueda causar grandes perjuicios ambientales. Que los perros disfruten, por supuesto que sí, pero no a costa de otras especies.

Perros conservacionistas

Pese a todo lo dicho anteriormente, no siempre los canes suponen un peligro para la fauna silvestre. Si están entrenados, pueden colaborar con los científicos para estudiar a esos animales en sus hábitats naturales.

Los métodos tradicionales que usan los expertos con el fin de llevar a cabo estas investigaciones consisten en capturar a algunos individuos para colocarles radiotransmisores y tomar muestras de sangre. Posteriormente, se los rastrea durante el tiempo que duren las baterías.

También se utilizan imágenes aéreas para así mapear paisajes abiertos o detectar animales más grandes; sin embargo, cuando se trata de zonas densamente cubiertas de vegetación y de especies más pequeñas, se tiene que trabajar con cámaras, trampas y otros trucos similares, o bien ser los propios investigadores quienes realicen las tareas de búsqueda y rastreo. Es cierto que estos procedimientos aportan una valiosa información, pero son invasivos, costosos y estresan a los animales.

Por eso, otra manera de hacerlo, que se está empezando a implantar en algunos países, consiste en el uso de perros a los que, de manera semejante a como se hace con los que colaboran con la policía, se les enseña a detectar, en este caso, material fecal y otras **muestras biológicas** de una especie en concreto. A través de las heces se pueden obtener muchos datos, como la distribución o el tipo de alimentación, e incluso realizar un análisis genético. Además, los canes son capaces de localizar plantas, hongos e incluso animales bajo tierra.

A estos perros se los adiestra para encontrar un olor específico y avisar del mismo sentándose, y además realizando todo el proceso en completo silencio para no molestar a los animales silvestres. De este modo, cada vez que identifican el olor correcto se les da un premio hasta lograr que lo hagan de forma consistente.

Los perros encuentran muestras que serían imposibles para un humano y, además, no interfieren con la vida silvestre; llevan puestos chalecos de colores vivos y se les cuelgan cascabeles en el collar, con el fin de poder oírlos y verlos de lejos, para que la fauna local tenga tiempo de huir o refugiarse y así evitar un susto o un encuentro cara a cara que sería muy estresante.

Frecuentemente se utilizan canes procedentes de refugios y protectoras que sean especialmente entusiastas y repletos de energía, quizá demasiada para una vida hogareña y sedentaria. Al tener un trabajo, ellos encuentran una actividad gratificante y gastan felices su vitalidad desbordante colaborando con la ciencia.

La experiencia más larga con perros detectores se encuentra en Nueva Zelanda, y posteriormente se ha extendido a otras latitudes, especialmente a América del Norte y a algunos países de Europa. Desde entonces, nuestros fieles amigos han encontrado más de 400 animales diferentes, generalmente mamíferos, pero también aves, insectos, hongos y bacterias. No siempre se trata de especies en peligro de extinción, sino que también rastrean plagas o plantas invasoras.

Para estas labores se eligen principalmente razas como el border collie, labrador, retriever y pastor alemán. Los pointers y setters, que se han criado para encontrar y señalar la presa, pero sin cazarla, se utilizan sobre todo para detectar aves que se reproducen en el suelo.

Perros y humanos

Con todo lo anterior, está bastante claro que los perros pueden llegar a sentir afinidad por prácticamente cualquier ser viviente, aunque sin duda, si tienen una relación especial, esa es con los humanos. Como también lo es la nuestra con ellos, tanto que no existe otro animal con el cual hayamos disfrutado de una conexión tan larga y profunda.

En el día a día, muchas personas compartimos más con nuestros canes que con amigos, vecinos o familiares. El lazo que nos une se remonta muy atrás en el tiempo. Según un estudio publicado en la revista *Current Biology*, esta historia compartida comenzó hace unos 40 000 años (no hace 16 000 años, como se pensaba hasta hace poco) y perdura hasta nuestros días, quizá más sólida, o por lo menos más comprendida que nunca.

Objetivamente, formamos **un equipo** realmente perfecto, y desde bien antiguo nos ayudan en infinidad de labores. La agudeza de sus sentidos, sus ganas de agradarnos y la habilidad que tienen para comunicarse con nosotros ha perpetuado la amistad entre las dos especies. Nuestra vida sería muy distinta y más difícil sin el que se ha ganado, por mérito propio, que le llamen «el mejor amigo del hombre». Perros guía, rescatadores, policías, guardianes, pastores, cazadores, detectores de sustancias, bombas, enfermedades o terapeutas, por citar algunos ejemplos, constituyen una ayuda inestimable. Pero por encima de eso, hay algo que los hace especiales. Si no fuera así, no los tendríamos simplemente como compañeros «gorrones», sin ejercer ninguna labor más que estar a nuestro lado porque, si lo miramos fríamente, hasta se podría decir que nos hacen «perder» tiempo y dinero.

Es cierto que cada uno elige el tipo de relación que tiene con su compañero perruno. Sin entrar, de momento, en el tema del maltrato animal, están los que optan por dejarlo en el jardín sin hacerle mucho caso (algunos ni siquiera lo sacan a pasear, alegando que «en la parcela tiene espacio para correr»), aunque le proporcionan los cuidados básicos y seguramente sienten afecto por él.

También están los que consiguen tener una inmensa complicidad con su can, que se convierte en un **amigo y compañero** prácticamente inseparable. Cuando esto ocurre, una sola mirada entre el perro y el humano es suficiente para saber qué ronda por la cabeza del otro.

Es posible que el cariño que las personas sentimos por ellos tenga que ver con esa búsqueda incansable del ser humano en pos de ese amor incondicional y puro que todos anhelamos, y que parece que a veces no encontramos en nuestros congéneres. Los canes permanecen junto a nosotros sin juzgarnos, algo importante en una sociedad en la que estamos sometidos a valoraciones constantes. Además, nos acompañan y nos hacen sentir que somos necesarios.

Como decía la escritora estadounidense Caroline Knapp: «Los perros poseen una cualidad que es rara entre los humanos: la capacidad de hacer que te sientas valorado simplemente por ser tú». La autora, ya fallecida, en un momento de su vida tuvo que enfrentarse con la pérdida de sus dos padres, al tiempo que dejaba atrás 20 años de alcoholismo. Se sentía sola y desubicada, y su salvación en esos momentos fue una cachorrita de ocho semanas que adoptó en un refugio, a la que llamó Lucille. «En ella», afirmaba Knapp, «encontré consuelo, alegría y un puente hacia el mundo. Se trata de un vínculo mutuo, total y excepcionalmente privado, con una conexión casi desconocida en las relaciones humanas porque, esencialmente, no implica palabras». Para ella, la alianza entre perros y personas es «emocionalmente compleja, a veces abrumadora; a menudo profundamente curativa».

Durante años mantuve largas charlas con un amigo que opinaba que el *boom* perruno se debía a una mala calidad en las relaciones humanas, y que por eso recurríamos a convivir con un animal, simplemente un sustituto que nos hiciera olvidar nuestra soledad. También le parecía ridículo tener que pasear al perro atado, parando cada vez que quisiera orinar y, por supuesto, decía que era una asquerosidad recoger las heces con una bolsita en la mano. Desde hace tres años es el más feliz del mundo junto a su border collie Canela, fiel compañera, a la que tiene en custodia compartida con su ex. Ahora comprende que un perro puede ser querido como un miembro más de la familia. Y asegura que no le importa nada recoger sus deposiciones.

MI COMPLICIDAD CON YELMO 🐾

Mientras escribo estas líneas veo a Yelmo acurrucado en su camita, debajo de una manta. De vez en cuando sueña, lanzando algunos apagados ladridos con la boca cerrada mientras mueve ligeramente las patas. Al cabo de un rato se despierta y se incorpora un poco; huele el aire, mira hacia mí, como para comprobar que todo está bien, bosteza y se vuelve a acurrucar. Cuando necesite salir a la calle, se irá incorporando poco a poco, con sus ojos clavados en mí, pero sin moverse de su sitio hasta que vea que me incorporo. Entonces, se levantará moviendo el rabo y estirándose repetidamente, como si estuviera realizando un saludo al sol, en uno de sus muchos rituales diarios.

Nosotros los queremos, está claro, y suponemos que ellos también a nosotros. Cuando llegamos a casa nos saludan alegremente, nos siguen a todas partes, buscan el contacto físico, mueven el rabo cuando les hablamos o miramos, nos protegen y nunca nos abandonan.

Sin embargo, dada su incapacidad para hablar, no podemos saber exactamente qué o cómo sienten ellos. Es posible que entre los que convivimos con perros, alguna vez surjan dudas de si **su cariño es genuino** o lo que ocurre es que son unos excelentes actores que solo están a nuestro lado por interés: les proporcionamos un hogar en el que resguardarse y descansar tranquilos, además de agua y alimento.

Como ya mencionamos con anterioridad en estas páginas, y seguramente conozcas algún caso, hay perros que dejan de comer o beber cuando su dueño se encuentra ausente, bien por viaje, hospitalización o fallecimiento, y pueden llegar al extremo de enfermar o dejarse morir. Quizá no sean tan interesados.

La ciencia también siente interés por indagar si la relación con nuestros canes es de amor recíproco, o únicamente nos ofrecen su afecto y compañía a cambio de vivir a nuestra costa, por lo que se han realizado numerosos experimentos al respecto.

En uno de ellos, un equipo de la Universidad de Emory, en Atlanta, liderado por el doctor Berns, neurocientífico y experto en el proceso cerebral canino, diseñó una ingeniosa prueba. Primero tuvo que entrenar a 15 perros para que se quedasen completamente quietos en el interior de un túnel de resonancia magnética. No es tarea fácil enseñar a estos animales a que se queden solos e inmóviles dentro de un estrecho tubo metálico que hace ruidos extraños.

Lo consiguió, y una vez dentro de la máquina, a los perros se les mostraba un coche de plástico en el extremo de un palo que anticipaba que iban a recibir tres segundos de alabanzas por parte de su propietario, o bien un caballo de juguete, cuya recompensa era una salchicha.

A través del escáner, los investigadores pudieron observar cuándo se activaba el centro de **gratificación cerebral** de cada can, es decir, si se alegraba más ante el anuncio de la comida o ante el de las alabanzas. Tan solo dos de los quince participantes mostraron más efusividad ante la golosina, tres de ellos prefirieron claramente los elogios y el resto respondió por igual ante ambas recompensas.

A continuación, se hacía pasar a los perros a una habitación en la que tenían la posibilidad de elegir dos caminos: uno los llevaba directamente a su dueño, que los esperaba para acariciarlos; el otro, les conducía a un sabroso plato repleto de comida. Cada can fue sometido 20 veces a la prueba.

Los resultados revelaron que los animales, a la hora de elegir uno de los dos caminos, actuaron de manera similar a como lo hicieron en el experimento de asociación del juguete, o sea, mostrando personalidades individuales ante cada estímulo. Aunque la mayoría de ellos alternó sus decisiones, los que tenían más propensión a preferir la alabanza en el experimento de los juguetes optaron por ir hacia el camino de sus propietarios entre el 80 y el 90 % de las ocasiones.

En otro estudio, esta vez sin comida de por medio, un equipo de expertos de la Universidad Eötvös Loránd de Hungría combinó datos de conducta y neuroimagen, también para intentar atisbar qué sienten los perros por sus compañeros de dos «patas».

Seleccionaron varios canes de siete razas diferentes y, por un lado, evaluaron el **apego** de los animales hacia sus respectivos dueños mediante el test de la situación extraña, una técnica muy utilizada para medir el apego en los niños. Cada uno de los perros era expuesto a tres situaciones distintas en una habitación: con su dueño, solos y con un extraño.

Por otro lado, midieron la actividad cerebral de los canes mediante resonancia magnética funcional. Una vez dentro de la máquina, escuchaban palabras de cariño y neutras (sin sentido para ellos) pronunciadas por su dueño y por alguien que les era familiar.

Tras estos análisis se descubrió que la corteza auditiva y el centro cerebral de recompensa de los perros mostraban una mayor sensibilidad a los elogios de su propietario que a los de la otra persona, aunque fuera alguien conocido. Aquellos canes más apegados presentaban una mayor respuesta neuronal a la voz de su amo.

Lo más sorprendente es que hallaron una **analogía** entre los perros y los bebés humanos, ya que en ambos no solo las interacciones positivas con el cuidador resultan gratificantes, sino incluso el hecho de escuchar simplemente su voz neutra. La actividad cerebral de los canes en ese momento es prácticamente la misma que la que tienen los niños pequeños cuando oyen a su madre.

Nuestros amigos perrunos desarrollan una relación con su cuidador humano tan fuerte que, además de reconocer su voz, están muy apegados a él. Es decir, utilizan al amo como una base segura en lugares que les son desconocidos, además de como refugio en caso de peligro, igual que le sucede a un bebé con sus padres. Además, si se maltrata a un perro, este puede desarrollar síntomas psicológicos semejantes a los que presenta un niño con falta de cariño.

LA EXPERIENCIA DE CHULO

Recuerdo una situación que se dio en un gran parque para canes vallado que estaba lleno de perros jugando entre ellos. Uno permanecía inmóvil, sentado junto a su dueña, una mujer mayor a la que le costaba andar. Le pregunté por qué su perro no corría con los demás, y ella me contó que hacía un par de años lo había llevado a una residencia canina. Al llegar, él fue a saludar a sus futuros compañeros, y su dueña, con la mejor intención, se marchó sin despedirse porque entendía que así su Chulo sufriría menos la separación. Pero se equivocó. Desde entonces, no la pierde de vista, sobre todo en espacios abiertos y con otros perros.

¿Quieres más datos sobre la relación humano-canina? Pues está estudiado que los perros duermen mejor y su sueño es más reparador cuando mantienen un vínculo afectivo fuerte con sus dueños. Este apego afecta tanto a la calidad como al patrón del sueño, es decir, al tiempo que pasan en las diferentes etapas del mismo. Parece significativo.

Por lo tanto, hay información suficiente como para afirmar que los perros (la gran mayoría) nos quieren al menos tanto como a su comida, aunque cada uno posee su propia «perronalidad»: algunos son más tragones y otros escogen a su humano de referencia por encima de todo. También se ha puesto de manifiesto que entre canes y humanos existe un cariño mutuo y muy especial que ha perdurado durante milenios gracias al deseo, casi genético, que tienen estos animales de formar estrechos lazos emocionales, y también a la capacidad de las personas para responder a dicho sentimiento.

Aunque aún son muchos los detractores del amor perruno, ya que consideran que asignar este sentimiento a nuestros animales es una antropomorfización, por mucho que les pese, cada vez hay más evidencias de que los perros sienten, al menos, algo parecido al amor. De hecho, se ha comprobado que el corazón de los canes y el de sus amos laten **sincronizadamente** cuando están juntos. O sea, dos corazones palpitando como uno solo. Por mi parte, no tengo dudas sobre el amor de mi perro. Lo veo a través de sus gestos, su dulce mirada, su forma de actuar, la confianza plena que tiene en mí y cómo me ha defendido cuando me he encontrado en apuros. Pero, por encima de todo, siento una conexión muy profunda con él, difícil de explicar con palabras para quien nunca haya convivido con un amigo de cuatro patas.

En las noticias, y a lo largo de la historia, son innumerables los casos de canes que han perdido la vida por defender a sus dueños. Recientemente, en 2022, en Ecuador, un labrador llamado Bruno fue tiroteado mientras protegía a su familia de unos ladrones; en 2019, otro perro murió por salvar a un niño de cuatro años del ataque de seis jabalíes, y en varias ocasiones se han enfrentado a osos, pumas, serpientes o caimanes.

Aunque no se hayan realizado experimentos científicos que demuestren que los perros están dispuestos a **dar su vida** por la nuestra, todos estos casos y muchos más son ciertos y hablan por sí mismos.

Pero, ¿por qué ese sentimiento de cariño o amor es tan fuerte entre estas dos especies?, ¿hay algo que actúe como una especie de «pegamento» para unirnos? Puede que la clave esté, como casi siempre, en las hormonas, porque al final, según dicen, el amor es eso, cuestión de química.

El papel de la oxitocina

Aunque no nos demos cuenta, en nuestro organismo tenemos unas moléculas llamadas **hormonas** que son los mensajeros químicos del cuerpo. Se segregan en el sistema endocrino y, a través del torrente sanguíneo, transportan información dirigida a células, tejidos y órganos. Entre otros muchos aspectos, influyen en el crecimiento, el metabolismo, el estado de ánimo, la sed o la reproducción.

Pero esta no es la única forma de comunicación química entre las diferentes partes de nuestra anatomía. Los **neurotransmisores** envían mensajes, solo mediante sinapsis, de una neurona a otra o a los músculos. En cuanto a las **neurohormonas,** como su propio nombre indica, son mitad hormonas mitad neurotransmisores. Al igual que estos últimos, se segregan principalmente en el sistema nervioso y ponen en comunicación a las neuronas con otras células; sin embargo, de la misma manera que sucede con las hormonas, viajan por nuestro sistema circulatorio llevando la información a diferentes partes del cuerpo.

Algunas neurohormonas se han hecho bastante populares en los últimos tiempos: las **endorfinas,** la **serotonina,** la **dopamina** y la **oxitocina** son conocidas como «el cuarteto de la felicidad». Esto se debe, muy resumidamente, a que las endorfinas actúan como analgésico natural y generan bienestar; por su parte, la serotonina está muy relacionada con el control de las emociones y el estado de ánimo, aunque cumple también otro tipo de funciones, como regular el apetito o la temperatura corporal. La dopamina proporciona relajación y placer e interviene en procesos de memoria y aprendizaje porque regula la duración de los recuerdos.

En cuanto a la oxitocina, que también es llamada **«hormona del amor»,** «hormona antiestrés» o «pegamento social», es la responsable del pequeño repaso fisiológico de los anteriores párrafos. Esta hormona se produce en el sistema nervioso central, concretamente en el hipotálamo. Desde allí se transfiere a la hipófisis, una glándula que está en el cerebro de todos los mamíferos, en ese lugar es en el que se almacena y desde donde se secreta cuando es necesario.

Es la responsable de las contracciones en el útero y también regula la secreción de leche materna, por lo que la oxitocina sintética se ha venido utilizando en los partos humanos desde los años setenta del siglo pasado. Pero también, gracias a su funcionamiento como neurotransmisor, está implicada en comportamientos relacionados con la confianza, el altruismo, la generosidad, la formación de vínculos, el cuidado, la empatía o la compasión. Es la que provoca el profundo amor que siente una madre por su hijo, y la que posibilita que una oveja reconozca el olor de su recién nacido entre el rebaño.

Con todo lo anterior, podría parecer que es exclusiva de la maternidad, pero está presente en el cuerpo de todos los mamíferos, machos y hembras. Un curioso estudio tuvo lugar en una reserva de fauna salvaje de Sudáfrica donde tenían problemas con los leones ya que, al ser animales tan territoriales, no llevaban bien compartir espacio con otros congéneres. Allí, unos avispados investigadores decidieron probar a ver si la «hormona del amor» solucionaba el problema. Durante dos veranos se dedicaron a pulverizar oxitocina sintética en el morro de 23 de estos grandes felinos, y observaron que, poco a poco, se volvían más tranquilos, tolerantes, y soportaban mejor la compañía que antes; incluso la distancia entre ellos se redujo a la mitad, pasando de siete metros a tres y medio. Sin embargo, todo tiene su límite, y los expertos se dieron cuenta de que cuando había comida de por medio, los relajantes efectos de la neurohormona se esfumaban de inmediato.

La producción de oxitocina aumenta de forma natural a través del **contacto físico,** como abrazos, caricias y relaciones sexuales, además de cuando nos sentimos queridos y apoyados emocionalmente. Este bienestar tiene efectos positivos sobre nuestro sistema inmune. Dicen los especialistas que la oxitocina y las endorfinas son unas sustancias tan potentes como algunas de las drogas conocidas.

Seguro que eres consciente de lo bien que te sienta acariciar a tu perro, o a cualquier otro. Pues bien, eso es porque estás segregando oxitocina y el can también, en un auténtico festival químico amoroso. Resulta que tenemos el mejor remedio para la felicidad y contra el estrés en nuestra propia casa; solo necesitamos alargar el brazo para tocarle o mirarle amorosamente a los ojos durante un rato. Cuando recorro con mis dedos el suavísimo pelo de Yelmo, notando el calorcito de su cuerpo y la respiración, puedo sentir oleadas de cariño y una sensación de una unión muy profunda y milenaria. Me produce una gran calma.

Pues bien, a los canes les ocurre lo mismo. La voz, olor, caricias y la mirada de su dueño hacen que se sientan bien. Incluso su mera presencia les induce a secretar la «hormona del amor». Por eso, el vínculo de apego que los perros establecen con las personas puede ser comparado, en algunos aspectos, con el que se genera ente las crías y sus cuidadores.

Está claro que el amor no es algo que se pueda analizar científica y asépticamente, ni diseccionar para su estudio; no se puede medir, pesar ni cuantificar. Sin embargo, sí es posible realizar experimentos midiendo los niveles de oxitocina, lo que puede darnos pistas al respecto.

En Japón se han llevado a cabo los estudios más importantes sobre la hormona, y han observado no solo su influencia en perros, sino también en humanos. Científicos nipones probaron a rociar oxitocina sintética sobre el rostro a varias personas, y comprobaron que, al igual que los leones de la reserva de Sudáfrica, se volvían más confiadas ante la presencia de desconocidos; además, recordaban mejor las caras y eran más hábiles leyendo las expresiones faciales. Al parecer, esto es porque prestaban más atención a la mirada de otros.

En un trabajo ya clásico se evaluaron los cambios neuroquímicos y hormonales que ocurrían tras un **reencuentro** entre perros y dueños que habían permanecido separados durante un largo periodo de tiempo. Hallaron que las concentraciones de endorfinas, oxitocina y dopamina aumentaban en ambas especies, mientras que el cortisol disminuía solo en las personas.

Durante otra prueba, se evaluó en qué medida la conducta de las personas en los encuentros con los perros influía en la secreción de oxitocina por parte del animal. Para ello sometieron a los perros a tres tratamientos. En el primero, durante el reencuentro con sus cuidadores, estos establecían contacto físico y verbal con los canes de una manera calmada y amistosa; pero en el segundo, solo le hablaban al perro, y en el tercero, directamente le ignoraban. Midieron los niveles de oxitocina en diferentes momentos: cuando el animal ve acercarse a su cuidador tras una ausencia de 25 minutos, después de una interacción de cuatro minutos, y una hora después.

Los autores encontraron que simplemente ver a su dueño ya estimulaba la liberación de oxitocina por parte del perro. Y que cuando este recibía contacto físico y verbal, ese aumento de la «hormona del amor» se mantenía en el tiempo y, además, los niveles de cortisol descendían. Así, la sola presencia del humano tiene un efecto positivo que le incita a buscar caricias, ya que para sostener los niveles de oxitocina en el tiempo y bajar el cortisol, es necesario el contacto físico.

El mismo mecanismo de conexión que fortalece los lazos emocionales entre las madres y sus hijos, basado en el aumento de la oxitocina al mirarse, ayuda a regular también el vínculo entre los perros y sus dueños. Cuando una madre humana mira a su retoño o a su can, su cerebro reacciona activando las mismas regiones y segregando la hormona «amorosa». Por eso, no debe resultarnos tan sorprendente escuchar a alguien decir que ama a su perro casi tanto como a sus hijos. Quizá a quien nunca haya compartido su vida con un compañero de cuatro patas le resulte escandalosa esta afirmación, pero tiene su base científica, o, mejor dicho, química.

En otro estudio, en el que intervinieron 30 perros con sus dueños, se vio que los niveles de oxitocina en ambas especies aumentaron tras un contacto visual prolongado entre ellos; cuanto más tiempo permanecían mirándose, más aumentaba dicha hormona. El mismo experimento se realizó con lobos domesticados. Sin embargo, a pesar de tener una buena relación con sus humanos, los cánidos salvajes, a diferencia de sus descendientes, no buscaron el contacto visual y sus niveles de oxitocina no aumentaron.

En una segunda fase, se recogieron muestras de orina de los canes antes y después de la interacción, pero esta vez con una diferencia importante: los investigadores rociaron oxitocina en el hocico de algunos perros antes de que interactuaran con los humanos. Los animales que fueron pulverizados, y principalmente las hembras, pasaron un 150 % más de tiempo mirando a los ojos de sus dueños, quienes a su vez tuvieron un aumento de un 300 % en sus niveles de oxitocina.

Como resultado, los científicos afirmaron que existe una **retroalimentación** muy positiva entre canes y humanos. Es precisamente este fuerte vínculo el que facilita la sincronización emocional y es la base de la colaboración que existe entre estas dos especies. Pero, para lograr este tipo de conexión, es necesario que los dueños inviertan en sus animales el tiempo necesario y pongan esmero en la relación.

El apego

La oxitocina está íntimamente relacionada con el apego que, desde un punto de vista etológico, regula una relación afectiva entre dos individuos, en la que uno trata de mantenerse cerca del otro, al que necesita como referencia o base segura para su desarrollo. El apego se encuentra detrás de la relación materno-filial y propicia que las crías se mantengan cerca de sus padres para obtener recursos y protección. Su fin último es la supervivencia de la especie.

Algunos ejemplos de conductas de apego en las crías animales (incluidas las humanas) son la **búsqueda de contacto visual** con sus progenitores, el **llanto** para reclamar su presencia y el hecho de seguirles a todas partes. Pero ese vínculo no surge de inmediato, sino que, como en toda relación, hace falta tiempo y contacto.

El mencionado apego tiene varias características entre las que destacan que, si el padre, la madre o el cuidador funcionan como esa **base segura** de la que hablábamos antes, el niño será capaz de explorar sin miedo un ambiente nuevo y mirará a su tutor como referencia. También debe mostrar una clara preferencia por su tutor respecto a otros desconocidos. Cuando el niño experimenta miedo, se acerca o incluso se esconde detrás de su figura de apego, aunque también puede buscarla en situaciones no amenazantes, solamente para reforzar el vínculo y la confianza. La separación de su cuidador suele producir comportamientos de estrés en el infante.

Seguro que este comportamiento te suena, y no solo en niños. En el caso de los perros, aunque se trate de animales adultos, nuestra relación con ellos no es del todo equitativa, ya que dependen de nosotros para obtener, al menos, refugio y alimento. Precisamente, los centros que se activan en el cerebro de los canes cuando ven a su dueño son los mismos que se activan en los bebés humanos cuando ven a su madre. Por ello se puede decir, una vez más, que el apego entre un perro adulto y su amo es muy similar al que existe entre una madre y sus hijos.

Estamos hablando de un **apego seguro,** aquel en el que tanto el dueño como su perro, aunque muestran algún signo de estrés ante la separación, cuando se reencuentran, tras saludarse alegremente, el can se calma rápido y vuelve a poner su atención en lo que estuviera haciendo. Para llegar a este punto ideal se requiere compartir tiempo de calidad con el animal, como acompañarlo en sus exploraciones del mundo y ser sensible a sus necesidades, de modo que pueda sentir que el humano es su base segura.

EL APEGO DE YELMO

A lo largo de los 13 años que llevamos juntos Yelmo y yo, apenas nos hemos separado ocho días, y fue por motivos laborales y hospitalización. Sé que soy su referencia, y con los años, la ceguera y la sordera, me necesita más que nunca a su lado. Sin embargo, desde el primer momento ha sido muy independiente y se queda solo en casa sin ningún problema. Aunque no desprecia una caricia, tampoco busca contacto continuo. Sus recibimientos son una explosión de alegría: gime, aúlla, salta y, lo que más gracia me hace es cuando se yergue sobre las patas traseras, poniéndose de pie y levantan-

do las extremidades delanteras como si fuera a darme un abrazo. Pero esta fiesta dura unos instantes, y luego vuelve a tumbarse tranquilamente en su cojín. Y si puede ser al sol, mejor, aunque la temperatura exterior ronde los 40 grados.

Hace unos años hice un viaje a una casa rural con unas amigas, y venían también Yelmo y el perro de una de ellas, un labrador bonachón llamado Brujo. Por la noche, decidimos celebrar una barbacoa en el jardín, y los dos canes babeaban bajo la mesa con el cerebro lleno de olores de panceta, chuletas y chorizo, esperando que se nos cayera algo al suelo para tragárselo de inmediato. De pronto, Yelmo desapareció. Me extrañó, dada la apetecible situación. Lo busqué por el jardín, pero no estaba. Finalmente decidí subir a mi habitación y allí lo encontré, acurrucado en su camita. El sueño había podido más que toda la carne asada del mundo.

Aunque gracias al apego formamos lazos profundos y sanos, también existen algunas formas disfuncionales. Por ejemplo, el llamado **apego ansioso** se produce cuando perro y dueño están muy estresados por tener que separarse, y cuando llega el momento del reencuentro el can no se calma, mostrándose cada vez más excitado. En estos casos, los dueños suelen ser algo imprevisibles: no siguen una rutina ni horarios fijos, y a veces se pueden contradecir, premiando o castigando una misma situación. Este apego es típico de aquellos animales que sufren ansiedad o problemas relacionados con la separación.

UNA PERRITA CON APEGO ANSIOSO

Eso es lo que le ocurre a una perrita del vecindario. Pasa muchas horas sola, y tiene ciertos problemas de ansiedad por separación, aunque parece que su faceta destructora poco a poco va remitiendo. Cuando llega su dueño, lo recibe corriendo por la casa como alma que lleva el diablo, resbalando con sus uñas sobre el parqué y moviendo las patas sin apenas avanzar, lo que produce un cómico efecto de dibujos animados. Para él, extenuado después de una interminable jornada laboral, no debe de ser tan gracioso. Intenta serenarla, sentándola en el suelo y sujetándola, pero en cuanto la suelta, ella continúa su delirante carrera sin ningún objetivo. Necesita un rato largo para empezar a tranquilizarse.

Por su parte, el **apego evitativo** se produce en parejas de humanos y canes que no parecen en absoluto estresados en la separación y que apenas se saludan en el reencuentro. Son relaciones basadas en la autoridad, en las que los dueños, de carácter más bien frío, no comprenden y por eso no pueden atender adecuadamente las necesidades de su perro.

Asimismo, existe el llamado **apego desorganizado,** en el que ambos se buscan y se rechazan, pero lo que subyace son muchos comportamientos de miedo y estrés. Suelen ser personas con experiencias tempranas muy dolorosas, así como perros maltratados y traumatizados.

Para no caer en estos comportamientos y apegos negativos, el propietario debe convertirse, si no lo es ya, en el referente seguro para su can y pasar con él tiempo de calidad, en el que ambos estén disfrutando. Jugar con los canes, incitarlos a investigar, inspirarles confianza ante los nuevos retos y ser su refugio cuando están asustados. Otro factor importante es que el humano sea bastante previsible y coherente para no «volver loco» al perro que, si no sabe qué esperar de su guía, puede desarrollar ansiedad y frustración.

El vínculo de apego, medido a través de la oxitocina, se podría decir que es el núcleo de la relación entre perros y humanos. Si somos conscientes de ello y lo trabajamos, dedicándole al peludo compañero la atención que necesita, propiciaremos que se fortalezcan los lazos que nos unen, nos comprenderemos mejor y tendremos menos problemas de comportamiento. Nos une un vínculo único, forjado a través de la evolución conjunta de dos especies muy diferentes que han sabido sacar lo mejor la una de la otra para convivir en amor y armonía.

La mirada canina

> «La mirada de tu perro es el mejor espejo para comprobar
> la grandeza de tu alma».
> ANÓNIMO

La mayoría de las miradas caninas son una combinación de afecto y atención. Incluso en aquellos momentos en los que nos observan fijamente, sin prisa, durante el tiempo que haga falta (ellos no tienen tantos quehaceres como nosotros), hasta que consiguen lo que quieren: en primer lugar, nuestra atención y luego, probablemente, comer, salir o jugar. Pero también existe otro tipo de mirada perruna, una que no solicita nada de nosotros, sino simplemente rebosa amor.

En ese momento, los ojos del perro se relajan, se vuelven «blandos» y muy, muy dulces, mientras la oxitocina corre por sus venas y las nuestras. Dicen que los ojos son el espejo del alma, y en el fondo de la mayoría de las miradas caninas se puede vislumbrar pureza, inocencia y amor incondicional.

Sabemos que el **contacto ocular** desempeña un papel fundamental en la comunicación y las relaciones humanas. Cuando miramos a los ojos a otra persona, demostramos que le estamos prestando atención y eso favorece la escucha, además de aumentar la confianza entre ambos interlocutores. Se ha comprobado que mirar a los ojos activa las partes del cerebro que son importantes para la comunicación, así como para conocer cómo percibe el mundo el otro; estos dos factores son esenciales para establecer vínculos más íntimos con los demás y para fomentar la empatía. Si esto es así en humanos, es posible que en los perros pueda ocurrir algo semejante a nivel de activación cerebral.

Sin embargo, en una manada de lobos una mirada fija se puede interpretar como un signo de amenaza previo al ataque, por eso estos cánidos evitan el contacto visual, al igual que otros muchos animales salvajes. Curiosamente, los perros han evolucionado para todo lo contrario: **mirarnos directamente a los ojos.** No en vano llevamos juntos algunas decenas de miles de años de convivencia y apego mutuo. Durante este tiempo ambas especies, aunque posiblemente más los canes, nos hemos ido adaptando mutuamente para comprender las señales y responder de manera adecuada a las mismas.

Gracias a este largo periodo de amoldamiento, los perros se han familiarizado con nuestros gestos de manera asombrosa. No hay más que ver cómo, de manera espontánea, siguen con la mirada el lugar al que señalamos con el dedo, algo de lo que no son capaces ni los chimpancés, tan parecidos a los humanos.

El hecho de mirar a los humanos a la cara o a los ojos es muy valioso para los canes, debido no solo a que nuestros rostros les aportan muchos datos importantes, como el estado de ánimo, sino que también siguiendo la dirección de nuestra mirada pueden conocer las intenciones que tenemos, y han aprendido a descifrarlo. Por ese motivo no se recomienda usar gafas de sol para adiestrar a un perro, ya que el animal se pierde parte de las expresiones que tan útiles les resultan.

Los canes nos miran de la misma manera en que lo hacemos los humanos entre nosotros, es decir, concentrándose en el lado izquierdo de la cara, que es el más expresivo, para conocer el estado emocional del otro (este comportamiento también es propio de los caballos). Leen nuestras caras como las páginas de un libro y, aunque no nos conozcan de nada, solo con observarnos un perro puede saber, por ejemplo, si estamos enfadados y, en consecuencia, no fiarse de nosotros.

Quienes convivimos, o lo hemos hecho, con un compañero de cuatro patas, sabemos que usan la mirada para comunicar al humano algo que ocurre o que necesitan. Durante un estudio, varios perros fueron testigo de cómo, dentro de la habitación en la que se encontraban, una persona ocultaba golosinas en un lugar inaccesible para ellos. Cuando aparecieron sus dueños, los canes intentaron indicarles la ubicación de la comida, alternando la mirada numerosas veces entre esta y los ojos de su propietario. Esta forma de actuar únicamente se había observado con anterioridad en chimpancés y un gorila.

La comunicación mediante la mirada ha sido fundamental para que los perros se adapten especialmente bien a la convivencia con los humanos. Además, a través de la misma se han aprovechado de nuestra sensibilidad parental, ya que ese contacto ocular con ellos nos provoca sentimientos gratificantes.

Sin embargo, no todos los canes son igual de propensos a la hora de mirarnos a los ojos. Lógicamente, aquellos que están más acostumbrados a interactuar con humanos también están más predispuestos a observarnos, y sobre todo los más jóvenes; en este último aspecto también influye decisivamente la pérdida de capacidad visual de los animales ancianos.

LA MIRADA DE YELMO

Es verdad es que Yelmo ya casi no me mira, porque apenas ve. Sus ojos han cambiado, antes eran color miel, ahora se han vuelto blanquecinos por los años y la ceguera, pero siguen siendo tremendamente expresivos, tiernos y conmovedores.

El tipo de actividad que el perro realiza en colaboración con las personas también marca una diferencia en cuanto al contacto ocular. El can estará más atento si el dueño se comunica habitualmente con él a través de miradas y gestos que si lo hace con sonidos, ya sean palabras o silbidos.

Llama la atención la enorme tendencia a clavar sus ojos en los nuestros de los perros que han sido adoptados de refugios o perreras. Quizá aprendieron que mirar a las caras de los humanos que los visitaban podía conmoverles y facilitar la adopción.

En estas miradas perrunas también interviene un hecho físico: cuanto más corto es el hocico del animal, más fácil es que haga contacto ocular con los humanos. Aquellos canes chatos, llamados **braquicéfalos,** poseen la cabeza redonda y los ojos grandes, rasgos faciales que se asemejan más a una persona, por lo que es posible que sus dueños los miren más a menudo a los ojos. Asimismo, su campo de visión periférica es menor, pero ven mejor en la parte central que sus congéneres de morro largo.

A través de sus ojos, los perros reclaman atención, nos transmiten mucha información, como su estado emocional, aparte de leer nuestro estado de ánimo e intenciones y provocar un subidón de oxitocina. Pero ese contacto ocular canino esconde un secreto que la ciencia ha desvelado recientemente: nos chantajean.

Es imposible resistirse a la carita de pena, esa de no haber roto un plato en su vida y de pobrecitos que ponen a veces. Ante ella caemos rendidos, bien sea para darles ese pedacito de jamón o hacerles unos mimos. Incluso consiguen que seamos incapaces de regañarles, aunque nos hayan puesto patas arriba la casa. Pues bien, no es más que su truco estrella para hacer de nosotros lo que quieran. Y lo saben.

El enternecedor gesto que adquieren es debido a un movimiento de cejas, que los expertos han denominado como **rasgo «ojos de cachorro»**, y que despierta en nosotros un deseo de nutrirlo y protegerlo, porque hace que sus ojos parezcan más grandes y semejantes a los de un bebé. Y también nos hace sentir empatía, porque modifica la forma del ojo, dándole una apariencia de tristeza. Esta carita adorable es consecuencia de un músculo facial, denominado *levator anguli oculi medialis* (LAOM), que está situado justo encima de los ojos y eleva la parte interior de las cejas.

De entre todos los animales no humanos, el movimiento de las cejas solo se conoce en perros y caballos. Cuando estos últimos se sienten amenazados o sorprendidos, levantan las mismas como lo hacemos las personas. Pero si los equinos tienen una emoción negativa, elevan la esquina interna del ojo, igual que los canes.

Los lobos, pese a ser los ancestros de los perros, tampoco son capaces de realizar este gesto, por lo que parece que el desarrollo de este nuevo músculo es parte de la evolución canina, y tiene un objetivo claro: comunicarse mejor con las personas.

Seres extremadamente sociables

175

En un estudio realizado para determinar si el movimiento de cejas es resultado de la domesticación, se diseccionaron para su análisis los músculos faciales de seis perros (un mestizo, un golden retriever, un sabueso, un husky siberiano, un chihuahua y un pastor alemán), así como los de cuatro lobos grises, todos ellos donados para la ciencia. Los resultados revelaron que ambas especies eran casi idénticas salvo por el LAOM, que es exclusivo de los perros; sus parientes salvajes, en su lugar tienen un pequeño tendón, por lo que no son capaces de alzar las cejas con tanta intensidad.

Los autores de la prueba se dieron cuenta de que el músculo no estaba presente en los lobos, pero tampoco en el husky siberiano, que es una de las razas más primitivas. Por lo tanto, esos ojitos forman parte de la divergencia evolutiva respecto a los lobos, y se han ido perfeccionando con el paso de los años, aunque se piensa que los cambios pudieron haber sucedido muy rápidamente (dentro de la lentitud del proceso evolutivo), en solo unas docenas de miles de años.

Se trata de la primera evidencia biológica que respalda la teoría de que los canes domesticados desarrollaron una habilidad en concreto con el propósito de utilizarla exclusivamente para **comunicarse mejor con los humanos.** Es precisamente este rasgo de «ojos de cachorro», que se desarrolló a lo largo de miles de años de convivencia, el que ha ayudado a construir y reforzar el vínculo con nuestros peludos compañeros.

Es posible que estas «cejas expresivas» sean el resultado de las preferencias inconscientes de los humanos, que hemos influido en la selección durante su domesticación. Cuando los perros hacen el movimiento, provocan en las personas un fuerte deseo de cuidarlos. Esto les daría a los canes que realizaban ese movimiento de cejas una ventaja competitiva sobre otros y reforzaría el rasgo en las generaciones posteriores.

Aunque no existen pruebas de que nuestros «mejores amigos» levanten las cejas de manera intencionada, o sea, para conseguir algo de nosotros, investigaciones anteriores constataron que tienden a hacerlo cuando una persona los observa; ello significa que se trata de un comportamiento que pueden controlar a voluntad y está dirigido especialmente hacia los seres humanos.

Sea como sea, la técnica funciona, da igual que se trate de un pequeño caniche, un tembloroso galgo o un mastín de 50 kilos; esa mirada llega directa al alma y despierta en las personas el instinto de protección, suavizando hasta los corazones más duros. Incluso se ha apuntado que los perros que levantan las cejas con mayor frecuencia, son adoptados con más rapidez en los refugios. Y es que conocen muy bien a los humanos y saben cuáles son nuestros puntos débiles.

Perros que fingen

Frecuentemente, los perros utilizan con nosotros diversas estrategias para llamar la atención: ladran, entran en el campo visual de su dueño, saltan, gimen, cambian de postura, hacen todo tipo de monerías o, incluso, «roban» una zapatilla o un calcetín (en el mejor de los casos) con objeto de obtener el interés de su humano.

Ellos, por su parte, son auténticos **psicólogos** que nos observan continuamente y conocen nuestros gestos y reacciones. Por ejemplo, saben que nos preocupamos por su salud y, en cuanto vemos que algo no va bien, solemos acudir al veterinario a toda prisa, y no dudamos en comprarles unas carísimas pastillas o comida especial con tal de que se pongan bien.

Algunos perros han llegado a convertirse en auténticos **actores,** dignos de recibir un premio Óscar. Se trata de los hipocondriacos caninos que desarrollan curiosas habilidades con el fin de obtener atención y cuidados especiales. Esta conducta es un tipo de manipulación emocional, ya que los canes saben que ciertas acciones tienen «recompensa». Como son tan listos, aprenden a repetirlas para obtener su premio, ya sea físico o emocional.

Por eso, pueden llegar a fingir estar achacosos o indispuestos de diferentes maneras, como cojear, mostrar signos de dolor, toser, estornudar, moquear, rascarse o vomitar, cuando en realidad se encuentran perfectamente. Así, en el momento en que muestren uno de esos síntomas, u otros que indiquen que algo no va bien, inmediatamente obtendrán la atención de su humano, y saben que hará lo imposible por reconfortarlo. Y lo saben porque esta simulación tiene su origen en un verdadero problema de salud anterior. Si el animal ha estado enfermo de verdad y, como consecuencia, ha recibido mucha más atención, mimos y cuidados de los que obtiene habitualmente, es un gran candidato a la **«hipocondría canina».**

Por ejemplo, hay perros que no tardan en aprender que, si sufren problemas intestinales, vomitan o tienen diarrea, además de la atención de sus propietarios, se verán recompensados con arroz, zanahorias y pollo en vez del monótono, seco y aburrido pienso de siempre. O si están cojos, serán tratados con mayor condescendencia y se les permitirá subir al sofá. De esta manera, repetirán esta actuación para obtener los mismos resultados.

La importancia que para los perros tiene recabar la atención de los humanos puede ser mayor, incluso, que su ansia por la comida, así que no es extraño que uno de sus recursos sea negarse a comer. Esta situación crea en los propietarios un enorme desasosiego, por lo que normalmente recurren a darles otro tipo de alimento, mucho más sabroso. Y los canes se aprovechan de ello.

En realidad, los perros no saben lo que es fingir, ni conocen exactamente cómo hacerlo, simplemente aprenden que cuando ellos exhiben cierto comportamiento, obtienen buenas respuestas por nuestra parte. Lo que hacen es resultado de lo que en psicología se conoce como **«condicionamiento operante»:** el animal sabe que, ante determinada conducta, será premiado con algo agradable para él.

Todos los propietarios caninos hemos utilizado, aunque a veces sin darnos cuenta, este tipo de condicionamiento al premiar o regañar a nuestro perro inmediatamente después de que este se haya portado bien o mal. Puede ser mediante refuerzos positivos, como ofrecerle una salchicha cuando le decimos que se siente y lo hace, o negativos, al ignorarle o reprenderle si ha escarbado en la basura. De esta manera, los dueños participamos inconscientemente en esta «cuentitis», ya que los perros saben que, si actúan con normalidad, serán ignorados, pero si están enfermos, los atenderemos.

Esto no quiere decir que siempre que tengan síntomas nos estén engañando, ni mucho menos. Para poder discernirlo, es importante observar cuidadosamente a nuestros canes, tanto en lo referente a su personalidad como a sus comportamientos habituales, con objeto de saber si lo que sucede es normal o no. Así, podremos percibir si en un momento se muestra enfermo o alicaído y, acto seguido, lleno de energía. Cuando la dolencia aparece repentinamente y sin razón, hay que plantearse si es real o no. Una forma de comprobarlo es observarle sin que se dé cuenta para ver cómo actúa. Una opción es dejarlo solo en casa y «espiarlo» a través de una ventana, o con una cámara, y advertir si cambia cuando no estamos presentes.

En caso de que confirmemos la sospecha, bastará con dejar de preocuparnos tanto para que se dé cuenta, una vez más a través de la asociación, de que estar enfermo «de mentira» no conlleva ninguna recompensa más, y él mismo irá volviendo a la normalidad. Sin embargo, ante la duda, lo primero que hay que hacer es ir a consultar a un veterinario. En caso de que este no encuentre una explicación médica clara, puede que se trate de hipocondría.

Estas «actuaciones» perrunas generalmente se deben a que el animal está realmente necesitado de recibir atención. Para evitarlas, es fundamental pasearlo (no consultando el móvil sino interactuando con él), darle cariño y jugar juntos habitualmente. De esta forma, el perro sabrá que se le tiene en cuenta.

En las redes sociales se pueden encontrar numerosos e hilarantes ejemplos de estos canes actores. Por ejemplo, hay un perro en Guatemala que deambula por las calles arrastrándose por el suelo como si no pudiera utilizar las patas traseras. Inevitablemente, verle en esas condiciones produce una gran lástima en cualquier humano que tenga un mínimo de sensibilidad. De pronto, una pareja se acerca a proporcionarle un poco de agua, y el can, para sorpresa de todos, se pone a cuatro patas para beber y después se marcha caminando tranquilamente.

Tailandia también tiene su propia y conocida artista. Una «pobre» perrita, con una pata rota, que se aproxima a los transeúntes arrastrando penosamente su extremidad y poniendo esos «ojos de cachorro» que nos derriten. En el momento en que alguien le dice unas palabras cariñosas o le ofrece comida, se recupera como por arte de magia.

Algo semejante ocurre en la sierra madrileña con un mastín de nombre Tizón. Un senderista lo encontró tirado en el suelo lanzando alaridos de dolor. Junto al animal se encontraba una pareja que le contó que el perro iba andando hacia ellos cuando, de repente, se desplomó. El can no reaccionaba, pero por lo demás parecía estar en buenas condiciones. El caminante optó por llamar a la policía para tratar de ayudar al animal. Los agentes le preguntaron si era un mastín negro, a lo que él respondió afirmativamente. Entonces, le dijeron que no se preocupase, que se trataba de un perro pastor de ovejas, y que no le pasaba nada, simplemente estaba fingiendo: «Nos llaman casi a diario con la misma historia. Resulta que el animal tiene la costumbre de hacerse el muerto cuando se acerca algún paseante para que le hagan caricias y le den comida». El senderista, atónito, se alejó unos pasos para comprobar lo que ocurría y vio cómo el mastín se levantaba tan campante; pero si se acercaba de nuevo, el perro volvía a derrumbarse sobre el suelo, cual víctima de atropello.

Otro caso conocido es el de Sullivan, un can mestizo que, un buen día, empezó a tener una tos muy fea, lo que asustó a su dueña, que era quien se encontraba con él en esos momentos. Muy preocupada, llamó a su marido, a ver si podía volver antes del trabajo para observarle y hacerle compañía. Al poco de llegar él, la tos cesó repentinamente, igual que había surgido. Por si acaso, lo llevaron al veterinario, con el fin de averiguar qué le pasaba. Le hicieron todo tipo de pruebas, para concluir que el animal se encontraba en perfecto estado de salud. No conformes con ello, pidieron una segunda y una tercera opinión, pero todos los consultados coincidieron en lo mismo: Sullivan se estaba haciendo el enfermo cuando sabía que iba a quedarse solo, porque se daba cuenta de que, si actuaba así, sus amos permanecerían a su lado.

No podía dejar de mencionar en este apartado de fingidores a Bill, un lurcher (raza típica de Irlanda y Reino Unido) que vive en Londres. Su dueño se rompió un tobillo en un accidente de tráfico, por lo que tuvieron que escayolarle y caminaba con muletas. Aun así, salía a darse pequeños paseos con Bill que, de la noche a la mañana, comenzó a cojear ostentosamente de su pata delantera derecha. Tras gastarse más de 300 libras en el veterinario, que no encontró nada extraño, sus amos advirtieron que el perro solamente cojeaba cuando estaba alrededor de su lisiado humano, mientras que el resto del tiempo correteaba y andaba sin problema. Por lo tanto, el motivo por el que Bill caminaba a tres patas era, claramente, por empatía o imitación.

Una amistad especial: niños, adolescentes y mayores

«Hasta que no hayas amado a un animal no humano,
una parte de tu alma permanecerá dormida».
Anatole France, Premio Nobel de Literatura.

Sin duda, el vínculo intraespecífico entre perros y humanos es único, y resulta sumamente ventajoso para ambas especies, de ahí nuestra larga y fructífera amistad. Se han avalado científicamente las bondades de tener un can a nivel físico, psicológico y emocional; este impacto positivo, en lo referente a la salud, que conlleva vivir con un animal se conoce como el «efecto mascota». No obstante, parece que algunos grupos de edad se benefician especialmente de esta relación. Se trata de los niños, los adolescentes y los más mayores.

El primer tándem perfecto es el que forman **perros y niños.** Pocos son los niños que no han pedido alguna vez un perro a sus padres. Por supuesto, yo lo hice, y tuve suerte. Me regalaron un cachorrito negro, que llevé a casa con manos temblorosas debido a la emoción, dentro de una caja de cartón. Era una hembra mestiza, a la que llamamos Mori. Me fascinaban los perros, pero a mis ocho años no tenía ni idea sobre ellos. Fuimos conociéndonos según crecíamos juntas. Ella estaba siempre ahí, para hacerme compañía, darme cariño o sacarme una sonrisa, según lo que necesitase, porque Mori lo sabía.

El vínculo con un animal es diferente a cualquier otro tipo de relación que un niño puede tener. Pero no siempre es fácil la convivencia, ya que para conseguir armonía es necesario saber y entender los puntos de vista de los menores y los canes, es decir, el «umwelt» de cada uno. El perro debe descubrir, acostumbrarse y entender al pequeño humano, que no interactúa con él igual que un adulto, sino de manera mucho más brusca: le tira de las orejas o el rabo, le mete los dedos en los ojos o le da una patada. Todo esto puede desconcertar y asustar a un animal que no esté acostumbrado.

Por ello, hay perros que tienen un buen comportamiento con personas adultas, pero rehúyen a los niños, e incluso se vuelven violentos contra ellos. Los canes normalmente no suelen atacar, excepto si se asustan, tienen miedo, se sienten acorralados o defienden algo muy valioso, como la comida.

Pese a ello, es verdad que los niños son las principales víctimas de mordeduras, sobre todo los menores de siete años, que no tienen una conciencia clara de qué puede molestar al perro y no advierten las señales de amenaza que este lanza. Además, por estatura, la cabeza del menor está al mismo nivel que la del animal.

Para que la relación sea positiva, es necesario **establecer pautas** para ambos. Por un lado, acostumbrar al perro a relacionarse con el pequeño humano, y si es durante el periodo de impronta del can, mejor que mejor. Por otra parte, educar a los niños para que entiendan a su compañero peludo: que puedan identificar el lenguaje canino, que conozcan los objetos personales del animal, que respeten sus momentos de descanso y no le molesten mientras come. También, siempre bajo la supervisión de un adulto, es bueno que los pequeños lleven a cabo los cuidados básicos del perro, como cepillado, alimentación, etc.

Hay que tener en cuenta que, según su edad, los niños ven a los canes de distinta manera:

- **Hasta los tres años** la relación de estos con el mundo es a través del tacto, por lo que, ante un animal que se mueve y tiene pelo, intentarán acariciarlo o tocarlo. Pero todavía no comprenden que el can siente dolor, por lo que lo pueden tratar como a un juguete más.

- **Hasta los siete años** se encuentran en una etapa sumamente egocéntrica, aunque son como esponjas que van absorbiendo los modelos de comportamiento que observan en su entorno. Es el momento de enseñarles a relacionarse y manejar a los perros, viendo cómo lo hacen los mayores. En este periodo es cuando los canes se convierten en sus compañeros de juego.

- **A partir de los siete años** ya entienden que los perros son animales que tienen capacidad de sentir y padecer, y empiezan a considerarlos como un amigo con quien poder hablar y desahogarse sin ser juzgado. El apoyo y el afecto que el niño encuentra en su perro le ayudará a madurar, así como a reforzar la confianza en sí mismo.

- **Si tenemos un can adulto y llega un bebé a casa** hay que tener en cuenta varios aspectos. En primer lugar, conocer el carácter del animal e intuir cómo puede reaccionar. Tampoco se debe relegar al perro, porque eso podría dar lugar a que sienta celos, sino intentar dedicarle el mismo tiempo y atención que antes. Lo mejor es actuar con normalidad, dejar que el perro huela al recién llegado (siempre con las precauciones necesarias) para que comience a integrarlo como un miembro más de la familia.

Como hemos dicho anteriormente, para los infantes son muchos los **beneficios** de compartir su vida con un perro, tanto a nivel psicológico como emocional e incluso físico. En este último apartado, hay algo que espanta a los padres y es que el niño y el animal normalmente viven en estrecho contacto, tocándose, chupándose e, incluso, compartiendo comida, con el consiguiente traspaso de bacterias y gérmenes.

Pese a ello, se ha comprobado que aquellos pequeños que viven en las ciudades, con una mayor asepsia, tienen más débil el **sistema inmunitario** que los que se encuentran en una granja y por tanto están expuestos a múltiples microbios. Un estudio finlandés señala que los recién nacidos que conviven con un perro sufren menos infecciones respiratorias, como alergias o asma.

Compartir la vida con un amigo canino **acelera el desarrollo psicomotor** del niño, ya que le incita a jugar, correr por el jardín, tirarle una pelota o salir de excursión al campo, y todo eso es tiempo que no está sentado delante de una pantalla. Además, ambos estrechan sus lazos divirtiéndose juntos. Por si fuera poco, estos niños registran una menor presión sistólica y una disminución de la frecuencia cardiaca después de interactuar con sus animales.

Los canes estimulan la **adquisición del lenguaje** y mejoran las habilidades verbales infantiles, contribuyendo positivamente al desarrollo intelectual y social. Podría ser debido a que los perros representan un estímulo atractivo para los niños, animándolos primero al balbuceo y luego a establecer un diálogo.

Al igual que ocurre con los amigos imaginarios, cuando los menores hablan con su animal no solo mejoran su dicción, sino que también van adquiriendo **las habilidades sociales** necesarias para interactuar con otros. Por eso tiene muy buenos resultados la terapia canina para los niños con trastornos del espectro autista (TEA).

Distintos estudios han revelado que los pequeños son más precisos y rápidos en tareas de reconocimiento de objetos cuando están en compañía de un perro, y también necesitan menos ayuda para realizar tareas cognitivas. Igualmente, aquellos que sufren un trastorno por déficit de atención e hiperactividad (TDAH), reducen su impulsividad e hiperactividad y logran una mayor concentración.

Por lo tanto, los canes influyen positivamente en el **desarrollo cognitivo** (proceso mediante el cual van adquiriendo conocimiento a través del aprendizaje y la experiencia), potenciando la memoria, la categorización, la atención y el autocontrol. Asimismo, mejoran la confianza y potencian su autoestima, al tiempo que les enseñan a no tener prejuicios.

En el **ámbito emocional** se ha visto que los perros fomentan el equilibrio, reduciendo estados como la ansiedad, la depresión, la ira y la agresividad. Los peludos compañeros ejercen un efecto tranquilizador en los niños (gracias a la famosa oxitocina), ayudándoles a gestionar mejor sus emociones. La mayoría de los menores habla con ellos porque cree que comprenden lo que sienten. Ese es el motivo por el cual recurren a sus perros en busca de tranquilidad y seguridad cuando experimentan emociones como la rabia, tristeza o frustración.

Seres extremadamente sociables

Además, el afecto mutuo contribuye a **satisfacer las necesidades de apego** que tienen los pequeños, ya que sus amigos de cuatro patas les transmiten sensación de seguridad y confort emocional cuando los padres no están presentes.

En muchas ocasiones, un perro será su primer gran amigo, un amigo que les puede motivar y enseñar a demostrar afecto o cómo debe comportarse ante determinadas situaciones. Cuidar a un animal les ayuda a ser más compasivos y entender mejor el sufrimiento o los problemas de los demás, así como a afrontar y ser conscientes de los procesos vitales, como el nacimiento, el crecimiento, la reproducción y la muerte.

Los menores se vuelven más responsables y **desarrollan la empatía** cuando se dan cuenta de que el perro depende de los cuidados de la familia para sobrevivir ya que, además, aprenden que molestarle o infundirle malos hábitos, a la larga puede significar dañar al animal. Esa relación también sentará las bases para el amor y el respeto por todos los seres vivos y, por tanto, por la naturaleza.

Cuando hacemos al niño partícipe de los cuidados del can, asignándole tareas según su edad, se forma un vínculo muy fuerte entre ambos, y puede ser un primer contacto para el pequeño humano con las obligaciones (ponerle agua, comida o salir a pasear) y **la responsabilidad.** Hacerle partícipe de la educación del perro es importante para ambos. Se podría decir que crecer con un can enriquece la vida de los pequeños de muchas formas.

Estos animales también unen a las familias, debido a que aportan cohesión y armonía; si en algún momento hay mal ambiente, el perro aparece haciendo una monería y se destensa la situación. Aparte, se requiere consenso y colaboración en los cuidados que precisa.

Un estudio elaborado por un equipo investigador del Departamento de Psicología de la Universidad Rovira i Virgili (URV) de Tarragona, se propuso comprobar científicamente si los niños que viven con perros en casa muestran un desarrollo social y emocional más avanzado que aquellos que no lo hacen. Los resultados son reveladores.

Para el análisis se llevó a cabo un seguimiento de 120 menores de entre tres y cinco años con objeto de analizar el impacto del contacto con los perros. Los expertos evaluaron diversos aspectos: la interacción respecto a los adultos de los niños que conviven con un perro, cómo expresan sus sentimientos o el afecto, la imagen que tienen de sí mismos, la acción recíproca entre iguales, la cooperación y el papel social.

La conclusión más relevante es que tener un can en casa incrementa el desarrollo social y emocional de los niños. Se ha visto que el contacto con estos animales tiene una asociación positiva con las relaciones, y que las diferencias entre los dos grupos, los que conviven con perros y los que no, son de gran magnitud.

Destaca una mejor expresión de sentimientos y una mayor colaboración de aquellos que tienen un amigo de cuatro patas. En definitiva, todos los resultados son positivos. Los perros refuerzan la seguridad y confianza en sí mismos de los niños porque, entre otras cosas, no se ríen ni se burlan de cómo lo hacen o de si se equivocan.

Veamos ahora los beneficios de tener un perro en la **etapa adolescente.** La adolescencia es uno de los momentos más difíciles y confusos en la vida de una persona. El joven experimenta diversos cambios que impactan en todos los aspectos de su vida: físicos, cognitivos, emocionales y de funcionamiento social. Sienten en su interior una montaña rusa de sentimientos que les resulta casi imposible controlar.

Es entonces cuando esa persona, que ya ha superado la edad infantil pero que todavía no es adulta, se empieza a alejar y diferenciar de los demás, incluso de sus padres, en la búsqueda de su propia identidad. Confusos, los adolescentes luchan por encontrar su lugar en el mundo y defienden por encima de todo la importancia de sus vivencias con los amigos, cuestionando a los progenitores, a quienes dejan de idealizar.

Se vuelven distantes y menos afectuosos con su familia. Los conflictos con esta y también con los amigos son muy frecuentes. Las dudas, los malestares y sobre todo el **sentirse incomprendidos por todo el mundo** son emociones muy habituales. Cuando se producen estos problemas o las cosas no van bien en el colegio o el instituto, ¿quién está siempre ahí dispuesto a acompañar y a escuchar sin juzgar, proporcionando un amor constante e incondicional? Los perros.

En una etapa de inestabilidad en la que los sentimientos están a flor de piel, los compañeros de cuatro patas se convierten en los mejores confidentes.

Los vínculos afectivos que se establecen entre ambos, refuerzan **la autoestima** del joven en una época fundamental de la vida que puede marcar su comportamiento durante la madurez.

Obviamente los canes no evitarán los momentos de conflicto existencial o con los padres, pero hace que los jóvenes los puedan relativizar, porque tienen un amigo peludo que les ofrece tranquilidad, estabilidad, cariño y lealtad. Una persona puede abandonarles o fallarles, pero un perro, no. Aunque no hable un idioma humano, el adolescente tiene la impresión de que el animal le comprende, que capta sus estados de ánimo y le escucha. Sabe que puede confesarle cualquier cosa sin ser reprochado.

El hecho de poder desahogarse supone un gran apoyo, así como un espacio de seguridad y confianza; por eso es habitual que le cuenten sus secretos al perro. Posiblemente sea con quien se sienten más cómodos y saben que siempre está ahí, tanto en los buenos como en los malos momentos. Encima, la oxitocina reduce el cortisol u hormona del estrés, por lo que los músculos se relajan, disminuye la presión sanguínea y se ralentiza la respiración.

Son típicos de la adolescencia el ensimismamiento y el individualismo. Para que no se note su desamparo y desorientación, el muchacho suele refugiarse en su **soledad** y hasta cambia de forma de ser; sin embargo, son momentos necesarios para que pueda elaborar y digerir lo que le está sucediendo.

Tener un can puede ser el mejor de los remedios para dejar de mirar las pantallas de los móviles o las consolas y preocuparse más por las necesidades de otro ser vivo. Los perros obligan a salir a la calle, aunque no se tengan ganas, y es una manera maravillosa de fomentar las relaciones sociales, porque pasearlos favorece las conversaciones con otras personas y hacer nuevas amistades.

De igual forma pueden ayudar al adolescente a adquirir una **nueva perspectiva,** para darse cuenta de que el mundo no gira exclusivamente a su alrededor, sino que hay obligaciones y responsabilidades de las que depende otro ser vivo, que deben ser cumplidas apetezca o no. Gracias a su reloj biológico, el can necesita tener unas rutinas y que le saques a pasear o le pongas de comer siempre a la misma hora. Y no hay más remedio que levantarse el fin de semana relativamente pronto para ir a la calle y poder hacer sus necesidades. Si no, acabará aliviándose en casa.

Más adelante hablaremos de la **terapia asistida** con animales (TAA), en este caso concretamente con perros, y sus amplios beneficios en diferentes pacientes. Se está empleando en adolescentes en situación de riesgo que, gracias a los canes, reducen sus conductas agresivas y mejoran la empatía, la sociabilidad y la responsabilidad.

Por fin, abordemos la especial relación de los perros con **los mayores.** Se habla menos de los efectos positivos que tienen los perros en las personas de edad avanzada. Para empezar, muchos mayores confiesan sentirse solos; disponen de demasiado tiempo libre y carecen de ocupaciones que les hagan verse a sí mismos como útiles y valorados. Saben que un can les necesita, pero también les da una razón para mantenerse activas, además de compañía y amor incondicional.

Se dice que la amenaza más grave para los ancianos no es el cáncer o la enfermedad. Es la soledad. El amor es la mejor medicina, y los perros, unos de los mejores proveedores. Les ayudan a tener la responsabilidad de **seguir una rutina diaria** para cuidar a su animal, algo que repercute beneficiosamente en el estado de ánimo y la salud mental. *La obligación de alimentar, cepillar o pasear al perro puede proporcionar estructura, objetivos y un propósito para los días que, de otra manera, carecerían de significado.* Esto redunda en una **mejor autoestima y un estado de ánimo más positivo.**

Las personas mayores que tienen un perro son más capaces de realizar ciertas actividades físicas consideradas «de la vida diaria», como subir escaleras, doblarse, arrodillarse o inclinarse, tomar medicamentos, preparar la comida, bañarse y vestirse.

Las conclusiones de un estudio realizado con personas de la tercera edad en Japón y publicado en la revista científica *PLOS ONE*, sugiere que aquellos que conviven con un can tendrían menos riesgo de desarrollar discapacidades físicas que los que nunca han tenido uno.

Investigaciones previas ya habían relacionado un menor riesgo de fragilidad (y por tanto de futuros problemas motores) entre adultos mayores del país nipón cuando estos tenían un perro, lo que se explica por los altos niveles de **actividad física y social** que supone compartir vida con este animal.

El equipo investigador realizó varios cuestionarios a 11 233 japoneses de entre 65 y 84 años, evaluando si tenían perro o gato, además de recolectar variables de salud y demográficas durante un periodo comprendido entre junio de 2016 y enero de 2020.

Durante el tiempo que duró el estudio, los adultos mayores que vivían con un can tenían la mitad de riesgo de desarrollar algún tipo de **discapacidad física** comparado con los que nunca habían tenido uno. En cambio, el equipo descubrió que tener un gato no impactaba en el desarrollo de una discapacidad motora, y que vivir con un animal no implicaba menor mortalidad por cualquier causa. Los resultados de este trabajo serían extrapolables fuera del territorio nipón.

Compartir la vida con un perro, aparte de proteger contra la aparición de la discapacidad en los adultos mayores, hace que el cuidado diario, la compañía, y el ejercicio que implica cuidarlo desempeñan un papel importante en el proceso de envejecimiento. El hecho de salir de paseo varias veces al día ayuda a que permanezcan activos, obligándoles a hacer un ejercicio físico moderado. También **socializan** más, ya que salir a la calle siempre es una buena oportunidad para encontrarse con otras personas.

Junto a un can, las personas de edad avanzada **se sienten más seguras;** en general, los animales tienen un gran instinto protector, así que si el anciano corre algún riesgo, como por ejemplo sufrir una caída, estos pueden alertar y actuar ladrando para llamar la atención de vecinos o familiares, o directamente ir a buscarlos. Si estas personas viven solas, se encuentran más protegidas, porque saben que el perro avisará si oye cualquier ruido o se produce una situación extraña.

Y es que la compañía de un perro a una edad avanzada tiene otros efectos positivos que van mucho más allá de los beneficios motores: disminuye la percepción del dolor, ayuda a ejercitar la memoria, a reducir los niveles de estrés, a combatir la depresión, y a atenuar el duelo por pérdida. Además, hace que aumente la calidad del sueño, mientras que los problemas de comportamiento y los síntomas de trastornos mentales se mitigan.

En nuestra sociedad tendemos a relegar a los mayores. Pese a que poseen toda la sabiduría de la experiencia, solemos apartarlos y no escucharlos, cuando a ellos lo que realmente les hace falta es expresarse. Al igual que ocurre con los niños y adolescentes, el perro siempre estará ahí para prestarles atención. Y, sobre todo, es una fuente de amor incondicional. El can, en ocasiones, es el único compañero que tienen.

Sin embargo, no se pueden idealizar las relaciones, ya que no todos los perros son adecuados para una persona mayor y viceversa. El secreto del éxito de estos binomios que pueden ser tan positivos y generar fuertes lazos que sostienen el equilibrio emocional de ambos, es que se den en las condiciones correctas.

En primer lugar, el propietario debe tener cierta movilidad, porque no hay que olvidar que los perros necesitan salir varias veces al día, y no es suficiente con tener un empapador en la terraza; el animal necesita correr, oler y socializar.

También la **elección del perro** juega un papel fundamental. Si bien la raza del can no es determinante, no debería dejarse al azar el tema de la edad. No es buena idea escoger un cachorro, aunque sea de tamaño pequeño, porque este tiene una enorme vitalidad que tiene que desahogar mediante el juego y el esparcimiento, además de requerir una atención y cuidados extra. Lo ideal sería un adulto joven, a ser posible que supere los dos o tres años. Otro factor a tener en cuenta es el tamaño; aunque hay muchas personas mayores que son felices con canes muy grandes, su manejo es complicado y puede ser peligroso para las dos partes.

Teniendo sus necesidades cubiertas, el perro se va a adaptar a su dueño. Este verano veía a diario a un hombre muy mayor, que caminaba dificultosamente, acompañado por su can, una especie de pastor belga grande y relativamente joven. Pues bien, el animal, con eterna paciencia, se había acostumbrado a andar al mismo paso lento que su dueño, al que esperaba sin llegar nunca a tensar la correa, formando un equipo perfecto.

A pesar de todas las bondades relatadas, no hay que olvidar que tener un perro es una auténtica responsabilidad (no hay que olvidar que estos animales viven una media de 12 años), que puede cambiar nuestras costumbres casi tanto como tener un hijo. Hay que sopesarlo muy bien antes de dar un paso tan importante.

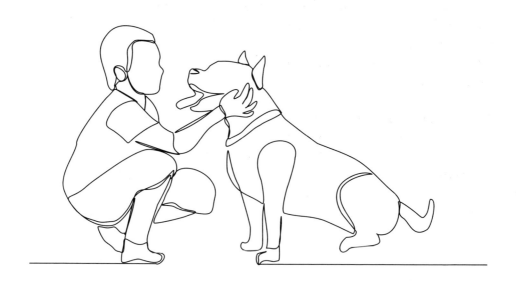

PERROS SANADORES

Como acabamos de ver en el capítulo anterior, tener un perro es especialmente positivo para niños, adolescentes y la tercera edad, porque esas son unas etapas clave en la vida de todo ser humano, en las que tener un buen amigo, en este caso de cuatro patas, es importante. Pero los beneficios caninos son los mismos a cualquier edad. Todos segregamos oxitocina cuando estamos junto a nuestro can, nos sentimos queridos y acompañados por él, nos obliga a tener una rutina, etc.

Una de las principales virtudes de los perros es que no juzgan, no ponen etiquetas y no «miran raro» cuando interactúan con personas que tienen discapacidades físicas o psíquicas, ancianos o pacientes con depresión. Para ellos, todos somos iguales y merecedores de amor.

Esa aceptación de los canes los convierte, de alguna manera, en terapeutas naturales que con su espontaneidad nos arrancan una sonrisa, sacándonos de nuestra maraña de pensamientos negativos. Ya en la Antigua Grecia, los perros ejercían como ayudantes de los terapeutas en templos de curación, y parece ser que el romano Plinio «El Viejo» promovía los beneficios de estos animales para la salud.

No es de extrañar, pues, que uno de esos «nuevos oficios» perrunos de los que hablábamos al principio de este libro, sea ejercer como **terapeutas** para humanos, con resultados realmente sorprendentes.

Muchos estudios han demostrado que los profesionales de la salud que se apoyan en canes como coterapeutas en el desarrollo de su trabajo, obtienen cambios muy positivos en sus pacientes, llegando incluso a posibilitar que se rebaje la medicación de estos.

¿Qué es la terapia canina?

Oficialmente, la **terapia asistida con animales (TAA)** consiste en la utilización, sobre todo de perros, caballos y delfines como ayuda o complemento en terapias más tradicionales, con el objetivo de proporcionar beneficios físicos, cognitivos, sociales y emocionales.

La mera presencia de los canes puede influir de forma muy positiva en la mejora de los pacientes durante las sesiones de terapia. La naturalidad, compañía, alegría, cariño y aceptación incondicional que aportan ayuda a disminuir cualquier sentimiento de abandono, y paliar la soledad, la depresión y la ansiedad.

No se trata simplemente de pasear, jugar o cuidar al perro, sino que la finalidad va mucho más allá. A los canes se les enseñan muchas habilidades, como el transporte de objetos o ladrar a la orden, que sirven para introducir al animal en cualquier tipo de **terapia ocupacional.**

Estos perros sanadores forman parte de un plan terapéutico y se emplean para trabajar con un paciente específico durante el tiempo que duren las sesiones, que puede ser de semanas o incluso meses. No sustituyen a los terapeutas humanos, pero está demostrado que influyen de manera efectiva en el éxito del tratamiento.

De esta manera, el animal se convierte en un mediador emocional que facilita considerablemente la comunicación entre el profesional de la salud y el paciente. Asimismo, constituye una fuente inagotable de motivación, que fomenta el interés y el esfuerzo de la persona que recibe la terapia.

Los perros acompañan a sus cuidadores en las sesiones, ya sean individuales o grupales. Cabe diferenciar entre canes terapéuticos **activos,** que animan al paciente a hacer algo dinámico (por ejemplo, jugar con él), y **pasivos,** que observan, esperan y reaccionan de manera empática a las sensibilidades de los enfermos.

Por su trabajo, estos animales están en contacto con personas muy diferentes que tienen problemas de expresión, de movilidad o de inseguridad. Ya sean niños, adultos o mayores, son capaces de conectar con las singularidades de cada uno.

En general, el desempeño de su función se desarrolla fuera del hogar, por lo que se enfrentan a diferentes situaciones, entornos, olores y hasta maquinaria médica. Todo esto supone un cierto estrés que el can soporta en su labor como coterapeuta. Por ello, es muy importante que las condiciones de trabajo sean adecuadas ya que, al fin y al cabo, incluso un can que lleve a cabo esta función es, antes que nada, un can y como tal tiene sus necesidades: salir al exterior, disfrutar de un vínculo especial con su figura de apego y disponer de la opción de jugar y socializar con otros de su especie. Hasta aquellos peludos que con su estoica serenidad parecen vivir para ayudar a las personas, de vez en cuando necesitan poder retirarse y ser tan solo un perro.

Debido a las situaciones de estrés que puedan llegar a experimentar, se recomienda que los perros que ayudan en terapias asistidas no trabajen más de 45 minutos tres veces por semana. Por supuesto, esto depende de las condiciones; si el animal se turna con otros congéneres, se encuentra en un ambiente conocido y tiene la opción de salir a desfogarse en el césped con sus amigos o retirarse a descansar, entonces los horarios pueden extenderse, como máximo, a dos horas.

Este tipo de terapias caninas van dirigidas, sobre todo, a personas con discapacidad, trastornos psicológicos, psiquiátricos o del desarrollo, problemas de aprendizaje, de lenguaje y conducta, que presenten daño cerebral, procesos de deterioro cognitivo o que se encuentren en riesgo de exclusión social, pero en general, pueden apoyar cualquier tipo de tratamiento.

Algunos psicólogos tradicionales trabajan con perros para que estos actúen como **nexo de unión** entre el paciente y el profesional de la salud, debido a que facilitan la comunicación y expresión del enfermo. También se utilizan para mejorar problemas de estrés, ansiedad, baja autoestima, adicciones o cuestiones de inteligencia emocional y desarrollo personal.

Todos los animales constituyen un **estímulo multisensorial** muy fuerte, ya que captan la atención y motivación de la persona que recibe la terapia. Esto puede inducir a un estado de relajación inmediata, porque el hecho de estar enfocados en algo ayuda a parar un poco el caos de pensamientos que habitualmente llena nuestras cabezas. Algunos autores afirman que, si contemplamos a un perro durante un buen rato, sin prisa, entramos en un estado relajante parecido a la meditación. También son una manera de canalizar las emociones positivas, al inspirar cariño y ternura.

El beneficio de la terapia asistida con perros es innegable y lo han corroborado diversas investigaciones científicas. Sin embargo, hay que recalcar que no sustituye ningún tratamiento tradicional, sino que funciona como **elemento de apoyo** para que el terapeuta que conduce la sesión (ya sean psicólogos, psiquiatras, fisioterapeutas, etc.) logre mejores resultados con su paciente.

Niños con necesidades especiales

Hay niños que, debido a problemas de salud física, emocionales o de aprendizaje, requieren de ayuda extra, ya sea médica, de refuerzo en el colegio o terapéutica. Cada vez con más frecuencia se están utilizando perros de terapia en estos ámbitos, con tal éxito que en algunos pacientes llegan a reducir la necesidad de tratamiento farmacológico.

Se achaca el comienzo del uso de canes en terapias para niños con necesidades especiales a un psiquiatra de origen lituano llamado Boris M. Levinson (1907 – 1984). Una mañana, este se encontraba en su despacho escribiendo, pues no esperaba visitas hasta más tarde, con su perro Jingles tumbado a sus pies. Por lo general, el animal tenía prohibido entrar a la consulta cuando había pacientes.

Sin embargo, ese día aparecieron de manera inesperada una mujer y su hijo, paciente del doctor. No tenían cita hasta horas más tarde, pero ambos estaban alterados y Levinson les atendió. El niño mostraba signos de retraimiento y ya se había sometido a un largo proceso de terapia sin obtener resultados.

Mientras el psiquiatra saludaba a la madre, el perro corrió hacia el pequeño y empezó a darle lametazos. Contra todo pronóstico, el muchacho, lejos de asustarse, se puso a abrazar y a acariciar al animal, que permaneció durante toda la sesión en la sala. Levinson se dio cuenta de que su joven paciente se mostró más atento y tranquilo que de costumbre por lo que, a partir de entonces, el doctor comenzó a realizar todas las terapias con su can.

Y es que la presencia del perro dirige la atención de los menores al exterior, y generalmente hace que dejen de lado los prejuicios negativos que puedan tener hacia el terapeuta. Un can es mucho más **divertido y positivo** que cualquier juego o juguete tradicional ya que, como ser vivo, tiene múltiples reacciones.

Los animales son muy efectivos en este aspecto porque sus actividades son relativamente aleatorias e impredecibles, debido a lo cual captan inmediatamente el interés del menor. Por eso, se utiliza mucho la «caninoterapia» en pequeños con **déficit de atención e hiperactividad,** ya que consigue mantenerles centrados y tranquilos, ya sea en la escuela o en casa.

Dicen los expertos que todos los niños sienten una imperiosa necesidad de mandar a alguien que no les replique y les acepte incondicionalmente. Esto es más marcado en aquellos que sufren algún tipo de trastorno, porque lo que más desean es que no les juzguen. Para ellos es muy importante ser aceptados, admirados, que nadie les riña ni les haga sentir culpables. Los compañeros de cuatro patas cumplen las órdenes, normalmente sin rechistar, y los quieren tal como son.

Todo ello hace que, al trabajar con perros, la motivación e implicación de los menores sea mucho más fuerte, por lo que consiguen alcanzar sus objetivos con mayor rapidez. Además, los comportamientos divertidos y espontáneos de los animales provocan alegría y buen humor, algo muy beneficioso para el estado anímico. La conexión entre el can y el niño puede llevar al pequeño a sentirse tan bien, que se olvida de lo que le rodea para centrarse en su «nuevo amigo».

En niños que sufren **trastorno del espectro autista,** los perros son una fuente de contacto físico, afecto y aceptación sin límites. En un estudio, varios pacientes de entre cinco y 10 años diagnosticados con autismo fueron evaluados mientras eran sometidos a terapias en las que se incorporó un can. Los resultados desvelaron que en estas sesiones los menores establecieron más contacto visual hacia los ojos del terapeuta y del animal, aparte de mostrarse menos retraídos.

Otras pruebas determinan que los progresos de los pequeños que asisten a terapias con canes son mucho mayores que aquellos que no lo hacen, además de disminuir en ellos ciertos comportamientos típicos del entorno autista y tener un menor número de conductas negativas, como insultos o agresividad.

En cuanto a aquellos que sufren el **síndrome de Asperger,** otro transtorno del espectro autista que se caracteriza por dificultades en la interacción social, obsesiones o problemas de comunicación, se utiliza al animal como modelo de imitación. De esta forma, se desarrolla la atención y la concentración, además de controlar la ansiedad y trabajar la motricidad.

También los canes constituyen una gran ayuda para pequeños con **síndrome de Down,** que pueden desarrollar sus habilidades comunicativas, sociales, físicas y emocionales, además de divertirse.

No hay que olvidar que estos animales pueden colaborar asimismo en **sesiones de terapia física,** como actividades en las que ejercen de guías; estas suponen un estímulo para que los niños fortalezcan músculos y articulaciones con pequeños ejercicios, como peinar al can, gatear tras él o jugar.

El vínculo que se establece entre un niño y un perro es muy fuerte y tiene un poder extraordinario. A menudo ocurre que el uso de canes en terapia logra beneficios que ni las familias ni los profesionales pueden conseguir de otra manera.

Adolescentes con problemas y menores tutelados

Dado el poderoso efecto que la compañía de un animal ejerce en el ser humano, surgió la iniciativa de poner en marcha programas de terapia asistida con perros dirigida a adolescentes tutelados.

Están destinados a jóvenes que viven en **centros residenciales de acción educativa (CRAE)** y han sufrido situaciones de maltrato, abandono o falta de atención por parte de sus padres. Ante a esta experiencia, requieren una atención especial.

Los perros les ofrecen el cariño que necesitan y juntos trabajan en distintos ámbitos, como la comunicación o hacerse responsables del cuidado del animal, además de enseñarle distintos ejercicios o trucos. Según van conociendo mejor a los canes, los jóvenes se dan cuenta de que cada uno tiene distintas capacidades, pero a la vez, todos destacan por alguna habilidad concreta.

Quizá la principal ventaja de la presencia canina es que el terapeuta puede tratar muchos aspectos sin que los adolescentes tengan la sensación de que es una terapia, término que suelen rechazar. La mayoría de ellos ha tenido que vivir situaciones de abusos, por lo que les cuesta confiar en los humanos; pero con los perros se sienten aceptados.

Un tema que se aborda con frecuencia es **mejorar el vínculo** entre los menores tutelados y sus familias. Para ello se diseñan actividades en las que el joven debe guiar al animal. A través de cómo se relacione con este, si es con una orden o de forma más dialogante, se puede interpretar cómo es el vínculo con sus padres. Así, los perros hacen de espejo que refleja el tipo de comunicación que tienen, para que los jóvenes sean conscientes de ello al poder verlo en otro.

Los beneficios del programa se perciben semana tras semana, pues el contacto con el perro les ayuda a mejorar su estado anímico y a aprender lecciones básicas, que después pueden extrapolar a otros ámbitos de la vida. Se nota una mejora física y mental, aumentando su autoestima y la confianza en sí mismos.

Los adolescentes trabajan en una actitud positiva ante la sociedad, acrecentando su comunicación y la capacidad de expresar sus sentimientos y emociones. Los perros también tienen efectos en su capacidad de autocontrol y tolerancia ante la frustración.

Igualmente se emplean canes para trabajar con mujeres adolescentes que han sufrido **abuso sexual.** Los resultados muestran que, tras la intervención, las chicas presentaban una reducción en los síntomas de estrés postraumático y depresión.

Otro ámbito en el que se ha comprobado el éxito de las terapias caninas es en los jóvenes que padecen **trastornos de la conducta alimentaria,** como anorexia o bulimia, debido a que incrementan su capacidad para gestionar las emociones, así como su autoestima.

Generalmente es muy raro que los adolescentes busquen ayuda por ellos mismos y, aunque acepten participar en una terapia, les es difícil permanecer en ella por largos periodos. Sin embargo, cuando el tratamiento está mediado por un perro, su motivación es mucho mayor.

Ámbito geriátrico

La llamada tercera edad engloba a un amplio colectivo que se encuentra en una etapa de la vida durante la cual aumenta la probabilidad de experimentar una disminución en sus facultades generales, declive que no solo comprende el ámbito biológico, sino también el social, económico y cultural.

Entre estos cambios, suele presentarse una pérdida de agudeza visual y auditiva, psicomotricidad más lenta, dificultades de atención y, especialmente, problemas con los procesos de aprendizaje y memoria. Por otro lado, la jubilación es un cambio importante que conlleva la pérdida de ingresos y de relaciones sociales, así como parte de la identidad personal asociada a la profesión junto a una modificación en los hábitos diarios.

Una menor vitalidad y las limitaciones funcionales pueden comprometer la capacidad de los mayores para seguir viviendo en su hogar, y el deterioro de la salud y la necesidad de asistencia son motivos frecuentes de traslado a una residencia.

Ya comentamos los beneficios que tienen los perros sobre la salud y la mejora en la calidad de vida de los mayores, por lo que la **terapia asistida** con estos animales tiene efectos tremendamente positivos: proporcionan sensación de comodidad y alegría, favorecen el juego y facilitan tanto la comunicación como la relación con el terapeuta, al tiempo que ayudan a recordar experiencias pasadas. A esto hay que añadir que los canes se convierten en un motivo de conversación entre los residentes, lo que confiere una nueva dimensión de familiaridad al centro en el que viven.

En una investigación llevada a cabo con 11 participantes de la tercera edad que padecían diferentes enfermedades psiquiátricas (demencia, depresión y psicosis), se comprobaron los efectos de la terapia asistida con perros en cuanto a la función cognitiva, el estado de ánimo y la percepción de calidad de vida. Los autores concluyeron que era eficaz en la mejora de los síntomas depresivos y los procesos mentales a largo plazo.

En lo que respecta a la memoria inmediata y el aprendizaje, estas intervenciones asistidas están mostrando buenos resultados en el campo de la **neurorrehabilitación.** Por ejemplo, a lo largo de un estudio llevado a cabo con perros de terapia en una residencia de ancianos, los 10 participantes con diferentes tipos de demencia mostraron mejoría en las funciones cognitivas después de seis meses de trabajo. La participación de los canes contribuye también a la preservación de las habilidades cerebrales en pacientes con demencia leve tras ocho meses de tratamiento.

Una de las aplicaciones más frecuentes de los canes en terapias es el caso de los **pacientes con Alzheimer.** Aunque de momento se trata de una enfermedad incurable, la presencia de los perros sirve para reducir su impacto y mejorar la calidad de vida.

El hecho de que la persona de edad avanzada recuerde el nombre del animal, así como los horarios de su comida y paseos, ayuda a frenar la pérdida de memoria y el deterioro cognitivo que implica padecer este mal. En definitiva, se utiliza al can como base del aprendizaje para los ancianos, al hacer hincapié en que retengan datos relativos al mismo, como su color o edad. De este modo, mejoran la capacidad motriz, la comunicativa y la cognitiva.

Existe consenso sobre la influencia de la caninoterapia en el estado de ánimo y los síntomas depresivos que suele mostrar este grupo de edad. También provoca que disminuyan las pulsaciones y los niveles de presión arterial (mínima y máxima), lo que podría interpretarse como que los perros tienen un efecto moderador de la ansiedad anticipatoria, del estrés y la agitación.

Centros psiquiátricos

Las personas con enfermedades mentales crónicas también pueden verse muy favorecidas por el contacto con perros. Se han utilizado en instituciones psiquiátricas con residentes diagnosticados de **esquizofrenia,** a quienes se aplicó terapia asistida durante un año.

Cuando se evaluaron sus efectos, se descubrió que el funcionamiento social e interpersonal mejoró significativamente, así como sus capacidades instrumentales (habilidades manuales y cognitivas). Se vio que algunos pacientes que no soportan el contacto físico con humanos se dejan lamer de buena gana por los canes.

Existen datos que muestran que, el tener un coterapeuta perruno, en algunos casos consigue reducir en un 60 % el uso de fármacos en personas con depresión y aumentar en alrededor de un 80 % la asistencia a consulta de los pacientes esquizofrénicos. Hay que destacar que además este tipo de tratamiento con un perro resulta más atractivo para los participantes y tiene una menor tasa de abandono.

Diferentes pruebas señalan que en los pacientes diagnosticados de **trastorno psicótico** disminuyeron sensiblemente sus niveles de ansiedad gracias a las terapias perrunas, y los que sufren de **estrés postraumático,** cuya tendencia es a aislarse activamente, también respondieron de forma positiva, mejorando su comunicación y socialización.

En general, el número de crisis emocionales y agitaciones son significativamente inferiores los días de la terapia con perros, tres veces menos en comparación con los días de terapia ordinaria. Además, estos animales facilitan el trabajo de los profesionales de la salud.

Galgoterapia
En 2011, el Centro Sociosanitario de Hermanas Hospitalarias, en Palencia, puso en marcha una iniciativa, que fue precursora entonces, consistente en

utilizar perros (concretamente de la raza galgo español) para la rehabilitación de personas con enfermedad mental o discapacidad intelectual.

La idea surgió de un terapeuta del centro, Salvador, y de su amigo Goyo, que tiene una granja de conejos y ha pasado su vida entre galgos. Este último cuenta que esa raza está muy arraigada en la zona. «Antiguamente en cada casa de estos pueblos había, por lo menos, un galgo. Ante todo, lo utilizaban para cazar liebres de las que se comía su carne, y también por tradición», relata, «pero ahora apenas hay, porque la caza se está acabando. Además, con los precios actuales del pienso y los servicios veterinarios, poca gente se lo puede permitir».

El granjero asegura, con cierta melancolía, que los criaba desde pequeño: «Ahora está prohibido, pero yo he tenido muchos y a todos se les cuidaba bien. El que no servía para cazar, alguien lo quería para algún concurso de belleza canina o como animal de compañía y si no, se quedaba en mi casa».

Goyo mantiene que «los galgos, por naturaleza, son animales afables, cariñosos, muy empáticos, tranquilos y apenas ladran. Saben quién es cada uno de los pacientes y lo que necesitan». Quizá por eso se está extendiendo su uso como coterapeutas incluso en otros países de Europa.

Un día, a Salvador se le ocurrió probar a llevar algunos de esos ejemplares que no servían para la caza al centro donde trabaja. Le pareció que podían ser idóneos y además tienen una altura muy buena para hacer terapia de pie, en silla de ruedas, sentados o en la cama, lo que permite que todo tipo de pacientes pueda acceder con facilidad a los perros.

Así se puso en marcha un programa que se llamó Idefix, que además de ser el nombre del perro de Astérix, quería resumir en una sola palabra los ambiciosos objetivos de esta terapia: integrar, desarrollar habilidades, elevar la autoestima, facilitar la afectividad, investigar nuevas terapias y expresar emociones.

En el mismo, los animales conviven en la institución con los pacientes, quienes ejercen de propietarios, con la consiguiente responsabilidad respecto al cuidado de los galgos. Los cepillan, dan de comer, pasean, se sientan a su lado y charlan con ellos. También les enseñan ciertos trucos, como sentarse, tumbarse o dar la pata, ya que dos días a la semana, una adiestradora acude de forma voluntaria al centro para que los pacientes conozcan las pautas básicas de educación canina.

Los internos tienen libertad para caminar con los perros por los amplios jardines de la institución sanitaria sin apenas supervisión, y este simple hecho aumenta su nivel de autonomía. Para ellos supone un aliciente en la vida diaria que les distrae de sus propios problemas y les centra en una actividad, tranquilizándoles.

Por su parte, los canes cuentan con casetas individuales de diez metros cuadrados, cubiertas y con agua corriente, además de tener habilitado un gran espacio abierto, exclusivamente para ellos, en caso de que quieran jugar, descansar o, simplemente, estar a su aire.

Los responsables del programa notaron rápidamente los resultados. En los primeros días ya vieron cómo a algunos pacientes les disminuía la tensión arterial y hasta el colesterol. Con el paso del tiempo, se dieron cuenta de que también mejoraba la memoria reciente, así como la empatía, el aprendizaje y el autocontrol. Sobre todo, los galgos han llevado alegría a los enfermos.

Gracias a esta labor de galgoterapia, el Centro Sociosanitario Hermanas Hospitalarias recibió en el año 2015 el Premio Nacional Enfermería en Desarrollo y en el 2012 una mención de honor del Club Nacional del Galgo Español.

Centros hospitalarios

Australia, Canadá y Estados Unidos son los países pioneros en introducir perros en centros hospitalarios. En Norteamérica son cientos los hospitales que permiten las visitas controladas de estos animales.

Lentamente, pero con paso firme, los canes están entrando en los hospitales españoles en pro de la humanización de estos lugares, cuya estancia siempre es algo obligado y poco agradable. Abrieron camino **los perros guía** que, sobre el papel, desde hace décadas pueden acompañar a sus dueños a cualquier lugar que, por motivos obvios, no sea un quirófano.

Esa normativa se ha ido ampliando al resto de personas con discapacidad que tienen **perros de asistencia** y, en menor medida, a los **perros de alerta médica,** de los que hablaremos un poco más adelante. También están entrando en los centros sanitarios **los canes de terapia,** para trabajar junto a profesionales formados e iluminar las siempre duras estancias hospitalarias con esa alegría pura que comparten niños y perros.

Los coterapeutas caninos están empezando a generalizarse, ya que la ayuda al paciente que brindan estas terapias innovadoras, conducidas siempre por profesionales de la salud, es tanto física como social, emocional y cognitiva. Los perros se escogen y entrenan específicamente para que trabajen con niños y adultos ingresados.

Es importante recalcar que los canes no curan, eso lo hace la medicina, pero sí que cooperan con los sanitarios para ir un poco más allá. Según un informe sobre intervenciones asistidas con perros en el **departamento de pediatría** del Hospital San Juan de Dios, en Barcelona, el 96,5 % de los niños que interactuaron con estos animales en la sala de espera, entraron más tranquilos a la consulta.

En un estudio llevado a cabo por la Universidad Rey Juan Carlos de Madrid, se constató que la terapia asistida con perros llega a reducir el dolor de los pacientes pediátricos críticos. Gracias a ellos, por ejemplo, un niño es capaz de levantarse después de una cirugía o estar distraído durante una extracción de sangre, porque está más pendiente de las reacciones del can que del pinchazo.

Se ha observado que los pequeños ingresados en la unidad de cuidados intensivos encuentran en los perros un motivo para jugar, reír y distraerse, olvidando así sus problemas y, por supuesto, su enfermedad durante un rato. En cierto modo, es una manera de **humanizar** la estancia hospitalaria, especialmente para los niños.

Desde hace no mucho, en algunos centros se acepta también la presencia de los perros de compañía, que suponen una fuente de consuelo para sus dueños enfermos. Muchos pacientes echan de menos a ese miembro de la familia cuando están hospitalizados. En estos casos, para solicitar la visita de su animal es preciso contar con aprobación médica, hay que acreditar unas medidas de higiene, desparasitación y vacunación del perro y, tras comprobarse su carácter y comportamiento, el encuentro se produce en un espacio designado para ello.

Percepción del dolor

Es innegable que una sala de espera hospitalaria no es el sitio más acogedor ni relajante. Las luces brillantes, los minutos que parecen horas, la ansiedad y el hecho de estar enfermos o sentir dolor hacen que la situación sea aún más difícil.

El dolor puede considerarse una experiencia subjetiva, que posee tanto componentes físicos como sociales, por lo que la preocupación, la ansiedad y el hecho de tener apoyo o sentirse rechazado pueden influir en la forma en que lo percibimos.

Una investigación llevada a cabo en la sala de espera de urgencias de un hospital canadiense, confirmó que el amor de los perros tiene algo de curativo. Además, aporta optimismo, ilusión y una distracción agradable tanto a los pacientes como al personal médico, que en ocasiones se ve desbordado en su trabajo.

Para el estudio, se pidió a más de 200 pacientes que puntuaran su nivel de dolor en una escala del 1 al 10, siendo el 10 el más alto. Todas las personas se encontraban en la misma estancia, algunas esperando a ser atendidas, otras porque tenían un tratamiento en curso o aguardaban a que se les asignase una cama en el hospital.

Se les dividió en dos grupos, uno de los cuales permaneció 10 minutos con un perro de terapia. Acto seguido, se les volvió a pedir que calificaran su nivel de dolor y solo los que contaron con la visita canina dijeron que se había reducido. Está comprobado que pasar tiempo con un perro aumenta el bienestar y reduce la ansiedad y depresión, a la vez que da alegría.

En anteriores pruebas ya se había constatado que la participación de estos canes coterapeutas inmediatamente después de una cirugía (sustitución de una articulación), ayudaba a los pacientes a sentir menos dolor, porque no estaban pendientes del mismo. En estas ocasiones no se aborda la fuente de dolor, sino que simplemente se alivia su percepción. A esto hay que unirle que el contacto con los perros libera oxitocina y disminuye el cortisol, hormona que se ha relacionado con dicha percepción del dolor.

Centros penitenciarios

La prisión es un entorno duro y traumático para muchos internos, que en ocasiones no se relacionan bien o se sienten aislados. La mayoría de ellos tiene problemas y carencias de diverso tipo o déficits educativos, poca empatía y autocontrol, carencia de afectos y baja autoestima.

Como bien sabemos, los perros no juzgan, no les importa el pasado de la persona ni su ficha policial o su nivel de educación, lo que ha llevado a que, desde hace algunos años, se implementen las terapias asistidas con canes en los centros penitenciarios.

Hay que tener en cuenta que el entorno en el que viven los reclusos no facilita **externalizar las emociones;** los animales, con su sencillez y aceptación incondicional, posibilitan que estas personas expresen libremente lo que sienten y den rienda suelta a la ternura y el afecto. El bienestar del perro se vuelve una prioridad para presos y profesionales del centro.

La terapia tiene una doble vertiente; en unos casos, los internos con problemas de afectividad y autoestima se responsabilizan de los cuidados del animal, como alimentación y ejercicio, aunque siempre con el apoyo de educadores, psicólogos y funcionarios penitenciarios. Ocuparse de otro ser proporciona un mayor sentido de uno mismo y de los otros. La persona consigue integrarse más fácilmente en la dinámica del centro, mejorando muy notablemente su cuidado personal y el de sus pertenencias.

En otras ocasiones, el can forma parte de un programa terapéutico dirigido por educadores o psicólogos. En el mismo, el animal actúa como facilitador y ayuda a reducir los niveles de ansiedad y estrés de los reclusos.

En general, los coterapeutas caninos disminuyen la ansiedad de los internos, mejoran las relaciones interpersonales, contribuyen a la estabilidad emocional y logran adaptarse de una manera más completa al entorno en el que se encuentran.

Según aseguran los profesionales de la salud que han participado en este tipo de intervenciones, la terapia asistida con perros es equiparable, en cuanto a sus efectos positivos (modificación de conducta y ansiedad), al resto de intervenciones de rehabilitación que se llevan a cabo en las prisiones para la **reinserción social** de los reclusos.

Drogodependientes

Cualquier adicción es producto de una serie de factores sociales, psicológicos y emocionales. En general, se podría decir los adictos tienen ciertos rasgos comunes, como la dificultad para enfrentarse a la realidad, poca tolerancia a la frustración, dependencia emocional, hipersensibilidad, baja autoestima y, ante todo, una fuerte necesidad de ser amados y aprobados. Este malestar de la persona, y la falta de recursos psicológicos para afrontarlo, hace que acaben por recurrir a las drogas, del tipo que sean, con objeto de esconderse de sus problemas.

En España está dando sus primeros pasos la terapia asistida con perros para entrenar las habilidades sociales del adicto. Estos tratamientos, esencialmente, tienen una doble vertiente: trabajar el **control emocional** y la **autoestima.**

Un can supone un gran soporte emocional, debido a su carencia de prejuicios y a que entrega su amor incondicionalmente. Como ya hemos mencionado muchas veces, mejora la confianza en uno mismo, la comunicación, las interacciones sociales, reduce la ansiedad y sirve de distracción en los momentos difíciles de abstinencia. Puede ser todo lo que necesita una persona para rehabilitarse. El tiempo lo dirá.

¿Cómo son los coterapeutas caninos?

Los perros que van a desempeñar este tipo de funciones son rigurosamente seleccionados. La raza no es lo importante, sino el carácter que posea cada uno. Es imprescindible que sean muy predecibles y equilibrados, ya que están en contacto con pacientes que pueden tener reacciones repentinas; ante ellas, un perro miedoso o inseguro podría tener una respuesta inapropiada.

Por supuesto, deben destacar por su **docilidad y sociabilidad,** siendo una condición imprescindible que disfruten con el contacto humano. Asimismo, es primordial que estén dispuestos a aprender y realizar nuevas actividades, aparte de soportar pacientemente la manipulación física, porque acariciarlo, peinarlo y tocarlo forma parte de la terapia.

Antes de empezar a trabajar, el perro pasará por un **periodo de entrenamiento,** en el que se le enseñarán diversas habilidades, como apoyar la cabeza en el regazo del paciente o subirse a él, mantenerse quieto para que lo peinen, saludar, pasar entre las piernas, o tumbarse tranquilo encima de una persona.

Al mismo tiempo, paulatinamente se va exponiendo al can a los diferentes estímulos que pueda encontrar en aquellos sitios en los que vaya a desempeñar su función: sillas de ruedas, personas uniformadas, gritos, diversos ruidos, etc.

Habitualmente, unos perros se sienten mejor con un determinado colectivo que con otro, y eso hay que tenerlo en cuenta, porque lo importante es que cada animal esté feliz para poder transmitir ese estado a quienes le rodean.

Como todo trabajador, necesitan su **descanso** o su recreo varias veces al día, para poder socializar, correr, jugar o dormir, descansando del contacto con los pacientes. Al fin y al cabo, son perros y necesitan actuar como tales, por lo menos de vez en cuando.

Pese a las maravillas que hemos descrito (recalcar nuevamente que no sustituye ningún tratamiento médico, solamente lo facilita), la caninoterapia no es aconsejable para todos. Si una persona, a raíz de una mala experiencia pasada, tiene miedo a los perros, es muy difícil que se forme un vínculo entre ambos.

En todo caso, el terapeuta deberá valorar la situación y, si le parece adecuado, tratar de mostrar al paciente que no todos los perros son agresivos y que algunos están entrenados para ayudar. También hay terapias caninas específicas para trabajar estas fobias.

Tampoco están recomendadas, como es lógico, para personas con alergia a los animales, puesto que podrían comprometer su salud. Señalar que, aunque inevitablemente siempre existe cierto riesgo de mordeduras o arañazos, los canes, además de educados, están sometidos a estrictos controles de higiene, por lo que la posibilidad de que esto suceda o contagie una enfermedad es mínima.

PERROS DE ASISTENCIA

Para muchas personas, los perros que las acompañan se convierten prácticamente en una prolongación de sí mismos. Pueden ser sus ojos, o sus oídos, los que den la alerta en caso de un problema médico, o su escudo protector. Se trata de los llamados perros de asistencia, aquellos que han sido adiestrados para ayudar en el desarrollo de las labores de la vida cotidiana a humanos que sufren alguna **discapacidad física o intelectual.**

Desde el punto de vista social, el perro de asistencia acompaña a un mismo usuario en todas o casi todas sus actividades diarias, y tiene acceso público para poder desempeñar sus funciones.

A diferencia de los perros de terapia, los de asistencia son considerados como una ayuda técnica viva para mejorar la **autonomía personal** de los discapacitados. Estos animales conviven con el usuario, por lo que el entrenamiento que reciben está única y exclusivamente destinado a las necesidades de esa persona en concreto. Sus tareas son diarias, cuando su dueño las necesita, pero siempre teniendo en cuenta el bienestar del animal y sus necesidades

Por su parte, un can terapeuta lo que hace es proporcionar un apoyo técnico al sanitario con sus pacientes. De ahí que esté adiestrado para desempeñar sus funciones tanto con uno como con varios colectivos y en diferentes entornos, pero solo durante el tiempo que dura la sesión; después, vuelve con su entrenador.

En general, los perros de asistencia tienen que saber hacer todo aquello que pueda facilitar a sus propietarios desenvolverse, con la mayor normalidad posible, en su día a día. Cabe destacar que, pese a que a primera vista el beneficio parezca más bien de tipo físico, el mayor impacto positivo se produce a **nivel emocional:** ofrecen apoyo, seguridad, cariño y la posibilidad de una vida más autónoma. También ayudan a superar miedos y problemas psicológicos.

Seguramente, los primeros que se nos vienen a la cabeza son los **perros guía** de las personas con discapacidad visual o sordoceguera. Su labor consiste en acompañar al humano donde lo necesite, sorteando aquellos obstáculos que pueda encontrar en el camino. Pese a su nombre, ellos no guían, sino que simplemente siguen las órdenes, eso sí, siempre protegiendo al invidente, evitando chocar contra objetos y personas, cruzando por los semáforos o marcando los escalones.

Mucho menos conocidos son los **perros señal,** educados para avisar a personas con discapacidad auditiva de los distintos ruidos que pueda haber, indicando incluso la fuente de procedencia de los mismos. También están los llamados **perros de servicio,** que ofrecen apoyo a humanos con discapacidad física. Se les enseña para que lleguen donde el humano no puede, y de esta forma aumentar su autonomía.

Hay personas que padecen ciertas enfermedades, como epilepsia o diabetes, a las que la posibilidad de sufrir en cualquier momento y sin previo aviso una crisis, les impediría llevar una vida normal si no fuera por los **canes de aviso.** Se les ha enseñado a dar alerta médica en caso de que tengan dicha crisis. Además de aportar seguridad, han salvado muchas vidas.

Los niños autistas tienen sus ángeles de la guarda de cuatro patas en los **perros de autismo.** El objetivo de los animales es preservar la integridad física de los pequeños, pero también se convierte en un gran soporte emocional. Si es necesario, el animal también permanece junto al niño durante la noche vigilando su sueño, por si tiene que avisar a los padres.

Los **perros de apoyo emocional** son aquellos que ayudan a sus dueños a superar algún problema emocional o psicológico, especialmente pánico, estrés postraumático, ansiedad, depresión o fobias. Los canes no requieren ningún entrenamiento específico, salvo los ejercicios de obediencia básica como «no», «ven», «sienta» o «quieto». Por supuesto, también deben ser capaces de comportarse razonablemente bien en diversos entornos.

¿Cómo son los perros de asistencia?

Al igual que ocurre con los perros de terapia, la raza no es lo más importante para ser un buen asistente. Lo que realmente prima es que tengan determinado carácter: que sean dóciles, tranquilos, cariñosos, seguros y muy predecibles. Asimismo, es fundamental que tengan una **gran capacidad de aprendizaje,** ya que deberán desarrollar distintas y sorprendentes habilidades según la discapacidad que asistan.

Los perros guía están entrenados, entre otros aspectos, para sortear todo tipo de obstáculos altos y bajos, indicar dónde hay diversos tipos de marcas, bordillos, escalones, localizar el lugar donde se hallan las puertas o gestionar el tráfico.

Los canes señal deberán avisar e indicar la procedencia de sonidos en el interior o exterior de la casa, como el despertador, una olla a presión, el teléfono fijo o móvil, la alarma, la puerta o el timbre y el llanto de un bebé, entre otros muchos. Del mismo modo, son capaces de recoger cualquier objeto que se le pueda caer a la persona sin que esta se dé cuenta porque no lo oye.

En el caso de asistir a discapacitados físicos, el can deberá aprender a hacer casi todo lo que la persona no puede por sí misma. Esto incluye abrir y cerrar puertas y cajones, encender y apagar los interruptores de la luz, ayudar en el momento de trasladarse a la cama e incluso tapar con la sábana; agarrar, recuperar y llevar objetos a su propietario, quitarle la chaqueta (bajando la cremallera y tirando de las mangas), incluso ayudarle a sacarse un jersey o unos pantalones estirando de la prenda de ropa. En caso de alerta, ladran, buscan a alguien o pulsan un botón de aviso.

Los perros que vayan a estar al cuidado de niños con autismo, aprenden pautas de seguridad vial e incluso marcan la distancia con los bordillos para evitar que crucen si existe riesgo. Estos animales son capaces de responder a las conductas estereotipadas, como balanceos o ruidos, evitar que se autolesionen y cortar episodios de crisis y bloqueos con un simple lametón en la cara o las manos. También evitan el riesgo de fuga de los pequeños (que tienen tendencia a huir en cualquier situación de muchedumbre o ruido), al estar anclados el uno con el otro mediante un arnés.

En cuanto a los perros de alerta médica, cuando trabajan con diabéticos no solo aprenden a detectar cuándo se descompensan los niveles de azúcar de la persona, sino incluso a llevarle los objetos que pueda necesitar, como un medidor de glucosa y un sobre de azúcar. En la narcolepsia y la epilepsia, los canes se mantienen al lado de su guía. Por si no puede hacerlo la persona, porque haya perdido el conocimiento, todos estos animales saben pulsar un botón de asistencia para que acuda una ambulancia.

La función de los perros denominados de apoyo emocional, es acompañar a la persona en su día a día, con los múltiples beneficios (principalmente a nivel emocional, aunque no solo), que conlleva la relación entre perros y humanos. Para que un can sea considerado de apoyo emocional, su propietario debe solicitar un certificado emitido por un profesional de la salud mental. El caso se evalúa y, si se considera que el animal es imprescindible para el bienestar emocional y psicológico de la persona, este podrá acompañarla a lugares a los que normalmente no podría acceder.

Mujeres vulnerables

Un colectivo que necesita, casi por encima de todo, sentirse protegido, es el de las mujeres víctimas de **violencia de género.** Suelen vivir permanente en alerta, angustiadas y con miedo a que pueda aparecer en cualquier momento su agresor.

Hace varios años una de estas mujeres, desesperada, acudió a una exhibición de perros de seguridad y le preguntó al adiestrador si podía educar al perro que ella tenía para protegerla de su expareja. Fue entonces cuando el entrenador canino, Ángel Mariscal, se dio cuenta de que tenía que hacer algo por esas mujeres tan vulnerables.

Poco después, con este fin, comenzó a adiestrar perros, que protagonizarían el Proyecto «Pepo». No se trata de canes de vigilancia, seguridad ni de escolta, sino de protección, de ahí el nombre («Pepo»). Según el fundador del proyecto, la enseñanza de estos canes se basa en un instinto muy arraigado en la naturaleza: el de **protección.**

El mismo instinto que hace que una perrita, que está con sus crías, se muestre insegura ante la presencia de un extraño y sea capaz de atacarle si se acerca demasiado a sus cachorros, es el que despliega un «Pepo» con su guía. Por eso, los canes no muerden ni son agresivos, sino que se muestran muy sociables y completamente normales, hasta el momento en que la mujer le hace saber que se siente amenazada.

Estos animales van equipados con lo que se conoce como un **bozal de impacto:** un bozal de cuero que en la zona del morro está reforzado con unas barras de metal. De esta manera se consigue que el impacto al maltratador (generalmente en cuello o cintura) sea más doloroso, pero no tan agresivo como un mordisco. También llevan un **arnés de trabajo,** que llaman «acelerador», ya que funciona como catalizador para identificar el peligro: si la mujer sujeta el arnés, el perro se pone en guardia vigilando su entorno. En ese momento, el can ladrará e intentará espantar al agresor, ya que el objetivo es disuadirle con su sola presencia.

En caso de que el atacante intente traspasar el perímetro de seguridad que marca la víctima, el can impacta contra el hombre con el único fin de retenerle y desviarle de su objetivo el tiempo necesario para que acudan las fuerzas y cuerpos de seguridad.

Gracias a estos animales, las mujeres pueden llevar una vida más tranquila, porque saben que sus «Pepos», además de protegerlas del daño físico haciéndolas sentir seguras, ayudan a que recuperen la **autoestima y confianza** que habían perdido debido a los abusos sufridos. Vuelven a salir a la calle y socializar.

Para seleccionar a los perros más adecuados de cara a este el programa se tiene en cuenta que sean equilibrados, sociales y familiares, que destaquen por su instinto de protección y también se busca que tengan un buen tamaño, ya que eso tiene un importante **efecto disuasorio** en el atacante.

Los perros se convierten en su escudo protector y conviven con ellas prácticamente las 24 horas del día, aunque aún existen lugares públicos donde tienen prohibido el acceso. Sin embargo, recibir un «Pepo» no es sencillo. La futura guía y el animal tienen que realizar antes un trabajo lento y concienzudo.

Al recibir una solicitud, cada caso es valorado minuciosamente por psicólogos y etólogos de forma individual. Si todos dan el visto bueno, la mujer tendrá que realizar una serie de cursos para, finalmente y tras un periodo que puede superar el año, recibir el perro que mejor se adecúe a sus características y personalidad.

Perros guía

En España, la Fundación ONCE del Perro Guía se encarga de adiestrar a estos canes, a los que anteriormente se conocía como «lazarillos». El objetivo es que los animales mejoren la movilidad de las personas ciegas o con una deficiencia visual grave, incrementando la rapidez en los desplazamientos y, sobre todo, la seguridad. Para los invidentes, pasar de moverse con un bastón a hacerlo con estos canes, supone un salto importante en su calidad de vida y autonomía.

Es bien conocido el carácter tranquilo, voluntarioso y amistoso de los labradores, idóneos para desempeñar esta función, por lo que han sido tradicionalmente los perros guía por excelencia. También se utilizan golden retriever y pastores alemanes (estos últimos, algo más difíciles de manejar, están destinados a personas más activas), incluso caniches gigantes y cruces.

Lo importante es que el animal esté pendiente de los intereses de la persona invidente y no de los suyos, ya que es un profesional que no puede distraerse de su tarea. Pero curiosamente, también tienen que aprender la **«desobediencia inteligente»,** es decir, saber incumplir una orden recibida si esta pone en riesgo al usuario.

Los perros son acogidos siendo cachorros por familias o personas que lo solicitan voluntariamente, hasta que cumplen un año. Es entonces cuando comienza la socialización del can, que acompañará a esas personas a sus puestos de trabajo y actividades diarias, para acostumbrarse a todo tipo de estímulos y lugares. Al tratarse de futuros perros guía, tienen permitido el acceso a cualquier espacio de uso público.

Posteriormente, se les separa de las mismas y regresan a la escuela de formación durante un máximo de doce meses. Allí, se le enseñará **obediencia** y estimulará al máximo su **inteligencia funcional** (la que determina lo que el perro es capaz de hacer por y para los seres humanos). Si a lo largo de ese tiempo alguno de esos animales no es considerado válido, se dará en adopción. A partir de entonces, el perro es asignado a un usuario y la simbiosis entre ambos debe ser total, ya que pasa a ser su compañero y sus ojos.

Pero la «vida laboral» de un perro guía es limitada. En el mejor de los casos, su tarea finaliza entre los ocho y los 12 años. La **jubilación** les llega cuando merman las condiciones físicas del animal para desarrollar sus funciones. Entonces, es el momento de decidir qué hacer con él. Las opciones son quedarse con su dueño o volver al centro, a la espera de que pueda ser nuevamente adoptado hasta el final de su vida.

Esta labor de asistencia tiene sus detractores. Durante el adiestramiento, se tiende a minimizar los instintos naturales de caza, guarda y protección que todo can tiene en mayor o menor medida. A esto hay que añadir que su tiempo de ocio y juego es limitado porque, entre otras cosas, prácticamente están trabajando las 24 horas del día.

Por eso, hay quienes consideran que los perros no son felices debido a que no pueden dar rienda suelta a dichos instintos, por lo que alegan que esas funciones las deben llevar a cabo los perros guía robot. Estos tienen la ventaja de que son más económicos, no tienen que salir para hacer sus necesidades, no enferman ni envejecen, llevan un GPS para orientarse y pueden conocer en tiempo real, por ejemplo, la situación del tráfico. Sin embargo, son incapaces de ofrecer compañía ni cariño, por lo que no suponen un apoyo emocional y en ningún caso pueden sustituir a un perro.

Otras prácticas de apoyo canino

Una modalidad diferente son los llamados **perros de visita,** cuyo objetivo es conectar con los humanos para aumentar el contacto social y mejorar el estado anímico de los mismos. No tienen una finalidad terapéutica concreta, sino que mejoran a las personas solo con su presencia. Basta con una caricia, un paseo o algo de juego.

Algunas asociaciones programan visitas periódicas a aquellas residencias de ancianos que lo permiten, y han demostrado ser muy beneficiosas para los mayores, además de estimular mente y memoria, fomentan el buen humor.

Una disciplina que se está empezando a poner en práctica es la **Educación Asistida con Animales (EAA),** que consiste en mejorar o facilitar el aprendizaje de los estudiantes a través de la inclusión de perros en la práctica educativa. Está dirigida a personas de diferentes edades, ya tengan necesidades especiales o no.

Las actividades se adaptan a los diferentes niveles educativos de los participantes. El animal forma parte de las mismas, ofreciendo un elemento novedoso y motivador que incrementa la participación, atención y concentración de los alumnos.

Mediante los perros se incide en el trabajo en equipo (por ejemplo, colaborando todos juntos intentan enseñarle un truco al can), las interacciones sociales (empatía, respeto, comunicación), la percepción y orientación, así como el ejercicio físico. Gracias a ellos, los alumnos aprenden a través del juego de forma divertida.

El intercambio afectivo con el can mejora el estado emocional y aumenta la disposición para involucrarse, al tiempo que incrementa la atención y

213

concentración. La seguridad que ofrece el perro, abre un espacio para la expresión de afecto y sentimientos, ayudando a superar miedos. A estos beneficios hay que sumar los ya conocidos sobre los niveles de estrés o ansiedad, la adquisición de responsabilidad y un estado físico más óptimo, de los que ya hemos hablado.

EL FENÓMENO DE LOS «PERRHIJOS»

Llevamos evolucionando junto a los perros desde hace miles de años, y a lo largo de este tiempo ellos han aprendido a conocer nuestros gestos y forma de ser, incluso han desarrollado algunas capacidades para utilizarlas exclusivamente con los humanos. Eso los ha convertido, probablemente, en el animal de compañía más popular en el mundo entero.

Si bien antaño eran utilizados como «herramientas» de trabajo, y cumplían un propósito especial (como cazar, defender, pastorear, etc.), desde hace un tiempo se está viviendo un auténtico *boom* canino, en el que la cifra de perros que viven en hogares de todo el mundo, sin tener una labor específica, no para de crecer.

¿Qué son los «perrhijos»?

Debido a esta relación que mantenemos con ellos, los percibimos como a un miembro más de la familia, por lo que, como es lógico, les atribuimos más características humanas que, por ejemplo, a un ciempiés o una lagartija.

Este hecho, unido a un cambio en el modelo de familia, cada vez con menos hijos y más perros, da lugar al fenómeno de los «perrhijos». El término es una expresión coloquial que se utiliza para referirse a los canes que son tratados por sus dueños casi literalmente como si fueran bebés: se les lleva a pasear en carrito o en brazos, se les compra ropa y juguetes, o se les da comida humana. Y ello acaba teniendo **repercusiones muy negativas,** principalmente para los animales, pero también para los humanos.

Se trata de un asunto controvertido, debido a que a ningún propietario le gusta escuchar que está maleducando a su perro cuando lo que cree, equivocadamente, es que le ofrece lo mejor. Sin embargo, es muy importante incidir en él, porque para que los canes sean verdaderamente felices, tienen que realizarse como perros, no verse obligados a representar el papel de un **bebé humano.**

Los «padres» de «perrhijos» seguramente actúan con su mejor intención, porque verdaderamente sienten amor hacia los canes, pero desconocen (o no quieren ver) cuál es la **auténtica naturaleza** de esa criatura de la que se han hecho responsables.

No es descabellado el que una persona pueda querer casi tanto a su perro como a un hijo (ya hemos visto la influencia de la oxitocina) y, por tanto, cuidarlo lo mejor posible, pero siempre siendo consciente de que es un animal que tiene sus propias necesidades, distintas a las nuestras.

Antropomorfización y humanización

En este tema hay dos términos importantes, que son similares, pero no idénticos: «antropomorfización» y «humanización». El primero de ellos, de difícil pronunciación, significa atribuir **características humanas** (como emociones y pensamientos) a animales, cosas o incluso fenómenos meteorológicos que no las tienen. Un ejemplo de ello, es asegurar que, si un perro pone cara de pena después de haberse comido una zapatilla, es porque se siente culpable, cuando lo cierto es que lo hace porque sabe que le van a regañar.

Hay que tener en cuenta que el antropomorfismo nace de los intentos humanos por comprender el mundo. Nuestros ancestros recurrían a ello para intentar explicar y prever la conducta de otros animales, incluso del clima u otros fenómenos naturales.

Estas proyecciones en parte nos benefician, ya que nos permite imaginar lo que otros piensan, y puede ser la base de la creatividad. El problema es que lo hacemos de manera casi compulsiva, y vemos señales propias de la relación entre humanos en todo lo que nos rodea.

Desde la antigüedad, algunas culturas han imaginado a los perros como seres mágicos, sagrados o sobrenaturales. Durante el siglo XIX, esta tendencia de atribuir a los animales cualidades humanas se volvió más común, debido en buena parte al auge de la literatura infantil, que mostraba a canes y otros seres con comportamientos humanos.

En los últimos tiempos, junto con el aumento y el respeto a los derechos de los animales, los perros han ganado un protagonismo aún mayor, y ahora corren el riesgo de la humanización. Se trata de un fenómeno cada vez más común en nuestra sociedad, y esta nueva forma de verlos ha conllevado una serie de cambios en la manera en que interactuamos con ellos, incluyendo cómo los cuidamos y educamos.

Hemos pasado de un extremo a otro, es decir, de cosificarlos a darles casi el mismo trato que daríamos a un hijo, como ofrecerles comida elaborada para humanos, llevarlos a terapeutas o psicólogos para tratar problemas emocionales, o incluso vestirlos y disfrazarlos. Si bien es cierto que esta humanización puede tener algunos beneficios, como una mayor conexión emocional y responsabilidad hacia nuestros canes, también tiene sus **riesgos y desventajas.**

En resumen, se podría decir que la antropomorfización se refiere más a la percepción que tenemos de los perros, mientras que la humanización alude al trato que les damos. En cualquier caso, si son llevadas al extremo y se ignoran las necesidades del can, ambas pueden conllevar un tratamiento inadecuado o perjudicial para su bienestar y desarrollo. En esas ocasiones, no nos ayudan a tener una relación más fluida ni a que sean más felices, sino al contrario.

Riesgos de humanizar a los perros

La gran mayoría de los propietarios perrunos tendemos a antropomorfizar o humanizar a nuestros compañeros de cuatro patas, ya sea consciente o inconscientemente, dada nuestra manía de asignar atributos humanos a todo. Muchos hablamos con nuestros perros; algunos, hasta lo hacemos por ellos, es decir, «poniéndoles voz» e imitando lo que, si fueran personas, podrían pensar o decirnos. Pero solo a modo de graciosa antropomorfización. Lo importante, en cualquier caso, es no olvidarnos de su auténtica naturaleza, que es distinta a la nuestra, empezando por su forma de percibir el mundo.

Pese a todo, tampoco se puede negar que tienen ciertas cualidades que creíamos exclusivamente humanas. Hace no tanto, los canes eran considerados casi objetos, y ahora las investigaciones científicas nos muestran, casi continuamente, que la distancia que los separa de nosotros no es tan abismal como creíamos.

Nuestros queridos compañeros de cuatro patas sienten amor y otras emociones, poseen inteligencia, conciencia de sí mismos, gran capacidad de aprendizaje, así como de adaptación a nuevas situaciones y una compleja comunicación. Si hace un par de siglos alguien hubiera afirmado esto, se le hubiera tachado de loco antropomorfista.

Por eso es un tema delicado, en el que lo que es personificar a un perro o no, a veces no está muy claro. Lo fundamental es tener presente que, por muy estrecho que sea el vínculo que nos une, es un animal con **necesidades distintas** a las nuestras, y para que sea feliz, tenemos que conocer cuáles son y ofrecérselas. El peligro está en suponer qué es lo mejor para nuestro perro basándonos en lo que es mejor para nosotros, o sea, en nuestro ego.

Los canes no son bebés peludos, por lo que, si los tratamos como tales, los estamos desequilibrando, porque en cuanto reescribimos todos los momentos de la vida del perro en términos humanos, empezamos a perder contacto con el animal que hay en él.

Es evidente que los perros no siempre se portan como nos gustaría que lo hicieran: se revuelcan en excrementos, se bañan en charcos o comen algo medio podrido. Nos enfadamos con ellos y les reprendemos, pero al instante siguiente ya están otra vez haciéndolo, es su instinto. Así, los problemas que tenemos con ellos suelen estar originados en nuestra tendencia extrema a personificarlos.

Al solicitar que actúen en contra de su naturaleza, como si fueran bebés, los dueños exponen al animal a situaciones que este no puede comprender ni controlar, lo que le crea importantes conflictos.

En el momento en que los humanizamos, por un lado les creamos necesidades, algunas bastante dañinas, al tiempo que esperamos que tengan comportamientos que no se corresponden con su naturaleza; además, interactuamos con ellos según nuestros esquemas humanos, regañándoles si ladran o se ensucian, por ejemplo, mientras que les negamos otros comportamientos que son inherentes a ellos porque, desde nuestra perspectiva, no los consideramos «adecuados».

El hecho es que ya existe una **industria millonaria** detrás de los «perrhijos»: pasteles de cumpleaños, ropa, accesorios de todo tipo, golosinas, complementos alimenticios, masajes o centros de spa, son tan solo algunos de los mimos que suelen recibir en nombre del cariño y que forman parte del nuevo mercado perruno.

Desgraciadamente, cada vez es más frecuente ver cómo muchas personas llevan a sus perros, especialmente aquellos de raza pequeña, en carritos específicos para ellos, semejantes a los de bebé, o en bolsos, como un accesorio más. No se dan cuenta de que lo que necesitan los canes es andar, correr y cansarse.

Cuando Victoria estaba haciendo prácticas en la Facultad de Veterinaria, recibió la visita de una señora que llevaba a su perro en una sillita de niños y con una especie de patucos cubriéndole los pies. La veterinaria pensaba que era a causa de alguna enfermedad que sufría el animal, y se lo preguntó a la dueña. Pero se quedó atónita ante la respuesta de la misma: «Es que no quiero que se manche las patas, que luego lleva toda la suciedad a casa».

Un ejemplo flagrante de esta **desnaturalización** se produce cuando los propietarios duchan a su can para que huela bien a gel y lo visten de traje con objeto de llevárselo de compras a un centro comercial. Ahí están reduciendo casi a cero el factor animal. No le permiten utilizar su principal sentido, el olfato, ni ejercitarse, y ni siquiera parece un perro con tanta ropa y en brazos. Lo tratan más bien como si fuera un muñeco, sin tener en cuenta sus instintos.

A mucha gente le resulta gracioso mirar a un perro caminando sobre sus patitas traseras, vistiendo una falda y con un bolso al hombro, igual que verlo disfrazado de león, capitán Garfio o murciélago. Pero, en realidad, esto suele repercutir negativamente en el animal, ya que sus congéneres pueden verlo como algo raro y mostrar un comportamiento desconfiado o esquivo hacia él.

¿Y qué pasa, por ejemplo, con los **abrigos** caninos? En muchos casos no se trata más que de otro capricho humano, puesto que ellos tienen el suyo propio, que incluso es impermeable. El pelo y la piel de los perros actúan como un aislante natural. El pelaje les ayuda a mantener la temperatura corporal, al atrapar una capa de aire caliente alrededor de su cuerpo, lo que evita la pérdida de calor. La piel de los canes contiene glándulas sebáceas que producen aceites naturales, que los protegen de la humedad y otros elementos externos.

Además, si tenemos la oportunidad de soltarlos durante el paseo, los perros no paran de correr, por lo que pueden pasar calor y sentirse incómodos con la ropa; es como si nosotros saliéramos a hacer deporte con un abrigo de plumas.

Pese a ello, algunos animales (como chihuahuas, galgos o podencos), no tienen tanta cobertura natural, debido a su escaso pelo. Y otros, como el crestado chino, el xoloitzcuintli mexicano y el pila argentino, ni siquiera tienen pelo. En esos casos, o cuando son ancianos, puede ser recomendable ponerles un abriguito los días de mucho frío. Se trata de darles una solución humana, pero solo si realmente lo necesita. En ningún caso se les debe colocar ningún tipo de **calzado,** salvo que se trate de perros de rescate que lo requieran.

Una moda relativamente reciente, y que está en auge, son los cumpleaños perrunos, en los que se viste al animal con cualquier trajecito, se le coloca un gorrito en la cabeza y se le sienta a la mesa detrás de una tarta con una vela, mientras los invitados le cantan. Evidentemente, el perro no va a comprender el motivo de esas celebraciones, que son para su humano, no para él, ya que ni siquiera lo va a disfrutar.

Hasta en las **redes sociales** hay numerosos canes que tienen sus propios perfiles (gestionados, como es lógico, por sus dueños), en los que muestran un estilo de vida digno de una *celebrity* y cuentan con millones de seguidores. Por si fuera poco, se está popularizando **tatuar** a los perros, una práctica totalmente desaconsejada que les provoca sufrimiento.

Hay propietarios que están absolutamente obsesionados con la **higiene** de su can, sin darse cuenta de que bañarlo continuamente, o usar colonias para enmascarar su olor corporal, va en contra del bienestar del perro.

Tampoco es adecuado que se les alimente con guisos humanos o «hacerles» veganos ya que, aunque los canes son omnívoros, esto tendría consecuencias nefastas para su salud. Igualmente, algunas personas obligan a sus perros a orinar y defecar en un empapador, con tal de no tener que sacarlos a la calle.

Existen otras señales de humanización más sutiles, como impedirles ladrar, no dejarles olfatear durante los paseos o pretender que el animal permanezca quieto en casa cuando no es su voluntad.

Permitirles que se tumben en el sillón o a la cama depende de cada propietario, pero eso crea en el animal una necesidad que no tenía. Igualmente puede acarrear conflictos, debido a que, al ocupar espacios de personas, el perro se siente «el rey de la casa». Es posible que se baje cuando se lo indiquemos, pero también es probable que no quiera abandonar un espacio tan confortable y se resista, mostrando incluso reacciones de agresividad.

Yelmo jamás ha intentado subirse a ningún sitio, y estoy completamente segura de que no es más infeliz por ello. Él sabe que es un perro y tiene su propia camita, eso sí, lo más confortable posible, incluso con mantas en invierno.

En la inmensa mayoría de los casos, toda esta humanización responde, como ya hemos dicho, a los deseos de los dueños y no a los que pudieran tener los canes. Se trata de que nosotros les demos lo que ellos realmente requieren para estar bien desde el punto de vista físico y emocional. Pero cuando interpretamos todos los momentos de la vida del perro en términos humanos, estamos empezando a perder contacto con el animal que hay en él.

Esto no significa que atender a los perros como un miembro más de la familia, amarlos de forma incondicional y otorgarles cariño y cuidados sea una práctica negativa. No hay que confundir las cosas.

El fallo consiste en ignorar las **necesidades inherentes** a la especie canina, al volcarse en brindarle una atención similar a la que se tendría con un niño pequeño. Sencillamente, hay que conocerlos y tener en cuenta su «umwelt» si queremos que sean plenamente felices. De lo contrario, acabamos desnaturalizándolos, al tiempo que promovemos la aparición de desórdenes psicológicos y de comportamiento. Igualmente, los convertimos en **perros hiperprotegidos,** que se muestran agresivos incluso con los humanos, porque no han aprendido a relacionarse.

Es fundamental tener presente que, aunque gracias a la domesticación son animales sumamente sociales y adaptables a nuestro estilo de vida, difieren de nosotros hasta en su percepción del mundo, empezando por el nivel sensorial.

Un **buen cuidado** empieza por cubrir las necesidades relativas a su salud, como la alimentación, desparasitación o visitas al veterinario. Después, la actividad física y mental: un perro no ha nacido para vivir encerrado en una casa. Quizá, para una persona es muy satisfactorio pasarse la tarde sentada en el sofá con el perro tumbado al lado, pero seguramente lo que este necesita es que su dueño se lo lleve al monte y le deje que se dé unas buenas carreras para que tenga su ración de ejercicio y así pueda desfogarse.

También son imprescindibles los **límites** y las **normas.** Es habitual que algunos dueños proporcionen toneladas de cariño gratuito al animal, sin tener en cuenta la educación. No quiere decir que se deba ser estricto ni autoritario, sino que hay que establecer límites, como con cualquier otro miembro de la familia, sobre qué acciones están permitidas y cuáles no. Así se consigue una convivencia más armoniosa, evitándole al perro confusiones. De no hacerlo, se producen problemas de **hiperapego,** ansiedad por separación, etc., que en última instancia hacen sufrir al can. No se trata de quererlo mucho, sino de **quererlo bien.**

Para algunos, antropomorfizar y humanizar a los perros llega a ser un tipo de maltrato animal. Normalmente es inconsciente y con la mejor intención, pero lo cierto es que se le arrebata su identidad. Si, entre otras cosas, no se les proporciona el adecuado ejercicio, socialización y estimulación mental que necesitan, ni se les da la oportunidad de explorar y jugar con otros canes, o se les alimenta con una dieta inadecuada, el animal va a vivir en constante frustración, lo que derivará en distintas enfermedades (con el consiguiente gasto veterinario).

Y es que, si les negamos la posibilidad de ser perros y hacer cosas de perros, los problemas que pueden surgir son múltiples. Cuando el animal se siente al mismo nivel que los humanos y no reconoce una cierta jerarquía, inherente a su especie, acabará teniendo **comportamientos agresivos** con las personas en caso de que se sienta molestado. Lo más grave es que, ante un gruñido, muchos humanos optan por dar marcha atrás en lo que estaban haciendo (dejan de acariciarlo, lo devuelven al sillón, etc.), con lo que lo único que consiguen es reforzar este comportamiento negativo.

A los perros extremadamente humanizados, sus propietarios, en un afán de sobreprotección, no les permiten interactuar con otros de su misma especie, y eso hace que se vuelvan muy **inseguros** y que ataquen, por miedo, a la menor oportunidad. Muchas veces, ni siquiera reconocen a otros congéneres como iguales y son incapaces de interpretar las conductas propias de su especie. Si no pueden satisfacer sus necesidades instintivas (olisquear o correr), también sufrirán **estrés y comportamientos neuróticos,** como conductas repetitivas o destructivas.

La falta de interacción y de ejercicio unido a la ingesta incontrolada de comida, tanto pienso como alimento humano, pero, sobre todo, los dulces y golosinas que suelen recibir en exceso estos animales, hará que tengan **sobrepeso,** lo que desencadena otros problemas de salud, como artritis y enfermedades cardiovasculares.

Es bastante común que los perros a los que se trata como pequeñas personas muestren una exagerada **ansiedad por separación,** porque están acostumbrados a no despegarse de sus dueños. Esto provoca que sean más miedosos de lo normal, mostrándose desmesuradamente nerviosos ante estímulos desconocidos. Se convierten en seres sumamente dependientes y, en ausencia de su humano de referencia, pueden sufrir ataques de pánico y hasta desarrollar desórdenes alimenticios.

Se podría decir que la personificación perruna, en sí misma, no es necesariamente maltrato, siempre y cuando se haga de una manera en que respeten las necesidades y características propias del *Canis lupus familiaris* que, aunque doméstico, es descendiente del lobo. Para poder atender mejor a nuestro perro, es importante leer y aprender sobre su comportamiento, su forma de ver el mundo y lo que a él le hace feliz. En definitiva, es imprescindible tener claro qué es realmente un perro.

Una humanización extrema no solo tiene consecuencias negativas en los perros, sino también en los dueños. Personificar demasiado a un perro puede ser un síntoma de algún tipo de trastorno psicológico, como depresión o carencias afectivas.

¿Qué es la «petofilia»?

Se trata de una palabra acuñada recientemente en el ámbito psicológico, y que inicialmente fue empleada por el periodista y escritor Jon Katz. Procede de la palabra inglesa *pet* que se traduce como 'mascota' y el antiguo término griego *philos*, que significa 'amor' o 'amistad'.

Se refiere a una obsesión o preocupación exagerada por los animales de compañía, que llega a constituir una **relación insana,** la cual genera perjuicios tanto a personas como a animales. Este amor desmedido y mal entendido, lleva a los dueños a gastar cantidades exageradas de dinero en sus perros, a quienes, por otro lado, impiden manifestar comportamientos propios de su especie. En las formas más avanzadas, empuja a quienes lo padecen a aislarse de todo vínculo con otros humanos, al no encontrar satisfacción en dichas relaciones.

Esta patología tiende a afectar más a personas que han sufrido una situación traumática, han sido decepcionadas por otros congéneres o tienen ciertas carencias emocionales. Al parecer, la falta de cariño los lleva a refugiarse en el amor incondicional que proporcionan los canes. Asimismo, aquellos humanos que tienen problemas para relacionarse con los demás, o con una vida social prácticamente inexistente, son bastante susceptibles de desarrollarla.

Sin ir más lejos, la famosa estadounidense Paris Hilton es un caso (más que obvio) de esta «petofilia». La heredera de los hoteles Hilton tiene, entre otros animales, 12 perros, tres gatos, seis hurones, cuatro lémures, un loro, un cerdo, un pony, una perdiz, dos conejos y dos monos. Sus canes, principalmente chihuahuas y pomeranias, poseen una mansión solo para ellos, una réplica en miniatura de la casa de Paris, a la que no le faltan las barandillas de hierro forjado, los sillones de piel, aparatos mini de aire acondicionado y paredes rosas.

LA VEJEZ Y LA MUERTE DE
LOS PERROS

«Cuando Dios creó el mundo, debió de tener motivos inescrutables para asignar al perro una vida cinco veces más corta que la de su amo. En este punto habría que preguntarse si es acertado entregar una parte del propio corazón a una criatura que caerá en la vejez y en la muerte antes de que un ser humano, nacido el mismo día, apenas puede decirse que ha abandonado la infancia. Es una advertencia muy triste respecto a la caducidad de la vida ver cómo el perro que se ha conocido pocos años antes (que más bien parecen meses) en forma de cachorro gracioso y juguetón, comienza a mostrar los síntomas de la vejez y se sabe que tendrá que morir».

Cuando el hombre encontró al perro
Konrad Lorenz

En el momento en que nos comprometemos a tener un perro, debemos ser conscientes de que es para toda la vida (la del animal) y que el tiempo pasa mucho más rápido para él que para los humanos. Como bien decía Lorenz, casi de un día para otro nos damos cuenta de que empieza a encanecer la cara de nuestro can, deja de correr, sus sentidos menguan y, de vez en cuando, se le escapan sus necesidades dentro de casa. Igual que a los humanos.

La edad

Pero, ¿cómo saber cuándo un perro es anciano? Lo primero es calcular correctamente su edad. Una leyenda urbana muy popular afirma que un año de existencia canina equivale a siete años en las personas. Sin embargo, este cálculo no es más que una conjetura aproximada que carece de fundamento científico.

Si tenemos en cuenta algunos acontecimientos básicos del desarrollo, es fácil comprobar la inexactitud de dicha teoría. Por ejemplo, la mayoría de las razas alcanza la madurez sexual ente los seis y los 12 meses; el extremo superior de ese rango corresponde, según la conversión tradicional, a una edad humana de siete años. Por otro lado, aunque no es lo habitual, algunos perros llegan a vivir 20 años, lo que equivaldría a 140 en un humano.

En primer lugar, no todas las razas viven los mismos años ni tienen las mismas características y, en segundo lugar, existen muchas variables que influyen en los años de vida de un perro y en su proceso de envejecimiento.

Normalmente, entendemos la edad como el tiempo transcurrido desde el nacimiento, lo que sería su definición cronológica. Pero la edad biológica es algo más subjetivo, puesto que se basa en evaluar los indicadores fisiológicos, tales como **«el índice de fragilidad»** (grado de vulnerabilidad respecto a las enfermedades), deficiencias cognitivas y niveles de actividad.

Por eso, un equipo de investigadores y expertos en el mundo canino ha dado con una fórmula que hace posible calcular la edad de los perros en términos de edad humana con exactitud y con base en unos criterios empíricos. Los científicos de la Universidad de California analizaron el ADN de 104 canes de entre un mes y 16 años, y establecieron un concepto denominado **reloj epigenético,** basado en cinco variables: el peso y la talla del can, las enfermedades más comunes y su repercusión en las distintas razas, los estilos de vida, el hábitat normal del animal y las características propias de cada raza.

En general, el reloj epigenético de los perros va avanzando a un ritmo vertiginoso, mucho más acelerado que el humano. Un cachorro envejece cinco veces más rápido que un niño en su primer año, pero conforme avanza, esta cadencia va ralentizándose y acercándose, de un modo natural, al ritmo de las personas.

Los investigadores estimaron que determinadas cadenas genéticas actúan de manera semejante durante el envejecimiento de los humanos y de los perros. Principalmente analizaron la **«metilación»,** es decir, la adición de grupos metilo (un átomo de carbono unido a tres átomos de hidrógeno) al ADN, que parece ser un buen indicador de la edad.

Al hacer coincidir los niveles de metilación en canes y personas, descubrieron una manera de realizar el cálculo con bastante exactitud, siempre que el perro haya cumplido, al menos, un año de edad. Consiste en multiplicar el logaritmo natural de la edad cronológica del perro por 16; a este resultado hay que sumar 31. El total nos daría la edad real de nuestro compañero de cuatro patas, en parámetros humanos.

Además, la **esperanza de vida** de los perros depende significativamente de la raza. Los más pequeños suelen vivir más tiempo, lo que sugiere que envejecen más lentamente que los más grandes. Si el peso corporal del can es inferior a 15 kilos, se considera raza pequeña; entre 15 y 40 kilos, mediana, y a partir de 40 kilos, grande.

Para simplificar los cálculos puede ayudar la siguiente tabla:

EDAD REAL DEL PERRO	PERRO PEQUEÑO	PERRO MEDIANO	PERRO GRANDE
6 meses	15 años	10 años	8 años
1 año	20 años	18 años	16 años
2 años	28 años	27 años	22 años
3 años	32 años	33 años	31 años
4 años	36 años	39 años	40 años
5 años	40 años	45 años	49 años
6 años	44 años	51 años	58 años
7 años	48 años	57 años	67 años
8 años	52 años	63 años	76 años
9 años	56 años	69 años	85 años
10 años	60 años	75 años	96 años
11 años	64 años	80 años	105 años
12 años	68 años	85 años	112 años
13 años	72 años	90 años	120 años
14 años	76 años	96 años	---
15 años	80 años	102 años	---
16 años	84 años	110 años	---

Saber cuál es la **«edad humana»** de nuestro perro, en lugar de la biológica, nos ayuda a conocerle mejor, tanto en lo referente a su estado vital, como a su esperanza de vida, y entender, por ejemplo, por qué están más cansados. Así, un can grande podría considerarse anciano a partir de los ocho o nueve años, uno mediano, sobre los 10 u 11 años y uno pequeño, alrededor de los 13 años. En esa última etapa, debemos adaptarnos a su ritmo y saborear, aún más, los momentos que compartimos.

En el reino animal, los individuos más grandes tienden a vivir más que los pequeños. Un elefante es más longevo que un conejo, y una ballena más que una sardina. Esos animales que viven más, se reproducen más lentamente: una cierva tiene una cría al año, mientras que una rata puede llegar a parir, ni más ni menos que 1 500 ratitas anuales. Pero dentro de una misma especie, los individuos más pequeños pueden sobrevivir a los más grandes.

No se sabe a ciencia cierta por qué los perros pequeños tienen una mayor esperanza de vida. Se ha especulado con que, al ser sus órganos de menor tamaño, requieren menos trabajo para mantenerlos en funcionamiento, lo que reduce el riesgo de enfermedades relacionadas con la senectud.

Sin embargo, parece ser que no es que los canes de menor tamaño sean más longevos, sino que los grandes lo son menos. Crecen más rápido, por lo que también envejecen mucho antes. Por eso, estos animales suelen presentar tumores o artrosis a una edad más temprana que el resto.

Entre las **distintas razas,** se ha comprobado que los jack russell terriers tenían la mayor expectativa de vida, mientras que los bulldogs franceses, la menor, debido a sus características físicas, como su hocico corto o su cabeza grande, que les ocasionan graves problemas de salud. Curiosamente, los perros mestizos suelen vivir, de media, seis meses más que los de raza.

Pero las estadísticas están para romperlas, y Bobi, un mastín del Alentejo ha sido declarado el perro vivo más viejo del mundo, estableciendo un nuevo récord Guiness. Nacido el 11 de mayo de 1992, Bobi cuenta con la friolera de más de 30 años de vida, algo nunca visto antes. Su antecesor en dicho récord fue Spike, un mestizo de chihuahua de 23 años, ya fallecido.

El cáncer

Es cierto que, actualmente, la mejora en las condiciones de vida perrunas y los cuidados veterinarios que reciben, ha aumentado su longevidad lo que, por otra parte, provoca que las enfermedades graves más habituales en los perros hayan variado; ahora la principal causa de muerte entre estos animales es el cáncer.

Esto no significa que dicha enfermedad prolifere en mayor medida porque los organismos están más predispuestos, sino porque a mayor esperanza de vida, mayor probabilidad de desarrollarlo. Hace un siglo, los animales que presentaban esta enfermedad eran muy pocos, pero actualmente es la principal causa de mortalidad cuando los perros superan los 10 años.

En todo caso, también hay una **predisposición genética** que determina que algunas razas sean más propensas a desarrollarlo, como los golden retriever o los bóxer, mientras que los rottweilers y pastores alemanes suelen padecer tumores óseos. También hay distinción respecto al **sexo,** ya que las hembras suelen enfermar a edades más avanzadas que los machos, y en los animales castrados también se retrasa su aparición.

La mayor esperanza de vida, asimismo, favorece la aparición de cardiopatías, como la insuficiencia cardíaca congestiva, debido al desgaste natural del corazón con la edad, y enfermedades renales, por el mismo motivo.

Píldora antiedad

Alargar la vida de nuestros canes podría estar más cerca de lo que imaginamos. Una empresa estadounidense está trabajando en un medicamento para ello y, aunque todavía es pronto, los análisis iniciales han mostrado resultados alentadores. La idea es **prolongar la existencia y la salud** de las razas más grandes. Se trata de una pastilla que sería administrada por un veterinario cada tres o seis meses.

Al mismo tiempo, la empresa está desarrollando otro medicamento que tiene como objetivo proporcionar un **envejecimiento saludable** en perros de cierta edad, de casi todas las razas y tamaños. El tratamiento, que se administraría a diario, mejoraría la aptitud metabólica de los canes y también ralentizaría la aparición de la demencia e insuficiencia renal.

En ambos casos, se trata de restaurar procesos importantes para la salud que se estropean con la edad. Durante décadas, los científicos han estudiado organismos sencillos, como gusanos y moscas de la fruta, junto con los animales típicos de los laboratorios: ratones y ratas. Se ha demostrado que diversos fármacos y dietas hipocalóricas retrasan el envejecimiento y prolongan la vida de estas especies, a veces hasta en un 50 %. Por tanto, es posible soñar con que se pueda trasladar a nuestras mascotas.

La vejez y la muerte de los perros

Los perros son buenos modelos para investigar por qué envejecemos peor física y cognitivamente. Comparten nuestro hogar, respiran el mismo aire, a menudo ingieren los mismos alimentos y sufren muchas de las dolencias que aquejan a las personas mayores. Como la vida de un can transcurre mucho más rápido que la nuestra, los científicos pueden seguir los cambios biológicos en cuestión de años, no de décadas, y probar terapias antienvejecimiento a un coste mucho menor.

No se trata de poner en el mercado fármacos que permitan que los perros vivan más años, sino de diseñar medicamentos que eviten que mueran antes de las enfermedades derivadas del envejecimiento o de las que acortan la esperanza de vida, porque están sanos más tiempo. Parece lo mismo, pero no lo es.

Envejecimiento

Aunque sea doloroso, lidiar con el envejecimiento de un perro es un proceso natural por el que la mayoría de propietarios tienen que pasar. A medida que van cumpliendo años, suelen experimentar una variedad de problemas de salud, como enfermedades cardíacas, tendencia a la infección de dientes y encías, falta de movilidad (a causa de artritis o debilidad muscular) y deterioro cognitivo.

Esta última afección es similar al Alzheimer de los humanos. Se trata de una degeneración de las **facultades mentales** asociadas con el pensamiento, la memoria y la conducta aprendida. Uno de los síntomas principales es la desorientación del perro, que parece perdido en sus lugares habituales, se equivoca al dirigirse a otros espacios o no reconoce a familiares. También puede ser que no responda a estímulos verbales o a su nombre.

Asimismo, una avanzada edad también acarrea cambios en el comportamiento: su energía disminuye, así como su curiosidad, y se vuelven más **sedentarios.** Se adaptan más lentamente a los cambios en sus rutinas o en la dieta, toleran peor las temperaturas extremas, duermen irregularmente (más durante el día y menos por la noche) y pueden mostrarse más irritables, además de perder interés por las cosas que antes solían disfrutar.

Además, los perros mayores desarrollan problemas de visión, audición y olfato, lo que puede afectar a su capacidad para comunicarse y relacionarse con su entorno. También suelen interactuar menos con las personas y otros animales. Se apartan y pasan más tiempo solos. Algunos se muestran irritables o algo agresivos cuando forzamos un encuentro.

Son momentos en los que es importante que sigan una dieta saludable y lleven a cabo **revisiones veterinarias** al menos una vez al año. Hay que prestar atención, sobre todo, a que los perros senior beban la suficiente agua, puesto que tienen más tendencia a la deshidratación, tal y como les ocurre a las personas mayores.

En esa etapa de la vida es cuando el can necesita más la atención de su humano de referencia. Aunque a nosotros nos resulte difícil comprobar cómo el can poco a poco va perdiendo sus facultades, para él es muy importante seguir recibiendo nuestra atención y ser valorado. Que sea mayor no significa que no haya que sacarlo con regularidad, aunque los paseos sean más tranquilos, ya que salir al exterior es una gran fuente de estímulos que le ayudará a mantenerse alerta.

Entendiendo los cambios físicos que el animal experimenta en su edad senil, quizás sea más fácil para los dueños aceptar y **tener paciencia** con ellos. No debemos apartarlos en esta etapa solo porque no sean tan graciosos como de jóvenes. Después de todo el cariño y los buenos momentos que nos han regalado a lo largo de su vida, merecen seguir sintiéndose necesarios y, sobre todo, queridos.

YELMO ENVEJECE

Mientras escribía este libro, Yelmo sufrió dos ictus. Pensé que era su final pero, afortunadamente, se ha recuperado bastante bien. Sé que tiene al menos 15 años, y que no le queda demasiado, por eso valoro cada día que paso junto a él.

Muerte

En 1869, un granjero americano de Missouri, Charles Burden, encontró muerto a tiros a su amado perro, Old Drum. Denunció a su cuñado y vecino, que ya había tenido problemas con los canes que atacaban a sus ovejas y, de hecho, había amenazado con disparar a cualquier perro que viera por su propiedad. Durante el juicio, George Graham, abogado de Burden, pronunció un discurso de elogio de los perros que incluía esta frase: «El único, absoluto y mejor amigo que tiene el hombre en este mundo egoísta, el único que no lo va a traicionar o negar es su perro».

Estas palabras conmovieron de tal forma al jurado, en una época en que la muerte de un can no se consideraba gran cosa, que Burden ganó el pleito y su vecino tuvo que indemnizarle. El texto del discurso figura grabado en una placa de bronce, en un pedestal con la estatua del perro Old Drum, enfrente del lugar donde se encuentra el tribunal que pronunció la sentencia.

Si bien la muerte es inherente a la vida, para un dueño no es fácil aceptar el fallecimiento de su perro, que suele ser considerado un miembro más de la familia. Sin embargo, los animales entienden este momento de forma distinta a los humanos: para ellos no es un proceso triste, sino que lo asumen con naturalidad. Los canes viven día a día y morir es un paso más.

En la naturaleza, cuando un animal percibe que el final se acerca, se esconde y busca un rincón donde estar tranquilo y abandonar su cuerpo. En el caso de los canes hogareños, estos **pueden aislarse** o, por el contrario, buscar la compañía de su familia humana para pasar sus últimos momentos.

Es importante recordar que los perros no son capaces de expresar directamente cómo se sienten y cuándo están sufriendo. Por lo tanto, es esencial que sus dueños, que son quienes mejor los conocen, estén atentos a las señales de dolor o incomodidad en los canes, y que consulten con su veterinario para garantizar que reciban el cuidado adecuado.

Al llegar el momento de la muerte, muchos propietarios caninos se sienten tristes y a menudo experimentan un **intenso dolor emocional.** Es bueno tener presente que la muerte es parte de la vida, y que los perros nos han proporcionado años de amor, compañía y felicidad durante su tiempo junto a nosotros.

Precisamente por eso hay que acompañar a los canes en sus últimos momentos, procurando que se encuentren cómodos, dándoles algunos caprichos y, si es posible, que estén rodeados de sus juguetes favoritos y de su familia. No es positivo transmitirles nuestra tristeza; más bien hay que sentir cierta alegría de poder estar con ellos y ofrecerles la mejor de las despedidas: un acompañamiento con calma, lleno de amor y con la máxima ternura posible, dejándoles irse tranquilos.

En el final de su vida, los animales nos regalan su última lección: cómo vivir este acontecimiento de la forma más natural y digna posible, con calma y sin convertirlo en una tragedia. Hasta el último momento nos están enseñando.

Eutanasia

Es posible que llegue el delicado momento de tener que afrontar **la necesidad de sacrificar a un perro.** Se trata de una decisión difícil y desgarradora, pero si el anciano can está sufriendo alguna enfermedad dolorosa y progresiva para la que no existe remedio, la eutanasia se presenta como la única alternativa para acabar con su padecimiento. De esta forma, morirá con facilidad y sin molestias.

Pero saber cuándo ha llegado la hora de ponerle la **inyección letal** a un amado perro, causa muchas dudas entre los propietarios. Es indispensable estar pendientes de cualquier signo de dolor o sufrimiento e intentar observar si ya no puede llevar una vida digna: si come o no, qué nivel de actividad y atención tiene, si puede controlar los esfínteres y cuál es su estado anímico nos puede dar algunas pistas.

Son los propietarios los que tienen que tomar la decisión, y para hacerlo no deben pensar en lo mejor para ellos, sino para el animal. En ocasiones, los humanos llegan a retrasar demasiado el momento de la eutanasia por el apego tan fuerte que sienten hacia el perro. Como es lógico, les asusta pensar cómo será su vida sin él, pero lo importante es la situación en la que se encuentra el can.

Una vez tomada la determinación, siempre que sea posible, es mejor que la eutanasia tenga lugar en un sitio conocido, y el propio hogar es el mejor. Así, el animal se sentirá cómodo estando acompañado de sus seres queridos y en su camita.

Se trata de unos momentos de **intimidad** en los que inevitablemente el humano se plantea si está haciendo lo correcto, y le acecha un incómodo sentimiento de culpabilidad. Lamentablemente, siempre habrá incertidumbres, ya que es fácil aferrarse a pensar que igual podría haberse quedado una o dos semanas más. Tanto si es así como si no, resulta aconsejable vivir la situación en presente, igual que los canes: aquí y ahora en cada momento, como auténticos maestros zen que son.

Así que, ante todo, hay que procurar que en este adiós nos quede el recuerdo de haber hecho las cosas bien. Los días previos a la eutanasia hay que intentar vivirlos desde la felicidad y el agradecimiento de todo lo que hemos compartido, y darle al perro lo que más le gusta, invirtiendo tiempo de calidad con él por última vez.

El duelo

«El perro se ha ido. Lo echamos de menos. Cuando suena el timbre, nadie ladra. Cuando volvemos tarde a casa, no hay nadie esperándonos. Seguimos encontrándonos pelos blancos aquí y allí por toda la casa y en nuestra ropa. Los recogemos. Deberíamos tirarlos. Pero es lo único que nos queda de él. No los tiramos. Tenemos la esperanza de que, si recogemos suficiente pelo, seremos capaces de recomponer al perro».

LYDIA DAVIS

Cuando un perro se marcha para siempre, vivimos una intensa pena que, para algunos, puede ser semejante a la pérdida de una persona querida, aunque esto dependerá de la clase de relación que se tenía con el animal. Si era un apoyo para combatir la soledad, fue el primer perro o se ha tenido con él un vínculo muy estrecho, las emociones serán más fuertes. Si murió de forma repentina, también puede afectar más que si lo hizo tras un largo proceso de enfermedad o de manera natural. Más de una persona me ha confesado que lloró más cuando se fue su can que cuando falleció algún familiar.

Por desgracia, en los últimos tiempos varios amigos han sufrido la pérdida de sus respectivos compañeros de cuatro patas. Tuve largas conversaciones con todos ellos, ya que me reconocían que el dolor que sentían por la ausencia de su can no era algo de lo que pudieran hablar con cualquiera, pero necesitaban desahogarse. Posteriormente, cada uno tomó decisiones diferentes: desde adoptar inmediatamente a un nuevo perro, esperar a que llegase el momento adecuado o decidir que nunca más quieren volver a pasar por el mismo dolor.

El miedo a ser juzgados o incomprendidos es el motivo por el que los desconsolados dueños habitualmente reprimen mostrar o expresar sus sentimientos; saben que muchas personas consideran desproporcionado el duelo por un «simple» animal. Generalmente, quienes critican esto nunca han tenido la suerte de convivir con un perro.

El fallecimiento de un can puede desencadenar en su humano las mismas **etapas de duelo** que cuando lo hace alguien cercano: negación, ira y enfado, negociación, tristeza y aceptación e integración. Estas no tienen una duración exacta, ni suceden siempre en el mismo orden. Además, es frecuente experimentar una de estas fases en momentos diferentes, ya que la sanación no es algo lineal, sino que conlleva muchos altibajos. Es probable que los bajones sean más profundos y largos al principio, para luego, gradualmente, irse volviendo más cortos y menos intensos a medida que pasa el tiempo. Aun así, incluso años después de una pérdida, un lugar, un sonido o un aniversario especial pueden provocar recuerdos que desencadenan una fuerte sensación de dolor.

Es cierto que cuantos más perros hayamos tenido, mayor será la experiencia para afrontar esta triste situación, aunque la pena sea igualmente intensa. Y también sabremos que un perro nunca muere: su esencia permanece viva para siempre en el corazón de su humano.

Cementerios y crematorios

Aunque lo más habitual es que cuando fallece nuestro perro el veterinario se encargue de todo el proceso posterior, existen cementerios y crematorios exclusivos para nuestros pequeños amigos. Dado que los perros actualmente son considerados como uno más de la familia, a algunas personas les parece demasiado frío dejar su cuerpo sin vida en la consulta del veterinario y que todo termine ahí. Por eso aparecieron los funerales caninos, que suelen seguir los mismos procedimientos que los humanos. El servicio más demandado es la **incineración,** colectiva o individual, y en esta última opción se puede elegir llevarse las cenizas a casa. Hay quien las deja en casa, como recuerdo; otros las entierran o las esparcen en un lugar especial.

Las funerarias suelen tener un amplio catálogo de urnas para guardarlas, entre las que llama la atención unas muy pequeñitas, a modo de colgante adornado con motivos caninos, para llevarlo siempre encima. En algunas empresas hasta ofrecen la posibilidad de hacer una joya con las cenizas, como si fuera un diamante.

Otra opción es dar sepultura al perro en **cementerios para animales** de compañía. Se puede elegir entre una enorme variedad de ataúdes de diferentes formas, colores y tamaños, igual que con la lápida, en la que el dueño puede escribir el epitafio que desee. Normalmente se paga una cantidad anual, en concepto de alquiler, cuyo precio variará en función de la fosa o nicho escogido. Las familias pueden acudir a depositar flores y recordarle.

Cada vez es más frecuente que las exequias incluyan servicios de velatorio. El sistema que se sigue es muy similar al de los tanatorios para personas: se registra y se prepara al animal para el velatorio, que dura aproximadamente de

15 a 30 minutos, y en el que el cuerpo del perro descansa en un túmulo. Transcurrido ese tiempo, lo retiran y se lo llevan a incinerar. Si el propietario del perro lo desea, puede acariciarlo una última vez antes de que sea cremado.

Un nuevo compañero no significa traición

La marcha para siempre de un perro deja un vacío enorme. No sabemos qué hacer con el tiempo, echamos de menos los paseos, los cuidados, su mirada, su calorcito. Estábamos tan acostumbrados a él que, durante las primeras semanas tras su muerte, con frecuencia, seguimos escuchando con toda claridad el sonido que hacían sus uñas al caminar sobre el suelo de casa, o nos parece oírlo beber.

Pero ese hueco que queda en nuestro corazón, puede ser ocupado por otro nuevo can.

PAQUITO Y YELMO

Cuando se fue Paquito, mi anterior perro, un bretón pelirrojo que tenía en el lomo una mancha con forma de perfecto corazón, no encontraba consuelo. Me paraba a acariciar a cada can que veía, como si fuera un reflejo de Paquito. Pero era un consuelo momentáneo, pues luego volvía a echarlo de menos. Cuatro meses después, apareció Yelmo. Al principio, no podía evitar compararlo con el bretón, pero poco a poco el recién llegado se fue apoderando de mi corazón y de mi vida. Sigo recordando a Paquito a diario, pero ya no sufro. En Yelmo siento que hay una parte de todos los perros que me han acompañado a lo largo de mi existencia.

A veces ocurre que el nuevo can surte en nosotros un efecto tan rápido que nos puede hacer sentir avergonzados por nuestra «traición» al compañero desaparecido. Un perro al que se ha querido tanto parece difícilmente reemplazable. Al igual que las personas somos distintas, ellos también lo son y no se puede comparar al recién llegado con el anterior.

Nadie nos devolverá al perro que se fue y que nos marcó de una manera única. Hay que tener muy claro que la llegada de un nuevo animal a casa en ningún caso servirá para sustituir al fallecido, ya que no son comparables. Se adopta a un nuevo amigo, no se recupera al que murió.

Al respecto, algunos expertos afirman que es recomendable elegir uno que sea completamente distinto al que perdimos: de una raza, sexo o color diferente. En caso contrario, daría lugar a comparaciones entre ambos, afectando a la creación del vínculo e incluso llegando a producir rechazo hacia el nuevo. Hay muchos perros que necesitan hogares amorosos y pueden beneficiarse de ser adoptados.

Sin embargo, es importante tener en cuenta que el proceso de duelo puede ser diferente para cada persona, y algunas pueden **necesitar más tiempo** para sanar antes de estar listas para tener otro perro. Si alguien siente que no está emocionalmente preparado para cuidar de otro can, entonces sería mejor esperar un poco más antes de adoptar.

Una de las grandes dudas reside en cuándo es el mejor momento para volver a hacernos cargo de otro perro, si es mejor esperar un tiempo o hacerlo rápidamente, con objeto de afrontar mejor la pérdida. No existen manuales al respecto; cada animal y cada propietario son distintos, así como la relación que se establece entre ambos. Por lo tanto, es algo muy subjetivo que depende de cuándo uno se sienta preparado. Precipitarse y ver que el nuevo can no es como esperábamos, puede generar frustración.

En última instancia, la decisión de cuidar de otro perro después de la muerte del anterior es personal y depende de cada situación individual. Lo más importante es asegurarse de que se está preparado emocionalmente y de que se está tomando una decisión consciente y responsable.

No es infrecuente que uno de los miembros de una pareja quiera un nuevo animal, mientras que el otro aún está sufriendo un duelo demasiado intenso. En este caso, puede ser aconsejable ceñirse a los deseos de quien necesita más tiempo, para así evitar conflictos seguros. Por otro lado, hay personas que buscan un nuevo animal de inmediato, lo que no significa que estén cometiendo un error.

No obstante, también hay personas que se niegan a volver a tener un animal en casa, ya que aseguran no estar dispuestas a pasar de nuevo por la misma sensación de pérdida y dolor. Argumentan que no quieren otro perro porque sufrieron mucho cuando se murió el anterior; este razonamiento podría ser comparable, salvando las enormes distancias, a «no quiero tomarme unas merecidas vacaciones porque lo paso muy mal cuando se acaban».

La felicidad que nos ha proporcionado nuestro can durante muchos años, posiblemente compense el sufrimiento por su pérdida, aunque es completamente comprensible y respetable tener miedo a pasar por lo mismo otra vez. La verdad es que no hay decisiones buenas o malas. Cada persona es diferente y, para algunos, este camino es el correcto.

Clonación

En un mundo en el que las nuevas tecnologías avanzan más rápido de lo que podemos asimilar, ya es posible clonar a un perro. El primer clon animal fue una rana, en 1952, y posteriormente se hizo lo mismo con peces, vacas, ovejas y ratones, pero siempre a partir de células embrionarias. La famosa oveja Dolly, que nació en 1996 tras 277 intentos, fue el primer mamífero «duplicado» gracias a una célula adulta.

Nueve años después se consiguió producir, en Corea del Sur, la réplica de dos cachorros de sabueso afgano, tomando células adultas de la oreja de otro, llamado Snuppy; uno de ellos murió pronto, pero el otro llegó a vivir 10 años.

Actualmente, la **clonación de animales de compañía** ha avanzado considerablemente y ya existen varias empresas que se dedican a duplicar perros, gatos y caballos. Se trata de un proceso bastante común entre famosos. Sin ir más lejos, la cantante y actriz Barbara Streisand ha afirmado en varias entrevistas que dos de sus perros habían sido clonados a partir de células extraídas de la boca y el estómago de su fallecida perrita Sammie, un cotón de Tulear.

El proceso que siguen las empresas de clonación es muy similar en todas ellas. El primer paso es **preservar los genes** del animal, cogiendo una muestra de tejido (generalmente de la piel u oreja) en cualquier veterinario y enviándola al laboratorio, donde cultivarán las células y las congelarán hasta que el dueño decida iniciar el proceso, que suele durar unos 10 meses.

Una vez puesto en marcha, normalmente se inyecta un núcleo celular del animal que se desea clonar en un óvulo de una perra donante, al que se le ha extraído su material genético para inyectarle el del animal que se desea replicar. Luego, se hace crecer al óvulo en el laboratorio hasta que se convierte en un embrión, y posteriormente este se implanta en el útero o matriz de una perra sustituta, que actúa como madre de alquiler y da a luz al cachorro. Tener una réplica exacta del perro fallecido no es precisamente barata; los precios rondan los 50 000 dólares, mientras que clonar a un gato cuesta 35 000 dólares, y a un caballo, alrededor de 85 000 dólares.

Un perro clonado es simplemente un **gemelo genético** de otro perro, solo que ha nacido en una fecha posterior. Dicho «gemelo» a menudo conservará muchos atributos del original, pero no todos. Hay que tener en cuenta que la personalidad de un can no viene determinada por sus genes, sino por sus vivencias y experiencias. Aunque un clon puede replicar perfectamente su genoma, no será el mismo perro, porque no tendrá la misma vida.

Existe una influencia notable del entorno sobre los genes, por lo que el fenotipo varía en función del ambiente. El **carácter** no nace, se hace a partir de las experiencias y aprendizajes del día a día, y en ello la genética tiene poca influencia. Al parecer, al menos el 25 % de la personalidad de un animal proviene de su crianza.

Hasta Streisand lo reconoce, ya que sus dos perros clonados tienen personalidades diferentes a la de Sammie. Así, ella asegura que se puede clonar la apariencia de un perro, pero no su alma.

Aparte, existen ciertas **cuestiones éticas** respecto a este proceso, ya que parece egoísta que, con el elevadísimo porcentaje de abandonos caninos que hay actualmente, no se contemplen antes otras opciones más baratas y gratificantes, como adoptar un perro en vez de reemplazar al difunto con una copia. Nunca será el mismo perro y estamos negando a otro la posibilidad de tener una familia y una vida feliz.

Además, la clonación canina no está exenta de implicaciones éticas, debido a que se basa en el uso de tecnología para crear y manipular vida. Muchos consideran que la explotación de los animales utilizados como donantes de células, así como de las perras sustitutas que gestan a los cachorros clonados, va en contra del **bienestar animal,** ya que puede ser doloroso y angustiante para las hembras. También preocupa la posibilidad de que este tipo de clonación se utilice para fines comerciales, como la producción de perros de raza pura para la venta.

Por si fuera poco, este método cuenta con un alto índice de fracasos: un informe realizado en 2018 por parte de la Universidad de Columbia, en Nueva York, situó la tasa de éxito en solo el 20 % de promedio. Esto significa que se necesitan numerosas madres sustitutas para permitir múltiples intentos, con todo lo que ello conlleva. Pese a todos los inconvenientes, cada año se clonan más canes.

ALGO PERSONAL: MI VIDA CON YELMO

A lo largo de estas páginas, he comentado distintos momentos de la vida de Yelmo, un podenco andaluz con el que comparto mi vida desde hace más de una década. Nuestros caminos tuvieron la suerte de cruzarse un buen día de finales de octubre, cuando él vagaba por el centro de educación ambiental en el que yo trabajaba. Tendría unos dos años, estaba escuálido, con una oreja cortada y le faltaban dientes. Pero, sobre todo, tenía pavor a los humanos.

Lo veía a diario y, pese a que con el tiempo conseguí darle de comer en la mano, ni yo ni nadie conseguía tocarlo. Cada vez que terminaba mi jornada y me iba a casa, le veía acurrucarse, temblando de frío, bajo las jaras de una finca cercana. No intenté acercarme porque sabía que si lo hacía él saldría huyendo, asustado, y prefería dejarlo tranquilo.

Coincidí con dos hermanas que tenían un par de perritas de las que el podenco (por entonces no tenía nombre) se había hecho muy amigo. Estas mujeres le llevaban comida de vez en cuando, y estaban muy preocupadas por el animal; me decían un día sí y otro también que lo habían visto en la carretera, entre los coches, y que habían estado a punto de atropellarle.

Intentamos atraparlo entre varios, incluso con jaulas trampa, pero todo fue en vano. Incluso llamé a una protectora canina para pedir que me ayudasen, cosa que no conseguí, porque sus voluntarias estaban desbordadas rescatando perros.

Finalmente, después de dos meses de frustración, una mañana de otoño lo vi tumbado al sol que tanto le gusta. En ese momento me acerqué a él, reptando por el suelo, muy despacito, y logré acariciarlo. La sensación fue como tocar a un animal salvaje, pero mis dedos nunca habían recorrido un pelo tan suave. Tardó unos días en volver a dejar que me acercase tanto, pero yo ya estaba preparada: le puse una correa y lo llevé a casa.

Cuando llegó, permaneció largas horas de pie, quedándose incluso dormido. No comprendía que ya estaba a salvo y podía relajarse. A partir de ahí comenzó un proceso complicado pero bonito, en el que intentaba que recuperase **la confianza** en el ser humano. Le costó bastante, sobre todo con los hombres, pero lo consiguió.

El veterinario me dijo que tendría unos dos años y carecía del chip identificativo que es obligatorio. Así que lo vacuné y lo puse a mi nombre. Él parecía contento de tener dueño, incluso le agradaba que le pusiera la correa.

Pasó de ser un can asustadizo y encogido a mostrarse feliz y juguetón. Varias personas me advirtieron que no debía soltarlo hasta que pasaran unos meses, para que no se escapase. Pero a los pocos días, viendo las ganas que tenía de correr y disfrutar del monte, lo dejé libre. Justo cuando vinieron mis padres a conocerlo, desapareció por el campo. Le llamé y llamé, pero fue inútil. Nos dirigíamos a casa sin esperanza alguna, cuando vimos que allí estaba, esperando en la puerta y moviendo el rabo alegremente.

Sin embargo, estos buenos momentos no duraron mucho. Yelmo se «enamoró» de una pit bull en celo, pero no sabía que con ella vivía Toro, un enorme y problemático perrazo, que al descubrir el «idilio» se escapó del jardín y atacó al podenco, causándole heridas enormes y graves. Durante muchos días hubo que hacerle curas, y él se dejaba manipular con una confianza total, como si fuera consciente de que era por su bien. De recuerdo, se le ha quedado una cicatriz interna y una cierta desconfianza hacia otros congéneres.

Un año después, mientras paseaba con una amiga, Yelmo se escapó persiguiendo un conejo. Le escuché chillar, pero no le di demasiada importancia. Pero cuando llegó a mí, tenía un ojo cerrado, sangrando. Se le había clavado una rama y la tenía rota dentro. Esa noche, antes de que le operasen, hubo que administrarle morfina. Pese al dolor que sin duda sufría, a la mañana siguiente, cuando fui a verle, me recibió moviendo el rabo.

Sufrió varias operaciones y, durante meses, estuve administrándole colirios y pastillas prácticamente cada hora. Él lo soportaba todo pacientemente, incluso el collar isabelino que le impedía olisquear con normalidad cuando salíamos a la calle. Todos los esfuerzos fueron inútiles, puesto que no logró recuperar la visión de su ojo derecho. Pero Yelmo continuaba con su existencia feliz, aunque ya no podía saltar ni trepar por las rocas con normalidad. No parecía importarle demasiado y **se adaptó** a la nueva situación.

Reconozco que su llegada, aun con todos estos incidentes, me ha alegrado la existencia al tiempo que me ha enseñado muchas cosas, tanto en lo referente a la forma de afrontar la vida como en lo que se refiere a la naturaleza. Gracias a su **espíritu salvaje** he descubierto cómo se comportan muchos animales; por ejemplo, que los rabilargos (*Cyanopica cooki*) suelen emitir agudos y repetitivos graznidos cuando ven a un depredador, como un zorro, con objeto de alertar a los demás miembros de la colonia del posible peligro, así como para intimidar al cánido.

También he de admitir que me ha costado varios disgustos. Debido a sus antecedentes de **vagabundo,** siente una ansiedad irreprimible por comer o esconder todo aquello que encuentra y es susceptible de ser ingerido. Desde escarabajos a carroña, que luego le pasa factura al estómago.

Por lo demás, desde el principio ha sido un can muy prudente, modosito y aparentemente delicado, aunque esconde una gran fortaleza. Como dijo de él un amigo, es «un ser entrañable». En casa jamás ha roto nada, ni me ha despertado por la mañana, ni ha hecho sus necesidades; incluso ha tenido a su alcance una paletilla de jamón que, de vez en cuando olía pero jamás tocó. Ha sido en el monte donde ha podido dar rienda suelta a sus instintos, siendo un perro, perro, aunque nunca le ha gustado ensuciarse ni mojarse, ni siquiera las patitas en pleno verano.

Junto a él he viajado, conocido y explorado nuevos lugares. Me lo he podido llevar de visita a casas de familiares y amigos, donde se tumbaba y prácticamente pasaba desapercibido. Nos conocemos perfectamente (probablemente él mejor a mí), y una mirada o un gesto es suficiente para comprendernos.

Yelmo también tuvo su etapa de adolescente rebelde. Ocurrió cuando yo trabajaba cuidando cuatro burros. Iba a diario a verlos, siempre con mi perro, que correteaba y olisqueaba a su aire mientras yo ponía de comer y beber a los equinos. Un día como otro cualquiera, después de estar en la finca, fuimos a casa a comer y después, salimos al paseo junto a mis padres.

El podenco estaba exageradamente contento: buscaba palos que luego tiraba al aire, o los ponía a nuestros pies para que se los lanzáramos; esto es muy extraño porque él nunca juega con palos, no le interesan, son mucho mejores y más ricos los huesos. Tras una hora en la que estuvo triscando por el monte y sin dejar de mover el rabo, me di cuenta de que cuando se sentaba, se balanceaba llamativamente.

Volvimos a casa, comió normalmente y se tumbó a dormir. Pero cuando llegó Julián, mi compañero humano, Yelmo era incapaz de levantarse, aunque lo intentaba. Alarmados, corrimos al veterinario. Lo examinó y le puso un antiinflamatorio «por si acaso», ya que no le encontraba nada. Justo cuando íbamos a salir, al ver la postura que adoptaba nuestro perro (con las patas delanteras cruzadas y tratando de mantener el equilibrio), se le ocurrió mirarle la pupila. Estaba dilatada. Intentamos imaginar todas las opciones posibles para saber cómo se había intoxicado, pero no encontramos ninguna factible.

De pronto, caí en la cuenta de que a Yelmo le encantaba hurgar en los excrementos de los burros para ver si encontraba algún insecto proteínico. Al día siguiente, en la finca, me dediqué a buscar boñigas. En algunas, crecían unas setas pequeñitas a las que fotografié para mandárselas a un amigo micólogo, que me confirmó que se trataba de hongos alucinógenos; él no descartaba la posibilidad de que el perro, sin querer, hubiera ingerido un trozo y se hubiera «colocado». Nunca sabremos de verdad lo que ocurrió.

Los años han pasado muy rápidamente, quizá demasiado, y ahora afronta **su última etapa** con una cardiopatía, unos riñones desgastados por la edad y está prácticamente ciego y sordo. Aún sigue siendo tremendamente expresivo en cuanto a sus gestos.

Continuamos dando buenos paseos, aunque son más tranquilos. Andamos despacito y nos paramos para que él pueda oler (y, en cuanto me despisto, dar buena cuenta de los excrementos de conejo o ciervo), que es el único sentido que aún conserva.

Se despista fácilmente, por lo que de vez en cuando, le doy un toque en el lomo, para que sepa que estoy ahí. Entonces, gira la cabeza y, cuando me identifica, relaja las orejas y sigue con su trotecillo, ya más cansino que antaño. Muchas veces, cuando en un camino conocido aparece una rama o una piedra que antes no estaba ahí, se le eriza el lomo y se acerca a aquello como si se tratara de un intruso.

También esta pérdida de facultades le ha vuelto más cascarrabias, debido a su inseguridad y, cuando nos cruzamos con otro can, si Yelmo va atado, lo primero que hace es ladrarle como si fuera una fiera. Luego, si tiene la oportunidad de olerle, todo cambia. Lo cierto es que nunca ha causado una herida a ningún perro; como mucho, durante alguna reyerta, le ha arrancado un mechón de pelo. Pero él sí ha recibido numerosas dentelladas.

Me parece importante destacar que, dado que cada vez hay más perros en la sociedad, los propietarios también debemos ser más considerados y cuidadosos con los demás. Hay gente que siente temor hacia los canes o, simplemente, no le gustan. Y hay perros que debido a problemas de salud, miedos, etc., no quieren que se les acerquen otros congéneres, por mucho que los dueños de estos últimos aseguren que «no hacen nada».

A veces siento dolor al ver cómo se queda mirando a una pared durante un largo rato. Me pregunto qué pasará dentro de su cabecita en esos momentos. O se despista y, cuando le llamo (bien fuerte, para que me oiga) sale corriendo en dirección contraria.

Si nos encontramos con algún amigo, él se alegra tanto o más que yo, y siempre lo recibe muy contento. Y, a pesar de a su edad, aún es capaz de realizar graciosas cabriolas cuando llega el momento de comer porque, sobre todo ahora, es casi lo que más le importa en el mundo.

Como no se sube a los sillones, de vez en cuando me acerco a su sitio a hacerle unas caricias. Me gusta acurrucarme junto a él, sentir su respiración, notar su calorcito y olerle; Yelmo no tiene el típico olor a perro, sino a una mezcla de tierra, jara y romero.

Mi vida es mejor junto a él. Hace que cada mañana me levante con alegría y agradeciendo tenerle un día más a mi lado.

UN COMPROMISO QUE NOS HACE MÁS FELICES

De vez en cuando la gente me dice: «relájate, es solo un perro» o «es un montón de dinero solo por un perro». Ellos no comprenden la distancia recorrida, el tiempo invertido o los costes incurridos por «solo un perro».

Algunos de mis momentos de mayor orgullo han ocurrido con «solo un perro». Muchas horas han pasado siendo mi única compañía «solo un perro», pero ni por un solo instante me sentí despreciado.

Algunos de mis momentos más tristes han sido por «solo un perro», y en esos días grises, el suave toque de «solo un perro» me dio el confort y la razón para superar el día.

Si tú también piensas «es solo un perro», entonces probablemente entenderás frases como «solo un amigo», «solo un amanecer» o «solo una promesa». «Solo un perro» trae a mi vida la esencia misma de la amistad, la confianza y la alegría pura y desenfrenada. «Solo un perro» saca a relucir la compasión y paciencia que hacen de mí una mejor persona.

Por «solo un perro» me levantaré temprano, haré largas caminatas y miraré con ansia el futuro. Así que para mí y para gente como yo, no es «solo un perro», sino una encarnación de todas las esperanzas y los sueños del futuro, los recuerdos del pasado, y la absoluta alegría del momento.

«Solo un perro» saca lo bueno en mí y desvía mis pensamientos lejos de mí mismo y de las preocupaciones diarias.

Espero que algún día puedan entender que no es «solo un perro», sino aquello que me da humanidad y evita que yo sea «solo un humano».

Así que la próxima vez que escuches la frase «solo un perro», simplemente sonríe porque ellos «simplemente no comprenden».

Este poema atribuido a Richard A. Bilby, sargento de las Fuerzas Aéreas de Estados Unidos, define perfectamente lo que siento.

Compartir nuestra vida con un perro es una experiencia muy gratificante que, además, reporta un sinfín de **beneficios para la salud humana,** tanto a nivel físico como mental. Pero también se puede convertir en un infierno; los canes requieren mucha atención, cariño y dedicación, por lo que no son aconsejables para todo el mundo.

Es necesario invertir un **tiempo,** que no solemos tener, en sacarlo, educarlo y cuidarlo, y eso es un gran compromiso para el que, además, se necesita una buena dosis de paciencia. Aparte, no hay que olvidar los **gastos** en veterinarios y en alimentación.

Supone un **sacrificio** tener que levantarse temprano para dar un buen paseo a nuestro amigo canino antes de ir a trabajar, y volver a toda prisa después de la jornada laboral para estar junto a él. No apetece salir a la calle cuando está lloviendo o sopla un viento huracanado, aunque generalmente, una vez que nos hemos sacudido la pereza y puesto en marcha, se agradece. La caminata nos puede deparar la oportunidad de contemplar un magnífico arcoíris o un espectacular atardecer.

Si a diario dejamos a nuestro can solo durante las ocho horas que estamos trabajando y luego apenas lo sacamos más que para hacer sus necesidades, no podemos pretender que en casa esté quieto como si fuera un mueble, que juegue con nosotros solo cuando lo deseemos o que no haga travesuras. Es posible que afirmemos, convencidos, que es un «mal perro» porque no se atiene a lo que esperábamos de él. Y ese es el gran problema: nuestras **expectativas irreales** acerca de cómo debería ser.

Con objeto de evitar estas frustrantes situaciones, es fundamental saber algo sobre el universo canino, percatarse de cómo perciben el mundo los perros para así poder comprender sus actos y emociones. Hoy en día existe mucha información al respecto que se puede consultar. Pero para aprender sobre un can en concreto, lo mejor es observarlo (que es exactamente lo que hacen continuamente los perros con nosotros), librándonos por un rato de nuestra perspectiva humana para tratar de entender su punto de vista, o sea, su «umwelt». Desde ahí, nuestro trabajo es mostrarles qué es lo que queremos de ellos, de manera clara y coherente, con dulzura a la vez que firmeza, para que lo puedan comprender. Y premiarles cuando lo hagan.

Si lo conseguimos, forjaremos un estrechísimo vínculo que hará que nuestras vidas (tanto las humanas como las perrunas) sean más felices. Un can es capaz de descubrirnos a nosotros mismos un cariño y una dulzura que, en muchos casos, no sospechábamos tener. Además, nos sacan una sonrisa incluso en los momentos más difíciles, con sus gestos espontáneos, transmitiéndonos su alegría de vivir. Porque ellos celebran la vida cada día.

Es verdad que los canes son sumamente adaptables y, con tal de estar junto a sus dueños, soportan casi lo que haga falta, desde pasar varias horas en un bar, a realizar largos viajes en coche o esperar pacientemente en casa a que lleguemos. Sin embargo, para encontrar un **equilibrio** en el que ambos nos sintamos plenos, los humanos también tenemos que ajustarnos a ellos. Dejémosles que de vez en cuando se revuelquen en lo que sea, chapoteen en los charcos, que en alguna ocasión puedan ellos elegir el camino a seguir; unámonos a nuestro perro en sus exploraciones, interesémonos cuando esté husmeando en un agujero, y permitámosle olisquear el rato que necesite, incluso los traseros de sus congéneres. Pero, sobre todo, procuremos no dejarles solos durante la mayor parte del día.

Un perro merece que nos ocupemos de él de la mejor manera posible. A lo largo de miles de años, estos animales se han ganado el título de «el mejor amigo del hombre» y no solo porque nos sean de utilidad, sino por todo lo que nos ofrecen, empezando por su compañía protectora, fiel y amorosa. Los humanos debemos responder a este **compromiso,** no escrito pero vinculante, entre las dos especies sin pensar qué recibimos a cambio.

Partiendo de la base de que los perros son perros y las personas son personas, tenemos mucho en común, y eso precisamente ha sido lo que ha posibilitado nuestra evolución conjunta, así como una colaboración y comunicación a lo largo del tiempo. Si bien es cierto que nuestras diferencias son patentes, también son estas las que han permitido que la relación entre canes y humanos sea tan fuerte y que juntos formemos un equipo insuperable, enriqueciendo mutuamente nuestras vidas.

El nexo que une a perros y humanos es único en la naturaleza, ya que no existe algo semejante en ninguna otra especie animal. Su capacidad para leer nuestras emociones y responder a ellas de manera apropiada, para interpretar nuestro lenguaje corporal, así como entender palabras y frases, y de disfrutar en nuestra compañía, hacen de ellos unos compañeros ideales. Por no hablar de su inquebrantable lealtad y que son una fuente inagotable de amor y alegría. Que los perros nos quieran es un privilegio, y de nosotros depende ser dignos de él.

En los canes encontramos una amistad que trasciende las palabras y las diferencias, una conexión que nos recuerda la importancia de vivir en el presente y disfrutar de las cosas más simples de la vida. Su presencia en nuestras vidas no solo nos brinda satisfacción, sino que también nos enseña sobre la importancia del amor, la lealtad y la empatía.

A lo largo de este libro hemos hecho un recorrido por la historia y evolución de los perros, cómo perciben el mundo, sus sentimientos y emociones, la ayuda que nos proporcionan en todos los aspectos y su forma de relacionarse con otros seres, pero sobre todo, hemos tratado de transmitir su esencia.

Nuestro deseo es que esta lectura haya hecho **reflexionar** sobre la importancia de estos animales en nuestras vidas y, tengas perro o no, te haya inspirado a amar y cuidar de ellos de la misma manera que ellos lo hacen por nosotros. Gracias por compartir esta aventura canina. Espero que hayas disfrutado de la lectura tanto como yo lo he hecho escribiéndolo. Que la amistad de un perro siga iluminando tu camino, querido lector.

BIBLIOGRAFÍA

Nota del editor: en la bibliografía no se han incluido las referencias digitales, para evitar la confusión de los lectores ante el movimiento de las redes, el constante cambio o corrección e incluso la supresión de páginas web. Sí se incluyen los libros y manuales de referencia y consulta práctica con los que ampliar información.

- Abrantes Roger, *Manual de comportamiento canino*. Santiago de Compostela, Kns Ediciones S. C., 2020.

- Clive D. L. Wynne, *Amor perruno*. Barcelona, Editorial Grijalbo, 2020.

- De Waal, Frans. *¿Tenemos suficiente inteligencia para entender la inteligencia de los animales?* Barcelona, Tusquets Editores, 2016.

- Donaldson, Jean. *El choque de culturas*. Santiago de Compostela, Kns Ediciones S. C., 2022.

- Horowitz Alexandra. *En la mente de un perro*. Barcelona, RBA Libros, 2015.

- Lorenz, Konrad. *Cuando el hombre encontró al perro*. Barcelona, Tusquets Editores, 2008.

- Manteca Vilanova, Xavier. *Etología clínica veterinaria del perro y el gato*. Barcelona, Grafica in Multimedia, 2003.

- Paramio Miranda, Antonio. *Psicología del aprendizaje y adiestramiento del perro*. Madrid, Editorial Díaz de Santos, 2012.

- Safina, Carl. *Mentes maravillosas: lo que piensan y sienten los animales*. Barcelona, Galaxia Gutenberg, 2017.